Ontdek
# Duitsland
zuidoost

# Inhoud

## Reisinformatie, adressen, websites

## Kennismaking – Feiten en cijfers, achtergronden

## Onderweg in Duitsland zuidoost

# Inhoud

# Op ontdekkingsreis

In Beieren worden traditie in ere gehouden: het Waldfest in Vorhindelang

# Kaarten en plattegronden

## Stadsplattegronden

## Routekaarten

▶ Dit symbool verwijst naar de uitneembare kaart

Winterse omstandigheden bij skigebied Wallberg bij de Tegernsee

# Duitsland zuidoost – veelgestelde vragen

### Weinig tijd? Een eerste kennismaking

Deze gids beslaat een uitgestrekt gebied: circa 485 km van noord naar zuid en 355 km van oost naar west. Alles zien in één vakantie zal dus niet meevallen. Voor een eerste verkenning van de deelstaten Thüringen en Sachsen kunt u bijvoorbeeld de A4 volgen, met als startpunt het beroemde kasteel de Wartburg bij **Eisenach**. De *Autobahn* passeert eerst **Gotha**, waar **Schloss Friedenstein** een van de mooiste voorbeelden is van de vroegbarok. De verrassende hoofdstad **Erfurt** en de rijke cultuurstad **Weimar** zijn de volgende stopplaatsen. Absolute topper in Sachsen is **Dresden**, ook bekend als 'Florence aan de Elbe' vanwege de sierlijke barokke bouwwerken die schouder aan schouder langs de rivier staan. Volg dan diezelfde rivier

richting de grens met Tsjechië voor een kijkje bij de bizarre rotspartijen in het nationale park **Sächsische Schweiz**.

De deelstaat Beieren is in deze gids in vijf regio's verdeeld: München en omgeving, Franken, Schwaben, Ostbayern en Oberbayern. Wie slechts enkele dagen tot zijn beschikking heeft, bezoekt in elk geval het zuidelijk deel van Beieren. Startpunt van een drie- of vierdaagse autoroute is de metropool **München**, die is gezegend met enkele prachtige musea. Via de **Starnberger See** gaat het vervolgens richting de **Wieskirche**, een barokke kerk die is beloond met een plekje op de Werelderfgoedlijst. Dan doemen in de verte de Allgäuer Alpen op, met het sprookjeskasteel **Neuschwanstein**, gevolgd door het typisch Beierse dorp **Oberammergau**. Langs de voet van

de Alpenketen rijdt u verder in ooste-
lijke richting langs **Schloss Linderhof**,
wintersportplaats **Garmisch-Partenkirchen** en de hoogste berg van Duitsland, de **Zugspitze**. Verderop liggen
twee meren, de mondaine **Tegernsee**
en de **Chiemsee**, waar op een eiland
nog een kasteel van koning Ludwig II
staat: **Schloss Herrenchiemsee**. Eindigen doet u in de zuidoostpunt van
Beieren bij de schitterende bergen van
**Nationalpark Berchtesgaden** en de
hemelsblauwe **Königssee**.

## Zijn er nog meer hoogtepunten?

Een van de bekendste toeristische autoroutes van Duitsland is de **Romantische Straße**, die vanuit **Würzburg**
naar de voet van de Alpen slingert en
onderweg talrijke historische stadjes
en burchten aandoet. Hoogtepunten
onderweg zijn **Rothenburg ob der
Tauber**, **Dinkelsbühl**, **Augsburg** en
**Landsberg am Lech**. Natuurliefhebbers mogen het **Nationalpark Bayerischer Wald** niet missen. In dit oeroude
middelgebergte wisselen uitgestrekte
bossen, diepe kloven en zachte dalen
elkaar af. De hoogste top is de Großer
Arber (1456 m). Verschillende informatiecentra vormen de entree tot het natuurgebied.

## Wat zijn de mooiste steden en dorpen?

**München** is een absolute must voor
stedenliefhebbers, net als de barokstad
**Dresden**. Verrassend is het middeleeuws ogende centrum van **Bautzen**
ten oosten van Dresden. In Thüringen
bevinden zich enkele prachtige steden langs de snelweg A4 (zie blz. 7),
maar ook **Schmalkalden** en **Mühlhausen** zijn stadjes om verliefd op te
worden. In Franken is een groot aantal sfeervolle stadjes te vinden langs
de **Romantische Straße**. Daarbuiten
is ook **Bamberg** trots op zijn historisch

Traditionele nachtwaker in Dinkelsbühl

erfgoed. Vanuit Franken kronkelt
de Romantische Straße verder door
Schwaben, met als extra toppers de gezellige studentenstad **Augsburg**, **Memmingen** en het stadseilandje **Lindau**. In
Ostbayern is de oude binnenstad van
**Regensburg** beloond met het predicaat Werelderfgoed; de grensstad **Passau** overtuigt door zijn barokke parels
in Italiaanse sferen. In Oberbayern
trekt het dorp **Oberammergau** veel
toeristen door de traditionele huizen
met gevelbeschildering. **Wasserburg
am Inn** is een middeleeuws stadje rond
een burcht op een landtong in de rivier
de Inn.

## Waar vind ik de mooiste voorbeelden van barok en rococo?

Stap in Duitsland een kerk of paleis
binnen en grote kans dat u een barok-
of rococo-interieur aantreft. Het verschil tussen beide stijlen zit in de details, maar de overeenkomsten zijn veel

groter: schilderingen op muren en plafonds, ingenieuze stucdecoraties en
bonte kunstwerken, die soms in gouden
lijsten zijn verpakt. Hoe rijk de barok er
aan de buitenkant van gebouwen kan
uitzien, ontdekt u in steden als **Dresden**
(Zwinger, Hofkirche) en **Passau**. Voor
uitbundige kerkinterieurs kunt u bijvoorbeeld naar de Asamkirche in **München**, de **Wieskirche** bij **Steingaden**, de
Johanniskirche in **Landsberg am Lech**,
de Schutzengelkirche in **Eichstätt** en
de Maria de Victoria in **Ingolstadt**. Ook
kloosters zijn soms rijkelijk gedecoreerd, zoals **Kloster Ottobeuren**, de bedevaartskerk van Kloster Andechs aan
de **Ammersee**, de Anastasiakapelle bij
**Kloster Benediktbeuern** en de Klosterkirche in **Rott am Inn**. Ga zeker ook kijken bij **Schloss Linderhof**, de Residenz
in **Kempten**, het **Cuvilliés-Theater** bij
de Residenz in **München** en het **Markgräfliches Opernhaus** in **Bayreuth**.

## Wat zijn de beste plekken om te wandelen en te fietsen?

In de Alpen heeft zo'n beetje elk dorp
zijn eigen wandelnetwerk. Kabelbanen of stoeltjesliften brengen wandelaars het eerste stuk naar boven. Ook
de nationale parken zijn helemaal op
wandelaars ingericht, zoals het **Bayerischer Wald** en de **Sächsische Schweiz**.
Mooie bestemmingen zijn verder het
**Thüringer Wald**, het **Kyffhäusergebirge**, het **Altmühltal** en de **Fränkische Schweiz** in de driehoek Bamberg-
Bayreuth-Nürnberg.

Bij sommige kabelbanen is het toegestaan een mountainbike mee naar boven te nemen. Hier kunt u dan kiezen
uit gemarkeerde afdalingen of langere
routes door het berggebied. Voor toerfietsen zijn het glooiende platteland en
de rivierdalen beter geschikt. Langs bijvoorbeeld de **Donau**, **Elbe** en **Isar** zijn
meerdaagse trajecten uitgezet.

Een schildering in perspectief siert de koepel van de barokke Wieskirche

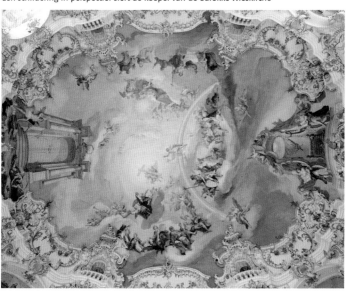

### Waar vind ik de beste wintersportgebieden?

Skiën, sneeuwschoenwandelen, langlaufen, sleeridjen – in de Beierse Alpen is er een hele reeks wintersportplaatsen en -gebieden waar al deze activiteiten op het programma staan. Bekende namen zijn **Garmisch-Partenkirchen**, de **Zugspitze**, **Oberstdorf**, het **Kleinwalsertal**, **Bad Hindelang** en **Berchtesgaden**. Maar ook de middelgebergten bieden mogelijkheden, zij het dat hier de sneeuwomstandigheden en voorzieningen erg kunnen variëren. Kijk bijvoorbeeld eens naar het **Bayerischer Wald**, **Oberhof** in Thüringen en **Oberwiesenthal** in het Erzgebirge in Sachsen.

### Wat zijn de belangrijkste theaters en concertzalen?

Zo'n beetje elke stad van enig formaat beschikt over een of meer theaters, maar enkele springen eruit vanwege de kwaliteit van het aanbod of vanwege het bijzondere interieur. De **Semperoper** in **Dresden** voldoet aan beide criteria: een schitterende zaal waar ballet, opera en klassieke muziek van het allerhoogste niveau worden getoond. **München** beschikt zelfs over 59 theaters. Het **Nationaltheater** is de prestigieuze thuisbasis van de Bayerischen Staatsoper en het Bayerischen Staatsballett. Uniek is het **Cuvilliés-Theater** in de Residenz: een waar meesterwerk van rococo. Voor uitbundige barok gaat u naar het **Markgräfliches Opernhaus** in Bayreuth. Het oudste baroktheater ter wereld, het **Ekhof-Theater** uit 1681, staat in **Gotha**.

### Wat zijn de regionale specialiteiten?

Liefhebbers van **bier** zitten goed in Zuidoost-Duitsland, want talrijke brouwerijen zorgen voor een breed scala aan soorten en smaken. De beste **wijnen** komen uit Franken. Het bekendst is de witte **Frankenwein** die in bolronde flessen – *Bocksbeutel* – wordt verkocht. Aan tafel wordt vooral veel vlees gegeten, in Sachsen en Thüringen

Klassiek ballet in de Semperoper in Dresden: het Zwanenmeer

aangevuld met aardappelen en in Beieren met deegwaren als **Spätzle** en **Knödeln**. Op straat is niet te ontkomen aan de verkopers van **Weißwurst**, de witte worst die doorgaans wordt gegeten met zoete mosterd. In de kerstperiode worden overal traditionele **Lebkuchen** aangeboden, een soort taaitaai waarvoor elke bakker zijn eigen recept heeft.

### Waar naartoe met de kinderen?

Middeleeuwse kastelen doen het altijd goed bij kinderen. En daarvan zijn er genoeg in Zuidoost-Duitsland, met boven aan het lijstje de **Wartburg** bij **Eisenach**. Hier worden bovendien ridderspektakels georganiseerd, net als in **Schloss Kaltenberg** ten noorden van **Landsberg am Lech**. Ook dierentuinen zijn er volop in dit deel van Duitsland, onder andere in **München, Augsburg, Dresden, Leipzig** en **Nürnberg**. Spectaculair zijn ondergrondse tripjes naar oude mijnen en grotten, zoals de sprookjesachtige **Feengrotten** bij **Saalfeld**. Spannend en bovendien leerzaam zijn de boomkroonpaden bij natuurgebieden, met als hoogtepunt de houten constructie bij het bezoekerscentrum van het Nationalpark Bayerischer Wald in **Lusen**. Wie liever met zijn voeten op de grond blijft, volgt een van de vele *Naturerlebnispfaden*, waarbij bordjes allerlei wetenswaardigheden vertellen. Een van de bekendste attractieparken van Duitsland is **Legoland** bij **Günzburg**, dat nauwelijks verdere introductie nodig heeft.

### Wat zijn de bekendste tradities en gebruiken?

De evenementenkalender van Zuidoost-Duitsland is rijkelijk gevuld met traditionele feesten en gebruiken. Wereldberoemd is het **Oktoberfest** in **München**, maar ook in de kleinste dorpen komt de bevolking regelmatig bijeen voor alweer een nieuw feest of een

Achtbaan in Legoland® bij Günzburg

katholieke processie. Religieus van oorsprong is ook het **carnaval**, dat bijvoorbeeld in het **Altmühltal** wordt gevierd met een optocht waarbij de deelnemers houten maskers dragen. Op 1 mei komt vervolgens de klederdracht uit de kast om de **meiboom** rechtop te zetten, waarna het dorpsfeest kan losbarsten. In de Alpen zijn er twee traditionele feesten rond het vee: de **Almabtrieb** als de koeien aan het begin van de zomer naar de bergweides gaan en de **Viehscheid** als ze in het najaar weer terugkomen. Op of rond 6 november worden in veel plaatsen kleurrijke bedevaarten – meestal in boerenkarren – gehouden voor de heilige Leonhard, bekend als de **Leonhardifahrt**.

Riviersurfers kunnen altijd terecht op de staande golf in de Eisbach. Zie blz. 87.

Het klooster in Benediktbeuern bewaart middeleeuwse schatten. Zie blz. 120.

# *Favorieten*

De auteurs van deze serie reisgidsen kennen de beschreven gebieden door en door. Ook proberen ze op de hoogte te blijven van de laatste ontwikkelingen. Het kan dan ook niet anders dan dat ze allemaal hun eigen favoriete plekjes hebben. Dat kan gaan om dorpen die net buiten de bekende toeristische routes liggen, een bijzondere burcht of klooster, plaatsen waar je als bezoeker heerlijk kunt ontspannen of stukjes natuur die nooit vervelen en waar je steeds weer naar terug wilt keren.

De Kelten bezoeken? Het kan in een nagebouwd dorpje in Gabreta. Zie blz. 189.

Bayreuth heeft een van de mooiste theaterzalen ter wereld. Zie blz. 218.

In Rupertiwinkel wordt de winter met zwepen verjaagd. Zie blz. 130.

Van Oberstdorf naar de Seealpsee en terug: drie tot vier uur wandelen. Zie blz. 159.

Sprookjesachtig: druipstenen in de Feengrotten bij Saalfeld. Zie blz. 244.

De barok van Dresden is nergens zo mooi als bij de Zwinger. Zie blz. 263.

# In vogelvlucht

### Thüringen en omgeving

Thüringen is Duitsland in het klein. Beboste heuvels, eeuwenoude stadjes, het middeleeuwse kasteel de Wartburg bij Eisenach – alles is aanwezig om de klassieke Duitse sfeer op te snuiven. Voeg daarbij namen als Goethe, Schiller, Bach en Luther en ook de afdeling cultuur is ruim voorzien. De stad Weimar pronkt zelfs met twee vermeldingen op de Werelderfgoedlijst van de UNESCO. Zie blz. 222.

### Franken

De Romantische Straße is een van de bekendste toeristische autoroutes van Duitsland: steeds weer duiken stadjes met vakwerkhuizen, barokke paleizen en middeleeuwse burchten op. Maar ook de steden van Franken, zoals Nürnberg, Würzburg, Bamberg en Bayreuth, wachten op ontdekking. Hoogtepunten zijn verder de natuur van de Fränkische Schweiz en de barokke bedevaartskerk Vierzehnheiligen op de oever van de rivier de Main. Zie blz. 198.

### Schwaben

Het was de trots van de dromerige en later onbekwaam verklaarde koning Ludwig II: het op een bergtop gebouwde fantasiekasteel Neuschwanstein, dat uitgroeide tot hét beeldmerk van Schwaben en van Zuidoost-Duitsland. Maar er is meer: de sfeervolle stad Augsburg, het eiland Lindau, het serene Kloster Ottobeuren en talrijke kabelbanen die naar de skipistes en bergwandelroutes van de Allgäuer Alpen leiden. Zie blz. 136.

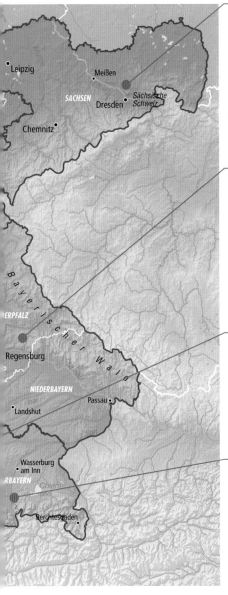

Leipzig

Meißen

**SACHSEN**

Dresden  Sächsische Schweiz

Chemnitz

**ERPFALZ**

Regensburg

**NIEDERBAYERN**

Passau

Landshut

Wasserburg am Inn

**RBAYERN**

Berchtesgaden

## Sachsen

Dresden lag na de Tweede Wereldoorlog bijna helemaal in puin, maar inmiddels is de stad uit zijn as herrezen en glanzen de barokparels langs de Elbe weer als voorheen. Daaromheen ligt een landschap vol contrasten, van in de DDR-tijd afgegraven bruinkoolregio's tot het magnifieke nationale park Sächsische Schweiz. Zie blz. 256.

## Ostbayern

Ostbayern (Oost-Beieren) mag dan minder bekend zijn dan het zuidelijk deel van Beieren, met prachtsteden als Regensburg en Passau, het Bayerischer Wald en de rivier de Donau heeft het enkele toeristische toppers binnen de grenzen. Verrassend zijn verder de boomkroonpaden en het nationalistische megamonument Walhalla. Zie blz. 166.

## München en omgeving

Een moderne metropool, maar ook een traditionele stad met een heerlijk centrum om doorheen te slenteren, plus enkele musea van wereldklasse. Of komen de meeste bezoekers toch voor het beroemde Oktoberfest? Zie blz. 76.

## Oberbayern

Van een idyllisch pastoraal landschap tot hoog oprijzende alpentoppen – niet verwonderlijk dat veel toeristen de weg naar Oberbayern (Opper-Beieren) weten te vinden. Verschillende sprookjeskastelen, kloosters en de 2962 m hoge Zugspitze zijn daarbij de sterattracties. Zie blz. 98.

# Reisinformatie, adressen, websites

Dampende paarden tijdens de jaarlijkse Leonhardifahrt in Bad Tölz

# Reisinformatie

## Internetadressen

### http://www.germany.travel/nl/index.html

Nederlandstalige reisinformatie van het Duits Verkeersbureau rond thema's als wandelen, fietsen, evenementen, reizen met een beperking, steden & cultuur en praktische informatie.

### www.beieren.nu

Nederlandstalige website van Bayern Tourismus, het Beiers toeristenbureau in München, met toeristische informatie over steden en bezienswaardigheden, accommodatie, evenementen en tips.

### www.ostbayern-tourismus.de

Officiële website van het Tourismusverband Ostbayern met thematische informatie over de toeristische mogelijkheden in Ostbayern. Duitstalig.

### www.allgaeu.de

Duitstalige informatie over actieve vakanties en wellness in de Allgäu, de bergachtige zuidwestpunt van Beieren.

### www.schloesser.bayern.de

Beschrijvingen en praktische informatie van de belangrijkste paleizen, kastelen, residenties en tuinen in Beieren.

### www.museen-in-bayern.de

Portal met beschrijvingen en praktische informatie over circa 1350 musea in Beieren.

### www.bayerisch-schwaben.de

Duitstalige website van het Tourismusverband Allgäu/Bayerisch-Schwaben over het toeristische aanbod in Schwaben rond thema's als steden, natuur, gezinsvakanties en fietsen.

### www.vakantie-thuringen.nl

Officiële Nederlandstalige website van de Tourist Information Thüringen. Thematische informatie voor toeristen, beschrijvingen van regio's en plaatsen, overnachtingsmogelijkheden en evenementenagenda.

### www.thueringerschloesser.de

Portal met talrijke wetenswaardigheden over burchten, paleizen en tuinen in Thüringen. Duits- en Engelstalig.

### nl.frankentourismus.com

Nederlandstalige site van het toeristenbureau van de regio Franken. Met ontdektips en beschrijvingen van steden en gebieden.

### www.saksen.info

Talrijke toeristische tips, overnachtingsmogelijkheden, fiets- en wandelroutes en praktische informatie over een vakantie in de deelstaat Sachsen. Nederlandstalig.

### www.romantischestrasse.com

Informatieve website over een van de populairste toeristische autoroutes van Duitsland, die loopt van de Main tot aan de voet van de Alpen. Ook in het Nederlands.

### www.snowplaza.nl/duitsland

Nederlandstalige website over skidorpen, skigebieden en winteraccommodaties in Duitsland, aangevuld met actueel nieuws over het weer en skihoogtes.

### www.alpenverein.de

Uitgebreide informatie van de Duitse Alpenvereniging over huttentochten, materialen, cursussen, natuurbehoud, tips enzovoort. Duitstalig.

# Toeristenbureaus

## Tourismus Oberbayern München e.V.

Balanstraße 57
D-81541 München
tel. +49 (0)89 638 958 79-13
info@oberbayern.de
www.oberbayern.de

## Tourismusverband Ostbayern e.V.

Im Gewerbepark D 02/D 04
D-93059 Regensburg
tel. +49 (0)941 585 39-0
info@ostbayern-tourismus.de
www.ostbayern-tourismus.de

## Thüringen Digital Entdecken

Willy-Brandt-Platz 1
D-99084 Erfurt
tel. +49 (0)361 374 20
service@thueringen-entdecken.de
www.thueringen-entdecken.de

## Tourismus Marketing Gesellschaft Sachsen mbH

Bautzner Straße 45/47
D-01099 Dresden
tel. +49 (0)351 49 17 00
info@sachsen-tour.de
www.sachsen-tourismus.de

## Tourismusverband Allgäu/ Bayerisch-Schwaben e.V.

Schießgrabenstraße 14
D-86150 Augsburg
tel. +49 (0)821 450 40 10
info@tvabs.de
www.bayerisch-schwaben.de

## Tourismusverband Franken e.V.

Wilhelminenstraße 6
D-90461 Nürnberg
tel. +49 (0)911 941 51-0
info@frankentourismus.de
www.frankentourismus.de

# Kaarten en gidsen

**ANWB Routekaart Midden- en Zuid-Duitsland:** gratis routekaart voor ANWB-leden. Kaart met doorgaande wegen en praktische informatie.

**ANWB Wegenkaart Duitsland Zuid:** schaal 1:300.000 (1 cm = 3 km), wegenkaart met onder andere stadsplattegronden van Regensburg, München, Augsburg en Nürnberg.

**ANWB Wegenkaart Duitsland Midden:** schaal 1:300.000 (1 cm = 3 km), wegenkaart met onder andere stadsplattegronden van Dresden, Leipzig, Halle en Erfurt.

**K&F Outdoorkaarten:** heldere, praktische kaarten voor wandelen, fietsen en langlaufen. Verkrijgbaar voor verschillende regio's: Tegernsee-Schliersee, Garmisch-Partenkirchen, Thüringer Wald en Bayerischer Wald.

**ANWB Charmecampings Duitsland:** een bijzondere selectie kampeeradressen op de mooiste locaties. Rust en ruimte, genieten van de natuur en weg van het massatoerisme. Kampeerterreinen die uitblinken in ligging, uitstraling en gastvrijheid. Met ruime groene standplaatsen op idyllische plekken.

**ANWB Extra Reisgids München:** handzame gids met 15 hoogtepunten die u meenemen naar de leukste plekjes en mooiste bezienswaardigheden in de metropool München.

**Time to momo Reisgids München:** compacte stadsgids met plattegronden, bezienswaardigheden en adressen per stadsdeel.

**Capitool Reisgids Duitsland:** zeer rijk geïllustreerde reisgids van Duitsland met veel foto's, kaarten en opengewerkte tekeningen van bezienswaardigheden.

**Michelin Groene Reisgids Duitsland Zuid:** praktische gids met veel adressen voor wie een vakantie in Zuid-Duitsland plant.

# Weer en reisseizoen

## Klimaat

Zuidoost-Duitsland heeft een continentaal klimaat, dat wil zeggen warme zomers en lange, koude winters. De lente en de herfst gaan doorgaans snel voorbij en kunnen veel regen brengen. Bedenk daarbij dat het weer sterk in plaats en in tijd kan verschillen. In de bergen heersen vaak heel andere omstandigheden dan in de dalen en ook kan het weer in de bergen snel omslaan.

Ook in Thüringen en Sachsen hangen de klimaatverschillen vooral samen met de hoogte. Terwijl in de dalen de krokussen al bloeien, kunnen de toppen van het Thüringer Wald en het Erzgebirge nog tot in april met sneeuw bedekt zijn. Bovendien valt er op de hellingen bijna twee keer zoveel neerslag als in de vlakten. Diezelfde verschillen tussen hoog en laag gelden voor Beieren. Daarbij valt op dat de winter in het Bayerischer Wald duidelijk langer duurt dan in andere middelgebergten in Zuid-Duitsland. Bovendien valt hier relatief veel neerslag, waardoor het Bayerischer Wald voor wintersporters een relatief sneeuwzekere bestemming is. Verder naar het zuiden, als de Alpen in zicht komen, gaat het continentale klimaat over in een bergklimaat. De winter begint hier vroeg: al in november kan de eerste sneeuw vallen, die vervolgens tot eind mei-begin juni kan blijven liggen. De hoeveelheid neerslag (regen of sneeuw) is daarbij fors: 2000 mm per jaar op de hoge alpentoppen, tegenover 900 mm in München (ter vergelijking: 700-900 mm per jaar in Nederland). Houd ook rekening met de föhn, een warme, droge wind waardoor de temperatuur heel snel met 10 °C kan stijgen.

## Kleding en uitrusting

Het seizoen en de bestemming bepalen welke kleding u meeneemt. Vooral bergwandelaars moeten op alles voorbereid zijn, van zwoele zomertemperaturen tot kille nevels en stevige buien. De beste manier om hiermee om te gaan is het dragen van verschillende lagen: trek onderweg steeds een laagje aan of uit als de omstandigheden wisselen.

## Reisseizoen

Voor een culturele of stadsvakantie zijn het weer en het seizoen minder belangrijk. Wintersporters kijken van tevoren goed naar de sneeuwhoogtes, want de klimaatveranderingen zijn ook in Duitsland merkbaar. Actieve vakantiegangers komen tussen april en oktober; op de hellingen is het ook in de zomer aangenaam koel.

Klimaattabel München

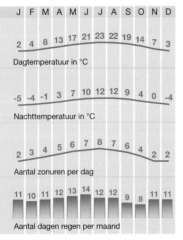

| | J | F | M | A | M | J | J | A | S | O | N | D |
|---|---|---|---|---|---|---|---|---|---|---|---|---|
| Dagtemperatuur in °C | 2 | 4 | 8 | 13 | 17 | 21 | 23 | 22 | 19 | 14 | 7 | 3 |
| Nachttemperatuur in °C | -5 | -4 | -1 | 3 | 7 | 10 | 12 | 12 | 9 | 4 | 0 | -4 |
| Aantal zonuren per dag | 2 | 3 | 4 | 5 | 6 | 7 | 8 | 7 | 6 | 4 | 2 | 2 |
| Aantal dagen regen per maand | 11 | 10 | 11 | 12 | 13 | 14 | 12 | 12 | 9 | 8 | 11 | 11 |

# Reizen naar Zuidoost-Duitsland

## Douane

### Reisdocumenten en goederen

EU-burgers moeten zich in Duitsland kunnen legitimeren met een geldig paspoort of identiteitsbewijs. Ook kinderen hebben een eigen identiteitsbewijs nodig. Goederen die in een EU-lidstaat voor eigen gebruik zijn gekocht, kunnen zonder problemen worden ingevoerd. Richtlijn: tot 800 sigaretten, 90 liter wijn en 10 liter sterkedrank.

### Huisdieren

Duitsland is een hondvriendelijk land. Uw geliefde huisdier is op de meeste campings en in veel pensions, vakantiehuizen en hotels welkom, maar overleg wel van tevoren. Ook in restaurants mag de hond doorgaans mee naar binnen, tenzij anders staat aangegeven. Op campings en in natuurparken moet de hond aan de lijn. In sommige nationale parken is de hond niet welkom.

## Vervoermiddelen

### Vliegtuig

In het noordelijk deel van de regio hebben zowel Dresden als Leipzig een moderne internationale luchthaven. De enige rechtstreekse vlucht vanuit België en Nederland gaat van Amsterdam naar Leipzig. Hiervandaan kunt u met de trein verder. Vanuit Amsterdam en Brussel gaan er ook rechtstreekse vluchten naar München. Tip: vliegen naar nabijgelegen steden als Salzburg en Innsbruck is soms een stuk goedkoper.

### Auto

Voor Thüringen en Sachsen ligt de route via Kassel en Bad Hersfeld voor de hand. Voor Beieren hangt de rijroute af van de eindbestemming, maar München zal vaak op de borden staan. Houd in de winter- en zomervakantie rekening met files op het traject Frankfurt – Nürnberg – München. Ook voorbij München kan het richting de Alpen dan erg druk zijn. In Duitsland moet u een gevarendriehoek, verbanddoos en veiligheidsvesten in de auto hebben. Let op: in veel steden is een milieusticker verplicht (zie hieronder), soms worden dieselauto's geweigerd. Kijk op www.anwb.nl voor meer informatie.

### Trein

Wie tijdig boekt, kan goedkoop vanuit Amsterdam en Brussel met de trein naar steden als Augsburg, Dresden en München. Prijzen beginnen bij circa € 40. Meestal moet u onderweg één of twee keer overstappen. Snelle ICE-treinen en regionale treinen zorgen voor het verdere vervoer naar andere steden. Zie voor tijden en prijzen www.nsinternational.nl, www.bahn.com en www.b-europe.com.

### Milieuzones

In de grote Duitse steden krijgen automobilisten te maken met *Umweltzones*, milieuzones die zijn bedoeld om de luchtkwaliteit te verbeteren. Alleen auto's met een milieusticker *(Umweltplakette)* mogen zo'n zone binnenrijden. Of u een sticker krijgt, is afhankelijk van de uitstoot van uw auto. Daarom moet u bij de aanvraag het kentekenbewijs laten zien. Het aanvragen van een milieusticker kan in Duitsland bij een garage of van tevoren in een ANWB-winkel. Online bestellen kan via www.milieusticker.nl. De levertijd is circa vijf werkdagen.

# Reizen in Zuidoost-Duitsland

## Openbaar vervoer

### Trein

Duitsland lijkt gemaakt om per trein te ontdekken: het spoorlijnennet is fijnmazig, de treinen zijn comfortabel en rijden doorgaans op tijd. Wie bereid is wat meer geld te betalen voor snelheid en extra comfort op de langere afstanden, kiest voor de snelle ICE-treinen (InterCity Express). Een alternatief hiervoor zijn de IC-treinen (InterCity). De langeafstandstreinen zijn herkenbaar aan een rode band onder de ramen en worden niet gesubsidieerd. Het regionale treinverkeer wordt wel door de overheid financieel ondersteund. Er zijn allerlei varianten, van snelle RE-treinen (RegionalExpress) tot nostalgische boemeltjes. Rond de grote steden rijdt de S-Bahn, een trein die vaak stopt. Let op: in verschillende regio's zijn kaarten beschikbaar die korting geven voor een bepaalde periode, zoals het Bayern-Ticket. Zie www.bahn.de.

### Bus

Dorpen die geen station hebben, zijn meestal per bus bereikbaar. Ook voor het vervoer naar startpunten van wandeltochten in natuurgebieden is de bus ideaal. Vraag bij het plaatselijke toeristenbureau naar de vertrektijden en de tarieven.

## Eigen vervoer

### Auto

In Beieren zijn de wegen doorgaans in uitstekende conditie. Alleen in de winter en na hoogwater in de rivieren kunnen sommige trajecten niet of moeilijk begaanbaar zijn. In Thüringen en Sachsen is hard gewerkt aan het moderniseren van het weggennet, maar her en der duiken nog herinneringen aan de DDR-tijd op, zoals betonplaten en korte afritten.

### Brandstof

**E5/E10:** in Duitsland wordt er (bio-) ethanol aan de benzine toegevoegd. Bij E5 is dat 5%, bij E10 gaat het om 10%. Voor auto's van voor 2000 kan dat een probleem zijn (zie www.e10check.nl). Is uw auto niet geschikt voor E10, tank dan Euro 95 of Superplus 98.

**LPG:** er zijn ruim 7000 LPG-stations in Duitsland en dat aantal groeit nog altijd. LPG wordt ook wel *Autogas* of *Flüssiggas* genoemd.

**Elektrisch rijden:** Duitsland heeft een groot aantal *Stromtankstellen* (oplaadpalen). De meeste bevinden zich in het midden en westen van het land en rond de grote steden. Kijk voor meer info op www.bem-ev.de.

### Verkeersregels

**Maximumsnelheid:** voor auto's lichter dan 3500 kg binnen de bebouwde kom 50 km/u, buiten de bebouwde kom 100 km/u. Op autobanen geldt geen maximumsnelheid, maar wel een adviessnelheid van 130 km/u.

**Winterbanden:** bij winterse omstandigheden als ijzel, sneeuw of sneeuwmodder is het gebruik van winterbanden verplicht. Borden geven aan als sneeuwkettingen verplicht zijn. De maximumsnelheid is dan 50 km/u.

**Pech onderweg:** het is verboden een auto langs de weg te repareren. De auto moet eerst worden versleept naar een veilige plek. Gebruik van een gevarendriehoek is verplicht, tenzij het plaatsen daarvan te gevaarlijk is.

**ANWB Alarmcentrale:** vanuit het buitenland tel. +31 70 314 14 14.

# Overnachten

## Hotels en pensions

Vakantiegangers kunnen in Zuidoost-Duitsland kiezen uit hotels in alle prijs- en comfortklassen. Ook in de vroegere DDR-deelstaten Thüringen en Sachsen zijn de meeste hotels en pensions inmiddels gemoderniseerd en aangepast aan de westerse normen. Daarnaast hebben bekende ketens als Dorint, Radisson Blu, Marriott en Steinberger hier een vaste plek verworven, naast een interessante en betaalbare nieuwkomer als Motel One.

Typisch voor Duitsland zijn de *Schlosshotels*, luxe en dus dure accommodaties in sfeervolle kastelen of paleizen. *Gasthöfe* zijn relatief eenvoudige onderkomens; soms moeten gasten hier voor minimaal drie dagen boeken. *Hotel garni* staat voor een hotel waar alleen een ontbijt en geen lunch of diner wordt geserveerd.

In de grote steden kunnen de hotels tijdens vakbeurzen, jaarmarkten en toeristische evenementen als het Oktoberfest overvol zitten. In deze gevallen zult u altijd moeten reserveren, soms zelfs lang van tevoren. In het algemeen is het verstandig te reserveren voor de periode mei-oktober, zeker in toeristische gebieden. In het voor- en naseizoen stunten hotels soms met betaalbare arrangementen, dus het loont om prijzen en hotels met elkaar te vergelijken.

Een bord langs de weg met '*Zimmer frei*' betekent dat er kamers vrij zijn in het hotel of het pension. Ook particulieren bieden op deze manier kamers aan. De prijzen liggen hier doorgaans wat lager dan bij een hotel of een officieel pension. Het comfort kan wel sterk variëren. Zo hebt u vaak geen eigen badkamer; in ruil is het ontbijt dan meestal zeer goed verzorgd.

Avontuurlijk overnachten: in een zelfgemaakte iglo in Pfronten in de Allgäu

Logeren bij de boer: populair bij kinderen

## Vakantiewoningen

Een groot aantal vakantiewoningen en appartementen staat de vakantieganger ter beschikkking, zowel in de zomer als de winter. Dat kunnen woningen van particulieren zijn of huisjes op een bungalowpark, waarvan het aantal nog altijd groeit. Boeken kan rechtstreeks bij de eigenaar, via regionale toeristenbureaus (zie blz. 18) of bij een boekingsorganisatie. Verschillende Nederlandstalige websites helpen bij het kiezen, maar de meeste keus hebt u bij Duitstalige websites als www.atraveo.de, www.ferienwohnungen.de en www.ferienhausmiete.de.

## Jeugdherbergen en berghutten

Voor budgetreizigers blijven de jeugdherbergen een uitstekende optie, zeker nu er ook kleine kamers voor koppels en gezinnen zijn. Er is geen formele leeftijdsgrens, maar de belangrijkste doelgroepen zijn jonge mensen en gezinnen met minimaal één kind. Vraag van tevoren wel een internationale jeugdherbergenkaart aan, bijvoorbeeld via www.hihostels.com. Een overzicht van alle adressen vindt u op de website www.jugendherberge.de.

In wandelgebieden en nationale parken kunnen wandelaars en soms ook skiërs terecht in berghutten. Hier wacht een stevige maaltijd en een overnachting in een slaapzaal of een gezinskamer. Vanwege het beperkte aantal slaapplaatsen is reserveren vaak noodzakelijk. Kijk voor de adressen op de websites van de nationale parken of vraag ernaar bij de regionale toeristenbureaus.

## Logeren bij de boer

Absoluut favoriet bij kinderen: enkele nachten logeren op een echte boerderij. Ze kunnen helpen bij het verzorgen van de dieren of gewoon lekker ravotten. Slapen gebeurt in een huisje op het erf of in een apart gedeelte van de boerderij. Het is ook een goede gelegenheid om het platteland te voet of per fiets verder te ontdekken. Kijk voor een overzicht van de mogelijkheden in Duitsland op www.bauernhofurlaub.de.

## Kamperen

Duitse campings zijn doorgaans netjes en schoon. In Thüringen en Sachsen is het verstandig de camping van tevoren goed op internet te bekijken omdat de kwaliteit kan variëren. Vrij kamperen is in Duitsland officieel niet toegestaan, hoewel u soms wel op een boerenveldje zult mogen staan. Thuis al een camping uitzoeken kan bijvoorbeeld via www.anwbcamping.nl.

# Eten en drinken

*Klöße*, *Schweinsbrodn*, *Sächsischer Sauerbraten*, *Rostbrätel*, *Bratwurst* – de keuken van Zuidoost-Duitsland is van oudsher vet, zwaar en degelijk. Vlees vormt daarin de hoofdmoot, bijgeleid door aardappel- of meelproducten en (weinig) groenten. Dit klassieke beeld is de laatste decennia echter wel aan het verschuiven. Zo zijn salades nu alom verkrijgbaar, hebben de mediterrane, Aziatische en etnische keukens hun intrede gedaan en werken Duitse chef-koks hard aan een *Neue Deutsche Küche*, waarbij traditionele gerechten in een nieuw jasje worden gestoken. Drink daarbij een uitstekende Duitse wijn of een van de vele plaatselijke bieren en een Duits diner wordt een waar feestmaal.

## Ontbijt en lunch

In de hotels wordt een klassiek continentaal ontbijt *(Frühstück)* geserveerd met broodjes, worst, kaas, marmelade, muesli, melk, yoghurt, sap, thee en koffie. De lunchkaart *(Mittagessen)* biedt een breed scala aan warme en koude gerechten. Voor een snelle hap stapt u binnen bij een *Imbiß*, de Duitse variant van de snackbar die op menig straathoek te vinden is en waar natuurlijk de beroemde *Bratwurst* wordt verkocht.

## Voorgerechten

Vanwege de zware hoofdmaaltijd wordt er niet altijd voor een voorgerecht gekozen. De menukaart vermeldt vooral soepen. In Beieren zijn dat veelal bouillons met daarin bijvoorbeeld reepjes pannenkoek *(Frittatensuppe)* of leverballetjes *(Leberknödelsuppe)*. In Thüringen

worden de traditionele aardappelen ook in de soep verwerkt. Hier, en in Sachsen, hebben ook de stevige soepen met Russische invloed nog altijd een plek op tafel. Een *Eintopf* lijkt op een rijkgevulde maaltijdsoep, maar is eerder een stoofpot die als hoofdgerecht kan fungeren.

## Hoofdgerechten

### Vlees

De traditionele maaltijd wordt samengesteld rond het vleesgerecht, waarbij vooral rund- en varkensvlees op tafel komen. Verschillende regionale specialiteiten hebben het inmiddels

Sauerbraten: zuurvlees dat zoet smaakt

geschopt tot landelijke en zelfs internationale bekendheid. De *Schnitzel* – een platgeslagen stuk varkens- of kalfsvlees, al dan niet gepaneerd – staat in vele varianten op de menukaart. Ook gebraden vlees is er in alle soorten en maten. De klassieker *Schweinebraten* is varkensvlees dat met of zonder knapperige korst wordt geserveerd. In Thüringen zijn ze trots op de *Rostbrätel*: gemarineerd varkensvlees dat op een open houtskoolvuur wordt gegrild. Ook *Sauerbraten* wordt gemarineerd, drie dagen maar liefst. Daarna wordt het vlees enkele uren in de (zure) marinade gestoofd, waarbij de zure smaak helemaal verdwijnt. Avontuurlijke eters kiezen voor het in Duitsland geliefde orgaanvlees, zoals *Züngerl* (kalfs- of ossetong), *Lüngerl* (long) of *Schlepp* (gevulde maag). *Schlachtplatte* en *Bauernschmaus* bestaan uit verschillende soorten (rest)vlees, waaronder ingewanden.

## Zelf knoedels maken

Knoedels (*Knödel* of *Klöße*) mogen niet ontbreken in de Zuid-Duitse keuken. Deze balletjes worden gemaakt van aardappel-, brood- of ander deeg. Zelf proberen? Pureer vijf gekookte, kruimige aardappelen. Roer er twee eigelen, een snufje zout en een eetlepel kwark door. Voeg ook twee tot vier eetlepels aardappelzetmeel toe, afhankelijk van de consistentie van de massa. Bak croutons van twee boterhammen. Neem wat van deze croutons en doe daar deeg omheen tot het een bal vormt. Laat deze proefknoedel vijftien tot twintig minuten in water koken. Valt de bal uiteen? Voeg dan wat ei of zetmeel aan het deeg toe. Voelt de bal aan als rubber? Voeg dan aardappel of kwark toe. Serveer als bijgerecht. *Guten Appetit!*

## Wild, vis en gevogelte

In het najaar, zodra het jachtseizoen is begonnen, verschijnt er wild op de menukaart. Klassiekers zijn hertenbiefstuk en reerug, maar proef zeker ook eens fazant met zuurkool. Eend en gans zijn meestal het hele jaar door verkrijgbaar. De vangst uit de grote meren en rivieren komt op het bord onder namen als *Karpfen* (karper), *Forelle*, *Felchen* of *Renken* (houting) *Barsch* (baars), *Hecht* (snoek) en *Zander* (snoekbaars). Op volksfeesten wordt soms *Steckerlfisch* verkocht, vis die op een stok boven open vuur wordt gegrild.

## Brotzeit

In Beieren is er een alternatief voor de machtige vleesschotels: de *Brotzeit*. De basis daarvan is stevig zuurdesembrood, waarbij verschillende soorten kaas, worst en eventueel augurkjes worden geserveerd. Elke regio heeft hierin zijn eigen specialiteiten. Probeer bijvoorbeeld *Obazda*, een kaasspread met boter, paprikapoeder en fijngehakte uitjes.

# Bijgerechten

## Groenten

In de Duitse keuken worden groenten vaak als garnering opgediend. Veel keuze is er daarbij niet – behalve als het gaat om *Kraut* (kool), dat in allerlei vormen en smaken op tafel komt. Ook *Rettich* (een witte wortel met radijssmaak) wordt vaak in bijgerechten verwerkt. Wie toch zijn vitaminen binnen wil krijgen, kiest voor een *Salatteller*, een gevarieerde saladeschotel. In het voorjaar zijn *Spargeln* (asperges) erg populair.

## Knoedels

Deegwaren en meelspijzen vormen een vast onderdeel van een klassieke Zuid-Duitse maaltijd. *Spätzle* zijn kleine

Een bakker in Nürnberg haalt verse Lebkuchen uit de oven

stukjes pasta van onder andere meel en eieren. Nog bekender zijn de *Knödel*, in Thüringen en Sachsen ook wel *Klöße* genoemd. Deze deegballen zijn er in verschillende formaten en smaken, waarbij elke familie vroeger zijn eigen recept had (zie kader blz. 26).

## Zoetigheden

Sommige *Nachspeisen* (desserts) zijn licht verteerbaar, zoals een fruitsalade, maar de meeste vermeldingen op de dessertkaart zijn zoet en machtig. Populair zijn gevulde deegballen met namen als *Rohrnudeln* of *Dampfnudeln*, en *Auszogne*, rond gefrituurd gebak uit Beieren. Een vanillesaus maakt het zoete dessert compleet. Aan het eind van de middag duikt men graag een café of *Konditorei* in voor *Kaffee und Kuchen*, waarbij er een ruime keuze is uit vaak mierzoete taarten en gebakjes. Een *Konditorei* is ook dé plek om regionale specialiteiten te kopen. In de kerstperiode liggen de winkels en kramen vol met *Lebkuchen*, een soort taaitaai met seizoensdecoraties.

## Bier en wijn

Bierliefhebbers kunnen zich helemaal uitleven in het zuidoosten van Duitsland: elke streek heeft zijn eigen brouwerijen en eigen bieren. Probeer zeker ook de verschillende kloosterbieren. Let op: in brouwerijcafés is de standaardmaat vaak een *Maß*, oftewel 1 liter. Is dat wat veel? Vraag dan om een *Halbes* of een *Quarti*.

Wijngaarden vindt u voornamelijk langs de rivieren. De bekendste wijnen komen van de heuvels rond de Main. Deze *Frankenwein* wordt verkocht in platte flessen met brede heupen, de zogenaamde *Bocksbeutel*. De meeste wijnen zijn frisse en fruitige witte wijnen, maar ook rode wijn wordt uitgeschonken.

# Actieve vakanties, sport en wellness

## Fietsen en mountainbiken

Het glooiende landschap, sfeervolle stadjes en dorpen, prachtige kloosters, talrijke gemarkeerde routes – fietsers hebben het voor het uitzoeken in het zuidoosten van Duitsland. Bovendien worden er op veel plaatsen toerfietsen en mountainbikes verhuurd (adressen bij de toeristenbureaus). Populair zijn vooral de gemarkeerde meerdaagse fietsroutes langs de rivieren. Zo slingert de Elberadweg langs de Elbe en in Thüringen gaan er routes langs de Saale en door het Ilmtal; in de deelstaat Beieren kunt u honderden kilometers langs de Donau en de Inn fietsen. Daarnaast hebben de plaatselijke toeristenbureaus tal van kortere dagtochten uitgezet. Wie wil overnachten in een fietsvriendelijke accommodatie, zoekt een geschikt adres via www.bettundbike.de. De bergachtige gebieden zijn favoriet bij mountainbikers. Routes zijn er bijvoorbeeld in het Thüringer Wald, de Alpen en op de Geißkopf, waar een pittige afdaling wacht. Bij sommige kabelbanen mogen mountainbikes mee omhoog. Boven wachten dan gemarkeerde routes en downhills van verschillende niveaus. Let op: ga niet buiten de gemarkeerde paden om conflicten met andere recreanten te voorkomen.

## Golf

Meer dan honderd golfbanen telt het in deze gids beschreven gebied. De meeste én mooiste banen liggen rond München, maar deze banen hebben vaak een exclusief karakter en zijn alleen toegankelijk voor leden. Op andere golfterreinen mogen ook niet-leden een balletje slaan. De adressen vindt u op de websites van de regionale toeristenbureaus (zie blz. 18).

Fietsen, wandelen, vissen, zwemmen: het kan allemaal bij de Riegsee in Beieren

# Klimmen

De grillige en relatief zachte rotswanden van de Sächsische Schweiz zijn een droom voor freeclimbers. Zij kunnen kiezen uit 1100 vrijstaande rotsen met in totaal 21.000 klimroutes. Vanwege de kwetsbaarheid van de rotsen zijn er wel strenge regels, zoals het verbod op het gebruik van metalen zekeringen. Kijk op www.saechsische-schweiz.de voor de details. Het bekendste klimgebied in het Bayerischer Wald bevindt zich bij Bad Kötzting: honderd routes met moeilijkheidsgraad drie tot elf. De Alpen zijn er voor liefhebbers van echt hoge toppen. De infrastructuur is hier uitstekend verzorgd, van kabelbanen tot berghutten en *Klettersteigen*. Meer informatie: www.kleimbing.de.

# Kuren en wellness

De traditie van het kuren begon in Duitsland al in de 16e eeuw. Nu beschikt het land over een enorm aantal kuuroorden met schone berglucht, minerale thermaalbaden, Kneippcentra en wellnesspaleizen. Beieren heeft het grootste aanbod, gebaseerd op twee natuurlijke verwenners: *Sole* staat voor thermale bronnen met zout water en *Moor* is modder dat uit metersdikke lagen wordt gewonnen en een geneeskrachtige werking zou hebben.

# Paardrijden

Voor cursussen, korte tochten of meerdaagse ruitervakanties zijn er volop mogelijkheden. Kies uit maneges of een van de vele boerderijen die als vertrekpunt of overnachtingsadres kunnen dienen. Kijk op www.pferd-aktuell.de voor meer informatie.

# Parapente

Steile hellingen, voldoende thermiek en de nodige durf – dat is nodig om met een parapente van een berg te

springen *(Gleitschirmfliegen)*. In heel Zuidoost-Duitsland zijn mogelijkheden, maar bij kenners geliefd zijn de Brauneck, de Blomberg, de Herzogstand, de Hochries en de Predigtstuhl in Oberbayern. Kijk voor locaties en andere details op www.dhv.de.

# Wandelen

Stap een toeristenbureau binnen en het aanbod aan uitgezette wandelingen blijkt gigantisch. Verrassend zijn vaak de korte, thematische rondwandelingen door steden en dorpen. Wie de natuur in wil, kan kiezen uit rondjes van een paar kilometer of meerdaagse tochten. In het Thüringer Wald is meer dan 600 km aan wandelpaden gemarkeerd, met de 168 km lange Rennsteig als blikvanger. In Sachsen zijn het Erzgebirge en de Sächsische Schweiz de toppers. Verder naar het zuiden kunt u bijvoorbeeld terecht in het Altmühltal, de Fränkische Schweiz en het Bayerischer Wald. In de Alpen beginnen veel routes bij het bergstation van een kabelbaan, waardoor het klimmen beperkt kan worden. Overnachten kan hier in een groot aantal berghutten, die voornamelijk in het zomerseizoen zijn geopend. In het algemeen zijn de routes goed gemarkeerd, maar neem bij langere tochten altijd een goede wandelkaart mee.

# Watersport

### Kanovaren

Verschillende rivieren lenen zich voor een ontspannende of juist uitdagende kanotocht. Alle regio's in deze gids hebben kanovriendelijke rivieren en kanoverhuurders die het benodigde materiaal en eventueel een cursus aanbieden. Liefhebbers van wildwater kunnen in Oberbayern bijvoorbeeld terecht in de snelstromende rivieren Loisach, Partnach, Isar en Ammer.

## Zeilen, windsurfen, zwemmen

In Thüringen zijn het met name enkele stuwmeren waar zeilers en windsurfers het water op kunnen. In Sachsen zijn bij Leipzig en Lausitz enorme afgravingsputten onder water gezet, waarmee watersporters én zwemmers er een groot speelterrein bij hebben gekregen. Ook de deelstaat Beieren beschikt over een fors aantal meren met jachthavens, bootverhuur, strandjes enzovoort. Populair zijn vooral de Starnberger See, Ammersee en Chiemsee.

# Wintersport

Zodra de eerste sneeuw gevallen is, verzamelen zich skiërs en andere wintersporters rond de vele hellingen die Zuidoost-Duitsland rijk is. In Thüringen is Oberhof de populairste bestemming, maar de steilste helling ligt bij Steinach. In het Erzgebirge in Sachsen kan er doorgaans van december tot maart worden geskied. Ook het Bayerischer Wald is een redelijk sneeuwzekere bestemming. Van de vele loipes is de 28 km lange Auerhahnloipe een van de bekendste. Afdalen kan onder meer bij de Große Arber, Geißkopf, Hohen Bogen en bij Bodenmais.

Nog veel meer mogelijkheden zijn er in de Alpen, waar u van eind december tot half maart de beste kans op goede omstandigheden hebt. Bij onvoldoende sneeuw op de hellingen worden vaak sneeuwkanonnen ingezet. Bekende namen zijn Oberstdorf, Garmisch-Partenkirchen, het Kleinwalsertal, Hindelang en Berchtesgaden. Wie het seizoen wil verlengen, gaat naar de hooggelegen pistes van de Zugspitze, waar doorgaans van november tot in mei kan worden geskied.

# Feesten en evenementen

Een reden voor een feestje is in Zuid-oost-Duitsland snel gevonden: elke gelegenheid wordt aangegrepen voor een festival, een volksfeest, de zonne-wende, een ridderfestijn of een bede-vaartstocht. De evenementenagenda is dan ook overvol. Thüringen en Sachsen zijn vooral trots op de historische fees-ten en de muziekfestivals, waar het ni-veau van de optredens vaak hoog is. In de deelstaat Beieren, waar ook Franken en Schwaben onder vallen, vinden veel festiviteiten hun oorsprong in het ka-tholieke geloof of in de overgang van de seizoenen – het resultaat is meestal hetzelfde: een uitbundig volksfeest met volop eten en drinken.

## Muziekfestivals

Van de talrijke muziekfestivals hebben enkele ook de internationale cultuur-kalender gehaald. Zoals de Bayreuther Festspiele, waar de beste musici hun op-wachting maken en bezoekers lang op een wachtlijst moeten staan voor ze een stoel kunnen bemachtigen. Andere top-pers zijn het Moritzburg Festival en de Dresdner Musikfestspiele in Sachsen, de Thüringer Bachwochen en de Eu-ropäische Wochen in Passau.

## Historische feesten

Vooral bij kastelen en in dorpen en (binnen)steden met een historisch de-cor worden middeleeuwse evenemen-ten georganiseerd. Dat wil zeggen dat de bevolking historisch verantwoorde kleding uit de kast haalt en als ridders, jonkvrouwen en bedelaars door de stra-ten paradeert. Het grootste middel-eeuwse feest in Thüringen is het Krä-merbrückenfest in Erfurt. Liefhebbers

Traditie en klederdracht tijdens de Leonhardifahrt bij Bad Hindelang

van de riddertijd gaan bijvoorbeeld naar het Kaltenberger Ritterturnier in Schloss Kaltenberg ten noordoosten van Landsberg am Lech.

## Meiboom

In grote delen van Duitsland is het een eeuwenoude traditie: het planten van de *Maibaum* op 1 mei (of de vooravond daarvan). De gewoontes rondom het opzetten van de boom verschillen per regio en zelfs per plaats, maar meestal begint het feest met een processie: in klederdracht gehulde mannen dragen een lange mast door het dorp naar een centrale plek. Daar wordt de 'boom' – een met linten en houtsnijwerk versierde mast – omhoog gezet, waarna met muziek en dans het begin van de zomer wordt gevierd. Na een maand wordt de boom weer weggehaald.

## Fronleichnam

De tweede donderdag na Pinksteren is het Sacramentsdag, in Duitsland *Frohleichnam* genoemd. Vooral in Beieren wordt dit katholieke feest gevierd met processies, soms gepaard gaande met vuurwerk en andere festiviteiten.

## Kirchweih

Het begrip *Kirchweih* duidt op een religieuze oorsprong: een feest op de naamdag van de heilige aan wie de plaatselijke kerk is gewijd. In de praktijk betekent het een groot dorpsfeest, dat van donderdag tot maandag wordt gehouden. De datum en de festiviteiten verschillen per plaats, maar verwacht in elk geval een kermis. In sommige regio's wordt de derde zondag van oktober als vaste datum aangehouden.

## Leonhardifahrt

Voor een stevige portie Beierse traditie gaat u op (of rond) 6 november naar een Leonardhifahrt. St. Leonhard is de beschermheilige van het vee en vooral van de paarden; in veel Beierse dorpen en steden is een kapel aan hem gewijd. Op de naamdag van de heilige, als het agrarisch jaar succesvol is afgesloten, vertrekt 's morgens om negen uur een feestelijke stoet boerenkarren naar de plaatselijke kapel. In de karren zitten in klederdracht gestoken vrouwen en kinderen. De bekendste Leonardhifahrt is die van Bad Tölz.

## Krampus

De eerste week van december vieren de Alpenregio's hun eigen sinterklaasfeest: Nikolaus beloont de brave kinderen, terwijl zijn duivelse knecht Krampus de stoute kinderen straft. Vooral op Krampusdag, 5 december, lopen als duivels verklede jongemannen door dorpen en stadjes om met roestige bellen en kettingen voorbijgangers angst aan te jagen.

## Kerstmarkten

Al eind november worden in tal van steden de eerste kraampjes van de *Christkindlmärkte* en *Weihnachtsmärkte* opgebouwd. De bakermat van deze kerstmarkten ligt in Dresden, waar de eerste editie in 1434 werd georganiseerd. Nu komen mensen van heinde en verre naar de kerstmarkten om decoraties voor de feestdagen te kopen, maar zeker ook voor de sfeer en de typische lekkernijen als *Glühwein*, *Lebkuchen* en geroosterde noten. De bekendste en grootste markten zijn in München, Dresden, Leipzig en Nürnberg.

# Feestagenda

## Februari/maart

**Karneval, Fastnacht en Fasching:** van oorsprong katholiek feest voorafgaand aan Aswoensdag. Elke regio heeft zijn eigen gewoonten, maar feesten en optochten mogen niet ontbreken.

## Maart/april

**Thüringer Bachwochen:** van eind maart tot half april, concerten rond de componist Bach in verschillende steden (www.thueringer-bachwochen.de).

## Mei/juni

**Erlanger Bergkirchweih:** vanaf de donderdag voor Pinksteren, grootste volks- en bierfeest in Franken.
**Dresdner Musikfestspiele:** van half mei tot begin juni, klassieke muziek, uitgevoerd door bekende namen (www.musikfestspiele.com).

## Juni

**Krämerbrückenfest, Erfurt:** derde weekend van juni, grootste middeleeuwse volksfeest van Thüringen.
**Fronleichnam:** tweede donderdag na Pinksteren, katholieke processies ter ere van Sacramentsdag.

## Juni/juli

**Europäische Wochen, Passau:** half juni tot eind juli, concerten, lezingen en exposities bij het drielandenpunt (www.ew-passau.de).

## Juli

**Kaltenberger Ritterturnier:** tijdens drie weekenden in juli herleeft de riddertijd bij Schloss Kaltenberg. Dit is het grootste riddertoernooi van Duitsland (www.ritterturnier.de).

## Juli/augustus

**Bayreuther Festspiele:** vier weken muziek en theater rond de componist Richard Wagner in Bayreuth (www.bayreuther-festspiele.de).

## Augustus

**Moritzburg Festival:** gedurende twee weken kamermuziek van topklasse in en rond het kasteel van Moritzburg in Sachsen (www.moritzburgfestival.de).

## September

**Altstadtfest Nürnberg:** eind september, een week lang volksfeest in het oude centrum van Nürnberg met optocht, herfstmarkt en traditioneel watersteekpel (www.altstadtfest-nue.de).

## September/oktober

**Oktoberfest, München:** half september tot begin oktober, groot volksfeest met onder andere kermis en biertenten (www.oktoberfest.de).

## November

**Leonhardifahrt:** 6 november (of het weekend ervoor of erna), feestelijke bedevaart in verschillende plaatsen in Beieren ter ere van St. Leonard.

## December

**Krampus:** de eerste week van december maakt de duivelse Krampus amok in de straten van de alpenregio's. Hij is het hulpje van Nikolaus ('onze' Sinterklaas) en bestraft stoute kinderen.
**Christkindlmärkte en Weihnachtsmärkte:** weken voor Kerstmis, sfeervolle kerstmarkten met *Glühwein*, *Lebkuchen* en kerstversieringen in vele steden en stadjes.

# Praktische informatie van A tot Z

## Ambassades en consulaten

### Nederlandse ambassade in Duitsland

Klosterstraße 50, 10179 Berlijn
tel. +49 (0)30 20 95 60
bln@minbuza.nl
www.nederlandwereldwijd.nl/landen/
duitsland

### Nederlands consulaat

Consulaat-Generaal München
Nymphenburger Straße 20a
80335 München
tel. +49 (0)89 206 02 67 10
mun@minbuza.nl
www.nederlandwereldwijd.nl/landen/
duitsland

### Belgische ambassade in Duitsland

Jägerstraße 52-53, 10117 Berlijn
tel. +49 (0)30 20 64 20
berlin@diplobel.fed.be
https://germany.diplomatie.belgium.
be/nl

### Prijzen en bespaartips

Het prijsniveau ligt in Duitsland doorgaans iets lager dan in Nederland en België. Vooral boodschappen en brandstof zijn goedkoper. De prijzen van een hotelovernachting kunnen flink variëren: duur in grote steden en in populaire vakantiegebieden, betaalbaar in rustige periodes en in minder toeristische bestemmingen. Veel steden en toeristische regio's bieden kortingskaarten aan waarmee u kunt besparen op toegangskaartjes van bezienswaardigheden en openbaar vervoer. Vraag ernaar bij uw hotel of het toeristenbureau.

## Apotheken

In de regionale kranten en op bordjes bij de ingang van elke apotheek staat vermeld welke apotheken buiten de normale openingsuren zijn geopend. Verder kunt u navraag doen bij de toeristenbureaus en uw hotelreceptie. Of kijk op www.apotheken.de.

## Feestdagen

**1 januari** – Nieuwjaar (*Neujahr*)
**6 januari** – Driekoningen (*Heilige Drei Könige*)
**Goede Vrijdag** (*Karfreitag*)
**Pasen** (*Ostern*)
**1 mei** – Dag van de Arbeid (*Tag der Arbeit*)
**Hemelvaart** (*Christi Himmelfahrt*)
**Pinksteren** (*Pfingstsonntag/-montag*)
**Sacramentsdag** (*Frohleichnam*)
**15 augustus** – Maria Hemelvaart (*Mariä Himmelfahrt*)
**3 oktober** – Dag van de Duitse Eenheid (*Tag der Deutschen Einheit*)
**1 november** – Allerheiligen
**25/26 december** – Kerst (*Weihnachten*)

## Fooien

In restaurants is het gebruikelijk 3-10% van het totaalbedrag van de rekening als fooi (*Trinkgeld*) te geven.

## Fotograferen en filmen

Fotograferen en filmen mag overal, behalve in bepaalde musea en bezienswaardigheden. Soms kunt u tegen betaling wel toestemming krijgen. In veel musea, kastelen en paleizen zijn statieven, flitslicht en selfiestokken verboden.

# Geld

Geldautomaten zijn er in bijna alle dorpen en steden, ook in de vroegere DDR-deelstaten Thüringen en Sachsen. Creditcards worden in bijna alle restaurants, hotels en grote winkels geaccepteerd.

# Gezondheid

Bij een ongeval belt u het landelijke alarmnummer 112 en vraagt u om een ambulance *(Krankenwagen)*. De grote ziekenhuizen beschikken over een EHBO-afdeling die vaak 24 uur per dag is geopend.

De medische zorg in Duitsland is uitstekend, maar vooral privéklinieken zijn heel duur. Wie in eigen land tegen ziektekosten is verzekerd, is dat ook in andere EU-lidstaten, waaronder Duitsland. Toch kan het gebeuren dat u de kosten van een behandeling moet voorschieten. In dat geval krijgt u de kosten op vertoon van de rekening later terug van uw ziektekostenverzekeraar. Handig is het om voor vertrek een Europese gezondheidskaart (EHIC) aan te vragen via www.ehic.nl. Deze kaart heeft als doel de procedures rond de medische hulp te vergemakkelijken. Zo hoeft u met een EHIC eventuele medische kosten niet voor te schieten. De EHIC is persoonsgebonden en moet voor elk gezinslid apart worden aangevraagd.

# Kinderen

Voor kinderen is er meer dan genoeg te beleven in het zuidoostelijk deel van Duitsland: van zwemparadijzen tot attractieparken, zwemstrandjes, dierentuinen, klimparken en leerzame natuurwandelingen. Ook gezinsvriendelijke accommodaties zijn

Klimpark in Steinach in Thüringen

er volop. Bij de toeristenbureaus liggen vaak brochures klaar met alle mogelijkheden. Enkele tips: Legoland bij Günzburg, kijken bij een training van FC Bayern München (www.fcbayern. de), het spectaculaire boomkroonpad in Nationalpark Bayerischer Wald, de druipsteengrotten bij Saalfeld en de ridderfestijnen die bij verschillende middeleeuwse kastelen worden georganiseerd. Bij de meeste bezienswaardigheden krijgen kinderen korting. In het openbaar vervoer mogen kinderen onder de 4 jaar gratis mee, kinderen onder de 16 jaar krijgen korting.

# Kranten

Naast bekende dagbladen als de *Frankfurter Allgemeine Zeiting* (conservatief) en *Bild* (boulevardblad) verschijnt ook de

Karakteristieke houten souvenirs uit het Erzgebirge

*Süddeutsche Zeitung* (links-liberaal) in het hele land, hoewel de naam suggereert dat het een typisch Zuid-Duitse krant is. Daarnaast worden er overal regionale kranten uitgegeven. Voor informatie over evenementen, tentoonstellingen enzovoort liggen er brochures en magazines bij de toeristenbureaus.

## Noodnummers

**Politie:** tel. 110
**Landelijk alarmnummer (ongeval, brandweer):** tel. 112
**Noodgeval in de bergen:** tel. 112
**ANWB Alarmcentrale:** +31 70 314 14 14

## Openingstijden

**Banken:** doorgaans ma.-vr. 9-13 en 13.30/14-16 uur.
**Winkels:** warenhuizen en supermarkten in grote steden ma.-za. 9/10-20 uur, kleine winkels en supermarkten in dorpen en kleine steden sluiten om 18/18.30 uur, op zaterdag soms al om 12/14 uur. In plattelandsgebieden en in Thüringen en Sachsen is er vaak een lunchsluiting van één of twee uur. Op zondag zijn veel winkels gesloten, behalve in toeristische gebieden en tijdens koopzondagen.
**Musea:** meestal gesloten op maandag. In de wintermaanden zijn er vaak afwijkende openingstijden.
**Restaurants:** buiten de toeristische gebieden en het hoogseizoen hebben restaurants vaak een *Ruhetag* waarop ze gesloten zijn. Dat geldt ook voor restaurants in hotels.

## Reizen met een handicap

*Barrierefrei Reisen* noemen ze het in Duitsland: reizen voor mensen met een handicap of een beperkte mobiliteit (*Behinderte*). Zoals te verwachten is dat meestal prima geregeld. Dat begint al bij de luchtvaartmaatschappij

Lufthansa en de Duitse spoorwegen, die – na tijdige aanmelding – hulp bieden bij het in- en uitstappen. Gehandicapte bestuurders van een auto kunnen met een parkeervergunning op gereserveerde plekken parkeren. Ook veel hotels beschikken over rolstoelvriendelijke kamers; kijk daarvoor op de websites van de regionale toeristenbureaus en zoek op *Barrierefrei Reisen*. Ook veel musea, theaters en restaurants zijn goed toegankelijk voor rolstoelen, hoewel het bij die laatste categorie kan voorkomen dat toiletten in de kelder zitten en dan lastig bereikbaar zijn. Voor extra achtergondinformatie: www.barrierefreie-reiseziele.de.

## Roken

Officieel is roken verboden in alle openbare ruimtes en horecagelegenheden. De naleving van dit verbod verschilt echter per deelstaat. Op papier heeft Beieren de strengste regels, maar er is ook een flink aantal uitzonderingen vastgelegd, waar uitbaters uiteraard gretig gebruik van maken. Zo hebben verschillende cafëhouders van hun etablissement een 'besloten vereniging' gemaakt, waardoor er andere huisregels mogen gelden. Ook voor de feesttenten van het Oktoberfest zijn uitzonderingsregels opgesteld.

## Taal

Duits is de voertaal, maar zeker in de steden en in toeristische gebieden kunt u met Engels prima uit de voeten. Een deel van de bevolking spreekt nog dagelijks dialect, dat overigens ook voor de overige Duitsers vaak onbegrijpelijk is. In Beieren spreekt bijna iedereen Beiers *(Boarisch, Bairisch)*, dat soms als een zelfstandige taal wordt beschouwd.

## Telefoneren en internet

De dekking van mobiele telefoons is meestal goed, maar in afgelegen gebieden kan het signaal zwak zijn. Voor wie langere tijd in Duitsland verblijft, kan het voordelig zijn ter plekke een nieuwe simkaart met een Duits nummer te kopen en die in het eigen toestel te doen.

### Internationale landnummers

Duitsland: 49
Nederland: 31
België: 32

**Bellen van Nederland of België naar Duitsland:** 0049, netnummer zonder nul, abonneenummer.
**Bellen vanuit Duitsland naar Nederland:** 0031, netnummer zonder nul, abonneenummer.
**Bellen binnen Duitsland:** kies bij voorkeur het volledige nummer, dus inclusief het netnummer.

## Veiligheid

Duitsland is een relatief veilige reisbestemming, maar neem wel alle gebruikelijke voorzorgsmaatregelen: laat geen waardevolle spullen in de auto achter en let op drukke plekken, zoals markten, altijd goed op uw tas.

## Winkelen

Houten poppen uit het Erzgebirge, glaswerk uit Sachsen en Beieren, porselein uit Meißen, speelgoed uit Nürnberg, bierpullen, koekoeksklokken – al deze typisch Duitse souvenirs vinden gretig aftrek. Maar denk zeker ook aan de culinaire specialiteiten zoals Frankenwein, speciale bieren, worsten en honing.

# Kennismaking – Feiten en cijfers, achtergronden

Uitzicht op de Alpen vanaf de Tegelberg in de Allgäu

# Duitsland zuidoost in het kort

## Feiten en cijfers

**Ligging:** het in deze gids beschreven gebied beslaat drie deelstaten (*Bundesländer*) in het zuidoosten van Duitsland: Bayern (Beieren), Thüringen en Sachsen (Saksen). Beieren, met als hoofdstad de metropool München, is verdeeld in de historische gebieden Ostbayern (Oost-Beieren), Oberbayern (Opper-Beieren), Franken en Schwaben (Zwaben). Daarnaast krijgt ook de zuidpunt van de deelstaat Sachsen-Anhalt, met daarbij de stad Halle, een plek in de gids.

**Omvang:** van noord naar zuid bedraagt de maximale afstand circa 485 km, van oost naar west is dat circa 355 km.

**Inwoners:** Beieren 13.003.250 (waarvan 1.456.000 in München), Thüringen 2.151.200, Sachsen 4.081.300.

## Geografie en natuur

Glooiende heuvels, rivierdalen, middelgebergte en zelfs hooggebergte, het komt allemaal voor in Zuidoost-Duitsland. Het landschap van Thüringen en Sachsen is getekend door verschillende binnenzeeën die het land lang geleden bedekten. Dat gebeurde bijvoorbeeld tijdens het devoon (395-345 miljoen jaar geleden). Plantenresten zakten naar de zeebodem en vormden, onder druk van later afgezette lagen, een dik pakket steenkool. Ook omstreeks 260 miljoen jaar geleden klotste hier het water van een ondiepe binnenzee. In het droge klimaat werd toen veel zout en kalk afgezet. Dat werd vanaf de middeleeuwen in mijnen gewonnen. Bruinkool – samengeperste plantenresten – ontstond op plekken waar ooit moerasbos heeft gestaan. Vooral in de DDR-tijd is dit op grote schaal afgegraven.

De middelgebergten in dit gebied, zoals het Thüringer Wald en het Erzgebirge, zijn schollen: scherp begrensde stukken bodem die in de loop van de tijd omhoog zijn gedrukt. Rivieren hebben zich soms diep ingesleten in deze gebergten. Het mooiste voorbeeld hiervan is de Sächsische Schweiz, waar spectaculaire rotsformaties zijn ontstaan. De duidelijk zichtbare lagen wijzen erop dat het ook hier gaat om sedimentgesteente, in dit geval zand dat later tot lagen zandsteen is samengedrukt.

Het middelgebergte in Ostbayern is een plooiingsgebergte, ontstaan door het schuiven van de continenten. Ook de Alpen zijn op deze manier ontstaan, maar deze hoge, scherpe toppen zijn veel jonger: het hoogtepunt van de gebergtevorming vond 'slechts' 50 tot 35 miljoen jaar geleden plaats.

Juist in de gebergten en in andere minder toegankelijke gebieden kreeg de natuur veel kansen. Vooral in de vroegere DDR waren de contrasten groot: sommige gebieden werden 'opgeofferd' aan industrie of mijnbouw, terwijl elders de natuur vrij spel kreeg. De laatste decennia is er gelukkig veel aandacht voor het beschermen van landschap, flora en fauna, resulterend in vier nationale parken binnen het gidsgebied.

## Geschiedenis

Duitsland heeft een lange, rijke geschiedenis (zie blz. 42), maar met name de littekens uit de recente geschiedenis zijn nog alom zichtbaar. Zo hebben bombardementen tijdens de Tweede Wereldoorlog (1939-1945) enorm veel schade aangericht. Van sommige steden, zoals Dresden, restte nauwelijks meer dan stapels puin. Na de oorlog is begonnen met een ambitieus herstelprogramma, waarbij veel steden en stadjes hun vroegere glorie terugkregen. Thüringen en Sachsen vielen na de oorlog onder de invloedssfeer van de Russen en maakten van 1949 tot 1990 deel uit van de communistische DDR.

## Staat en politiek

Sinds 1990 telt de Bondsrepubliek Duitsland zestien deelstaten (*Bündesländer*). Elke deelstaat beschikt over een eigen grondwet, een parlement en een regering. Deze regeringen sturen vertegenwoordigers naar de Bondsraad (*Bundesrat*) in Berlijn, die zich vooral bezighoudt met federale wetgeving. Daarnaast is er een Bondsdag (*Bundestag*), met daarin rechtstreeks gekozen volksvertegenwoordigers. Zij kiezen op hun beurt de regeringsleider of bondskanselier. Hierboven staat nog de bondspresident, het staatshoofd, die echter vooral een representatieve functie heeft.

## Economie en toerisme

Het zout in de bodem legde de basis voor de welvaart van veel plaatsen in Beieren. Vanaf de oudheid tot in de middeleeuwen was zout erg kostbaar. Het was een noodzakelijk onderdeel van de voeding en later werd het ook gebruikt om voedsel te conserveren. Rond de vindplaatsen en de handelsroutes – over land, maar vooral over water – ontwikkelden zich bloeiende stadjes, die soms nu nog zijn te herkennen aan hun naam (Salzburg) of het begrip -*hall* in de naam (Bad Reichenhall).

Landbouw, handel, industrie en toerisme zijn nu de belangrijkste pijlers van de economie. In de vroegere DDR lag de nadruk op de basisindustrieën (mijnbouw, metaalbewerking, energievoorziening), terwijl in Beieren onder meer de chemische, auto- en hightechindustrie opkwamen. Het toerisme is vooral belangrijk voor het zuidelijk deel van Beieren. München is een grote trekker, net als Augsburg en de Romantische Straße, de wereldberoemde toeristische route, maar de nadruk ligt toch vooral op de flanken en de toppen van de Alpen. De zomer is het seizoen voor liefhebbers van sprookjeskastelen, middeleeuwse stadjes, barokkerken en bergwandelingen, waarna in de winter grote aantallen wintersporters komen genieten van de sneeuw.

## Bevolking, taal en religie

Ook op het gebied van de bevolkingsdichtheid vormde de Muur tot 1990 een scherpe grens. Kort na de oorlog verlieten veel (vooral jonge) mensen het oostelijk deel van Duitsland, waardoor de DDR relatief dunbevolkt was. Sachsen en Thüringen vormden daarop een uitzondering, voornamelijk rond steden als Halle, Dresden en Leipzig. In Beieren is het contrast groot tussen de vijf grootste steden en de landelijke en relatief dunbevolkte gebieden.

Met Duits kunt u overal terecht, maar zowel in Thüringen en Sachsen als in Beieren worden nog – deels onverstaanbare – dialecten gesproken.

Duitsland telt ongeveer evenveel protestanten als katholieken, maar in de zuidelijke regio's zijn de katholieken van oudsher ver in de meerderheid.

# Geschiedenis

## Prehistorie

**200.000 v.Chr.**
De ontdekking van een skelet van een homo sapiens bij Weimar toont aan dat hier al in een ver verleden mensen woonden.

**tot 10.000 v.Chr.**
Het gebied tussen de Alpen en de Donau is vanwege de ijstijden niet geschikt voor bewoning.

**na 5000 v.Chr.**
Mensen vestigen zich op een vaste plek. Ze houden vee en bewerken akkers.

**na 2000 v.Chr.**
Bronstijd. Mensen leren bronzen voorwerpen te maken door koper en tin te smelten en te mengen. Hunebedden verdringen grafheuvels.

**na 800 v.Chr.**
IJzertijd. De Kelten trekken Duitsland vanuit Midden-Europa binnen en ontwikkelen zich tot de dominerende cultuur. Later volgen de Germanen vanuit het noorden.

## Romeinen

**15 v.Chr.**
De Romeinen bezetten het gebied tussen de Alpen en de Donau.

**1e-3e eeuw n.Chr.**
Romeinen bouwen versterkingen op strategische plaatsen en ontwikkelen handelsroutes over de Alpen tussen Duitsland en Italië.

**3e-4e eeuw**
Invallen van Germaanse stammen. Het Romeinse Rijk verzwakt.

**5e eeuw**
De Romeinen geven het gebied op.

## Middeleeuwen

**6e eeuw**
Bajuwaren vallen Beieren binnen. Het wordt een hertogdom binnen het Frankische Rijk. Sachsen komt onder invloed van Slavische volken, met name de Sorben.

**6e-8e eeuw**
Rondreizende predikers, onder wie Emmeram en Bonifatius, verspreiden het christelijke geloof en stichten verschillende bisdommen.

**9e-10e eeuw**
Het machtige rijk van Karel de Grote valt uiteen in talrijke kleine vorstendommen. Vanuit het oosten vallen de Hongaren regelmatig het gebied binnen.

**962**
Otto I, de hertog van Sachsen, wordt in Rome tot keizer van Duitsland benoemd. Dit is het begin van het Heilige Roomse Rijk, een politiek verband tussen een groot aantal vorstendommen in Centraal-Europa, dat tot 1806 zal blijven bestaan.

**11e eeuw**
Thüringen is een graafschap onder bestuur van de Ludowingers. Ludwig der Springer bouwt de Wartburg bij Eisenach.

| | |
|---|---|
| **11e-12e eeuw** | Beieren wordt bestuurd door verschillende vorstenhuizen, met als bekendste de dynastie van de Welfen. |
| **1155-1190** | De hertog van Schwaben, Friedrich I, bijgenaamd Barbarossa (Roodbaard), is keizer van het Heilige Roomse Rijk. In 1180 benoemt hij Otto von Wittelsbach tot hertog van Beieren. Het Huis Wittelsbach zal meer dan zevenhonderd jaar over Beieren regeren. |
| **1255** | Het hertogdom Beieren wordt in tweeën verdeeld: Zuid-Beieren valt onder Ludwig II, de rest onder Heinrich XIII. |
| **1314** | De Beierse keurvorst Ludwig IV, 'der Baier', wordt koning van Duitsland en in 1328 keizer van het Heilige Roomse Rijk. Hij herenigt Beieren, dat aan een bloeiperiode begint. |
| **14e-15e eeuw** | In de loop van de 14e eeuw wordt het grondgebied van Beieren steeds verder opgedeeld, totdat hertog Albrecht IV (1447-1508) het gebied weer samenbrengt. |

## Reformatie en vorstendommen

| | |
|---|---|
| **1485-1547** | Het keurvorstendom Sachsen maakt deel uit van het Heilige Roomse Rijk. De keurvorsten zijn de beschermheren van kerkhervormer Maarten Luther, waardoor Sachsen het centrum van de Reformatie wordt. |
| **1506** | München wordt de hoofdstad van Beieren. Hertog Albrecht V (1528-1579) start met het verzamelen van grote hoeveelheden kunst. |
| **1521-1522** | Maarten Luther verblijft anoniem in de Wartburg en vertaalt het Nieuwe Testament in het Duits. Hiermee legt hij de basis voor een standaardisering van de Duitse taal. |
| **1525** | Duitse Boerenopstand tegen de aristocratie. In Thüringen staat de opstand onder leiding van de prediker Thomas Müntzer, maar zijn ongeregelde troepen worden door het vorstelijke leger verpletterd. Müntzer wordt bij Mühlhausen terechtgesteld. |
| **1597** | Maximilian I wordt hertog van Beieren en zal uitgroeien tot een van de bekwaamste bestuurders van het vorstenhuis Wittelsbach. Hij zet zich ook in voor de Contrareformatie, een hervormingsbeweging binnen de katholieke kerk en een reactie op de protestante hervormingen van Luther en zijn kompanen. |
| **1618-1648** | De spanningen tussen de katholieken en protestanten leiden tot de Dertigjarige Oorlog, waarbij veel Europese staten betrokken zijn. Met name in Beieren is de schade gigantisch. |

# Geschiedenis

**1679** Maximilian II Emanuel wordt keurvorst van Beieren en de eerste absolute vorst die regeerde naar voorbeeld van de Franse koning Lodewijk XIV. Hij verblijft ook regelmatig in de Spaanse Nederlanden en verzamelt kunst van Hollandse meesters.

**1694** Friedrich August I, bijgenaamd Der Starke, wordt keurvorst van Sachsen en later ook koning van Polen. Ook hij spiegelt zich aan Lodewijk XIV, zoals te zien is aan de barokke parels die hij in Dresden laat neerzetten. Als groot liefhebber van alle culturele uitingen is hij een van de eersten die op systematische wijze kunst verzamelt.

**1704** In de Spaanse Successieoorlog (1702-1713) vecht Beieren met het Frankrijk van Lodewijk XIV tegen een geallieerd Europees leger. De geallieerden winnen en Beieren wordt bezet door Oostenrijkers. Opstanden van de inwoners van München worden hardhandig neergeslagen.

**1775** Karl August wordt op 18-jarige leeftijd hertog van Sachsen-Weimar-Eisenach. Hij raakt bevriend met Goethe en maakt van Weimar een centrum van de klassieke cultuur.

**1803** Grootschalige secularisatie van de kloosters: ze worden onteigend en gebouwen en kunstschatten vallen toe aan de staat.

## Op weg naar de moderne tijd

**1806** Het Heilige Roomse Rijk wordt ontbonden nadat Napoleon het land heeft bezet. Beieren wordt een koninkrijk onder Maximilian I Joseph.

**1813** Volkerenslag bij Leipzig. Franse troepen van Napoleon worden verslagen door een gezamenlijk leger van Rusland, Pruisen, Oostenrijk en Zweden. Beieren en Sachsen vechten mee met Napoleon.

**1825-1848** Ludwig I koning van Beieren. Hij laat in München talrijke musea en andere gebouwen oprichten in een stijl die verwijst naar de Griekse en Romeinse oudheid.

**1864-1886** Op 19-jarige leeftijd neemt Ludwig II de Beierse troon over van Maximilian II. Ludwig laat verschillende sprookjeskastelen bouwen, waaronder Schloss Neuschwanstein. Zijn taken als koning vervult hij minder succesvol. In 1886 verdrinkt hij onder verdachte omstandigheden – is hij vermoord?

**1871** Start van het Duitse Keizerrijk onder leiding van keizer Wilhelm I van Pruisen. De afzonderlijke gebieden, met name Beieren, houden een grote mate van soevereiniteit.

## De 20e en 21e eeuw

1914    Begin van de Eerste Wereldoorlog. Door interne spanningen in veel Europese landen is het enthousiasme voor de oorlog aanvankelijk groot. Dat verandert als blijkt dat de strijd veel langer duurt dan gepland en er bovendien miljoenen slachtoffers vallen.

1918    Duitsland verliest de oorlog. Het Duitse Keizerrijk wordt vervangen door een democratische republiek, de Weimarrepubliek.

1933    Adolf Hitler komt aan de macht en ontwikkelt zich tot een dictator. Bouw van het eerste concentratiekamp bij Dachau.

1939    Op 1 september 1939 vallen Duitse troepen Polen binnen, waarna het Verenigd Koninkrijk en Frankrijk Duitsland de oorlog verklaren. De Tweede Wereldoorlog is begonnen.

1942-1945  De geallieerden bombarderen Duitse fabrieken en talrijke steden. Onder meer München wordt zwaar getroffen. Dresden ligt na een bombardement in februari 1945 bijna helemaal in puin, met waarschijnlijk zo'n 25.000 slachtoffers.

1945    Nadat Duitsland is verslagen, komen de overwinnaars in Potsdam bij elkaar. De grenzen van Duitsland worden opnieuw vastgelegd. Sachsen en Thüringen vallen binnen de Russische bezettingszone, Beieren komt in handen van de Amerikanen.

1949    Oprichting van de DDR, de Deutsche Demokratische Republik, ook wel Oost-Duitsland genoemd. Thüringen en Sachsen maken deel uit van dit communistische land, dat onder de invloedssfeer van de Sovjet-Unie valt. De grens tussen 'Oost' en 'West' wordt steeds zwaarder bewaakt en mondt uit in het IJzeren Gordijn.

1970    Het Bayerischer Wald wordt het eerste nationale park van Duitsland.

1989    Nadat in de Sovjet-Unie onder Michail Gorbatsjov het regime al losser was geworden, groeit ook in de DDR de onvrede en wordt er steeds vaker gedemonstreerd. Op 9 november 1989 is de situatie voor DDR-leider Erich Honnecker onhoudbaar: de Muur valt.

1990    De *Wende*: Oost- en West-Duitsland worden herenigd en vormen samen de Bondsrepubliek Duitsland.

vanaf 2013  Duitsland heeft te maken met een groot aantal vluchtelingen. Angela Merkel, sinds 2005 bondskanselier, haalt in 2015 de internationale pers met haar uitspraak *'wir schaffen das'* (we kunnen het aan).

Koning Ludwig II (1845-1886) was zonder twijfel een van de kleurrijkste leden van het Beierse vorstenhuis Wittelsbach. Als koning was hij niet succesvol, maar als dromer met een ongebreidelde fantasie heeft hij de architectuur met enkele uitbundige sprookjeskastelen verrijkt. Dwalend door deze verzonnen werelden zou je bijna vergeten dat het leven van deze 'ongelukkige' koning ook veel tragische kanten heeft gekend. Voeg daarbij een mysterieuze dood en de nieuwsgierigheid naar deze vorst neemt alleen maar toe.

de door hem bewonderde componist Richard Wagner, die vaak gebaseerd zijn op oude, romantische verhalen.

Op zijn achttiende raakt Ludwig bevriend met zijn adjudant Paul Maximiliaan Lamoral von Thurn und Taxis, een twee jaar oudere, knappe prins. Ze gaan samen de natuur in, reciteren gedichten en spelen scènes na uit de opera's van Wagner. Wellicht gaat de vriendschap zelfs verder en wordt hier de basis gelegd voor het hardnekkige gerucht dat Ludwig homoseksueel is? De vriendschap stopt echter als Paul zich in 1866 verlooft.

# Ludwig II – een tragische sprookjeskoning

Als lid van het vorstenhuis Wittelsbach is Ludwig voorbestemd voor de macht. Hij wordt in 1845 geboren in kasteel Nymphenburg bij München, maar zijn vader, koning Maximilian II, heeft nauwelijks tijd voor hem. Ook zijn moeder ziet hij maar weinig. In plaats daarvan worden Ludwig en zijn jongere broer Otto op strenge, bijna spartaanse wijze opgevoed door leraren.

Ludwig voelt zich wel op zijn gemak bij zijn grootvader Ludwig I en in Schloss Hohenschwangau, waar hij een groot deel van zijn jeugd doorbrengt. Hier leeft hij tussen reusachtige fresco's over Duitse sagen en legenden, die zijn vader heeft laten aanbrengen. In zijn fantasie is Ludwig de hoofdrolspeler in al deze avonturen. Ook bouwt hij kloosters en kastelen met speelgoedbouwsteentjes en luistert hij naar opera's van

Ook met zijn nicht Elisabeth, die later bekend zou worden als keizerin Sisi, heeft Ludwig een goede band. Ze ontmoeten elkaar vaak op het Roseninsel, een eilandje in de Starnberger See. Hier ontsnappen ze aan het strakke regime van het hofleven.

## Ludwig als koning

In 1865, als Ludwig nog maar 18 jaar is, sterft zijn vader na een kort ziekbed en wordt hij diezelfde dag nog tot koning benoemd. Zijn kroningsportret toont hem als een trotse, knappe jongeman, die met zijn 1,93 m bovendien uitzonderlijk lang is voor zijn tijd. De nieuwe koning is op dat moment ook populair bij het volk, maar de realiteit zal snel doordringen: de mensenschuwe Ludwig heeft weinig op met zijn koninklijke taken. Hij benoemt zijn broer Otto tot bevelhebber van het leger en

Ludwig II bij zijn kroning in 1865

zijn bestuurlijke taken beperkt hij tot het hoogstnoodzakelijke. Veel liever trekt hij zich terug in het donker van de nacht en in zijn droomwereld van operamuziek en oude Germaanse verhalen.

Ook het geplande huwelijk met zijn nicht Sophie, een jongere zus van Sisi, loopt anders dan verwacht: nadat hij de trouwdatum al verschillende keren heeft uitgesteld, zet hij er in 1867 definitief een streep onder. Daarna zullen er geen andere vrouwen in zijn leven zijn, waardoor er geen troonopvolger komt.

Veel meer passie legt Ludwig in het bouwen van kastelen. Wat hij als kind op kleine schaal creëerde, mag hij nu op ware grootte doen. En dan het liefst op eenzame plekken in de Alpen, zo ver mogelijk weg van zijn verplichtingen als koning.

## Ludwig als bouwheer

Zijn eerste bouwproject is Schloss Neuschwanstein, dat aanvankelijk Hohenschwangau heet. Overigens is Ludwig met deze hobby geen uitzondering, want overal in Europa bouwen koningen en kroonprinsen nieuwe paleizen of laten ze middeleeuwse burchten restaureren. Wel bijzonder is de fantasie die Ludwig en zijn architecten in het ontwerp tonen: het is zijn versie van een middeleeuwse ridderburcht, compleet met romantische torens en vooral zeer uitbundig ingerichte vertrekken. Een kunstmatige grot bij zijn werkkamer is daarvan slechts één voorbeeld. Helaas zal Ludwig het einde van de bouwactiviteiten niet meer meemaken – hij overlijdt voortijdig. Bovendien zou hij zich in zijn graf omdraaien als hij zou weten dat zijn afgelegen, zeer private paleis al vanaf het moment van zijn dood door toeristen wordt overlopen.

Ook de andere bouwprojecten van Ludwig behoren nu tot de belangrijkste toeristentrekkers van Beieren. Zoals Schloss Linderhof (1874-1878), een relatief klein paleis bij Oberammergau, dat hij laat bouwen na een bezoek aan het Franse kasteel van Versailles. Doordat de bouw relatief snel klaar is, kan Ludwig er verschillende periodes van zijn leven in wonen. Dat lukt helaas niet bij Schloss Herrenchiemsee, een megaproject op een eiland in de Chiemsee, dat in grootsheid weinig onderdoet voor het Versailles van Lodewijk XIV.

De bouwkosten van al deze projecten, zo'n 31 miljoen mark, moet Ludwig zelf op tafel leggen. Zijn toelage is echter bij lange na niet toereikend, waardoor hij grote schulden opbouwt. Zijn familie is dan ook tot 1902 bezig met het afbetalen van de schulden. Ook hier leeft Ludwig dus duidelijk in een droomwereld.

## Mysterieuze dood

De vraag dringt zich op: is de contactarme, in zichzelf gekeerde en soms depressieve Ludwig misschien 'gek'? De Beierse ministerraad denkt in elk geval van wel. De raad verzamelt een hele batterij zenuwartsen en die stellen op basis

### Herinneringen aan 'Kini'

Dwalend door de omgeving van Neuschwanstein is 'Kini' (Beiers voor koning) nog altijd alom aanwezig. Als eerste natuurlijk in de vorm van zijn fantasiekasteel zelf, maar zijn gesoigneerde uiterlijk siert ook talrijke souvenirs en zijn naam is terug te vinden bij verschillende gerechten in restaurants. Ludwig is van een dromerige, tragische koning uitgegroeid tot een mythische figuur, die in elk geval door de Beierse toeristenindustrie zorgvuldig wordt gekoesterd.

Het levenswerk van Ludwig II: Schloss Neuschwanstein

van (dubieuze) getuigenverslagen vast dat Ludwig een 'onherstelbare geestelijke afwijking' heeft – ze nemen daarbij niet eens de moeite om de koning zelf te onderzoeken. Het medisch verdict is zeer welkom bij de voorzitter van de ministerraad, die op het punt staat door de koning te worden ontslagen. In plaats daarvan wordt Ludwig onbekwaam verklaard en worden zijn taken aan een regent overgedragen.

Een commissie moet het slechte nieuws aan de koning overbrengen en hem gevangennemen. Ludwig is daarbij zo ontdaan, dat hij wil vluchten en zelfs dreigt met zelfmoord: 'Dat ze mij de kroon afnemen, kan ik eventueel nog accepteren, maar dat ze mij krankzinnig verklaren, dat overleef ik niet ...'

Ludwig wordt overgebracht naar zijn eigen Schloss Berg aan de Starnberger See. Het plan is om dit kasteel in te richten als psychiatrische instelling: zonder deurkrukken en met kijkgaten om de koning in de gaten te houden. Maar zover komt het niet ...

Op 13 juni 1886, de dag na aankomst, maakt Ludwig met zijn psychiater dr. Gudden een wandeling langs het meer. Als ze niet terugkeren, wordt een zoekactie op touw gezet. Uiteindelijk worden de twee gevonden, beiden verdronken in ondiep water – terwijl Ludwig een zeer geoefend zwemmer was. De officiële lezing is dat Ludwig zelfmoord wilde plegen en dat dr. Gudden hem probeerde tegen te houden. Maar logisch klinkt dat verhaal allerminst. De details van de lijkschouwing zijn nooit bekend geworden, maar volgens geruchten zitten er twee kogelgaten in de jas van Ludwig. Hield dr. Gudden hem tegen toen hij probeerde te vluchten? Of zijn er huurmoordenaars ingezet door een van zijn vijanden? Het mysterie is nooit opgelost.

Hoewel Beieren zich pas laat tot de religie van het bier bekeerde, is er nergens zoveel aandacht voor het edele gerstenat als hier. Toch is het aantal brouwerijen in enkele decennia sterk gedaald: van omstreeks 1500 in de jaren zeventig tot zo'n 600 nu.

De geschiedenis van het 'moderne' bier begint in 719 met de Lex Alemannorum van hertog Lantfrit von Schwaben. In dit document worden zijn onderdanen opgedragen om *Biergelte*, een bierbelasting, aan hun heer af te dragen. Bier is in die tijd een volksdrank, maar wordt – zo gaan de geruchten – misschien ook wel gebruikt bij heidense riten. Want worden alsem, jeneverbes, salie en andere kruiden toegevoegd om de smaak te verbeteren? Of toch, zoals de christelijke elite vermoedt, om de drank magische krachten te geven? De adel en de kerkelijke leiders drinken zelf in die tijd – naar Romeinse traditie – wijn.

Honderd jaar later wordt bier gezien als een 'geneeskrachtige drank', die met de toevoeging van hop alleen in kloosterbrouwerijen mag worden gemaakt.

# Bier – geschiedenis van een volksdrank

Een Biergarten in München: geen betere plek om Beiers bier te proeven

Om te voorkomen dat de kloosterlingen zich aan de drank te buiten gaan, krijgen monniken een dagelijks rantsoen van vijf pond en nonnen van drie pond bier. Dit rantsoen wordt *Maß* genoemd, een eenheid die nu nog voortleeft in de *Maß*, de hoeveelheid bier die in een traditionele Beierse bierpul gaat: 1 liter.

## Reinheitsgebot

In het jaar 1040 verleent het bisdom Freising bij München aan het klooster Weihenstephan het recht om bier te brouwen en uit te schenken. Rond deze tijd wordt veel gebruikgemaakt van hop, aanvankelijk niet als smaakmaker, maar als conserveringsmiddel met een antibacteriële werking. De kloosters zijn verplicht om gratis bier te schenken aan pelgrims en bedelaars, maar ze gaan nu ook op bedrijfsmatige manier bier uitschenken en verkopen. Zo wordt het brouwen van bier een belangrijke inkomstenbron voor de kloosters.

Een keerpunt in de geschiedenis van het bier is een decreet van de Beierse hertog Wilhelm IV. Voor de landdag van Ingolstadt op 23 april 1516 laat hij vastleggen dat bij het brouwen van bier geen tarwe mag worden gebruikt, maar alleen water, gerst en hop. In dit beroemde *Reinheitsgebot* wordt bovendien een maximumprijs voor het bier vastgelegd. Sinds dit decreet strijden de steden Ingolstadt en Landshut over de vraag waar het *Reinheitsgebot* als eerste van toepassing was. Want inderdaad stelde hertog Georg de Rijke voor zijn eigen machtsgebied Bayern-Landshut al in 1493 een vergelijkbaar decreet op – maar dat zou op zijn beurt dan weer een afgeleide zijn van een decreet dat Albrecht IV von Bayern-München al in 1487 had uitgevaardigd. Wie echter nog dieper in de geschiedenis duikt, stuit op een document van het stadsbestuur van München uit 1447, waarin wordt vastgelegd dat bier alleen mag bestaan uit 'gerst, hop en water, en verder niets daarbij of daaraf'.

Met het eeuwenoude *Reinheitsgebot* in de hand heeft Duitsland lang geprobeerd buitenlandse biermerken van de markt te houden, omdat daar ingrediënten in zitten die niet aan het *Reinheitsgebot* voldoen. Een uitspraak van het Europese Hof uit 1987 is echter helder: het *Reinheitsgebot* beperkt het vrije handelsverkeer en is daarom niet rechtsgeldig.

## Bier en Beieren

Ondanks alle juridische bemoeienissen van de hertogen van Beieren is bier van oudsher niet de populairste drank: die eer is weggelegd voor wijn. Bierdeskundigen vermoeden dat de Dertigjarige Oorlog (1618-1648) voor een ommekeer heeft gezord. Plunderende troepen hebben de rijkelijk aanwezige wijngaarden verwoest en het volk heeft behoefte aan een vervanger. Hertog Wilhelm V heeft dan al in 1591 in München zijn eigen Hofbräuhaus gebouwd om voor hem en het hof bier te brouwen. Vanaf 1610 is dat bier ook te koop.

Daarna vertoont de bierconsumptie een immer stijgende lijn, hoewel globalisering en concentratie inmiddels ook in de Beierse biermarkt hun sporen hebben nagelaten. Vele kleine brouwerijen hebben hun poorten moeten sluiten of zijn overgenomen door een van de grote concerns. Toch is de situatie in Beieren niet zo dramatisch als elders: hier is de consumptie per hoofd van de bevolking veel hoger dan in de rest van Duitsland (170 liter tegenover 108 liter). Bovendien is er grote loyaliteit naar de kleine private brouwerijen en de speciale biersoorten die hier worden gebrouwen.

Het Elbsandsteingebirge, beter bekend als de Sächsische Schweiz, is met zijn bizarre rotsformaties en reusachtige tafelbergen een van de mooiste natuurfenomenen van Duitsland. Het ontstaan van dit als nationaal park beschermde landschap gaat terug tot de periode van het krijt.

## Het ontstaan van het landschap

Hoe dit bijzondere landschap is ontstaan? Daarvoor moeten we zo'n 95 miljoen jaar terug in de tijd. Tijdens de geologische periode van het krijt bedekte een grote zee het gebied. Rivieren voerden enorme hoeveelheden zand en

# Wandelen over de zeebodem – de Sächsische Schweiz

Steile, bijna verticale rotswanden, met daartussen donkere, vochtige dalen: het is niet verwonderlijk dat het Elbsandsteingebirge eeuwenlang vooral angst en ontzag inboezemde. De grillige vormen in het zachte gesteente kunnen echter ook de fantasie prikkelen: het kost weinig moeite om er wilde draken, rustende beren of een versteend liefdeskoppeltje in te zien. Het waren dan ook schilders die in de 18e eeuw dit unieke stukje landschap met zijn verweerde stenen torens en balancerende rotsblokken vastlegden en in de vorm van tekeningen en schilderijen naar Dresden brachten. Hun werken tonen romantische kloven, wonderlijke rotspartijen en door de zon beschenen plateaus. Indrukwekkende vergezichten worden afgewisseld door mysterieuze, schaduwrijke kloven, waar een heldere beek tussen de rotsen door kabbelt. Uit de oneindige bossen rijst een massieve, onaantastbare burcht op, terwijl de majestueuze Elbe zich een weg zoekt door een breed dal. Al snel waren niet alleen de schilders en de Dresdenaren door dit landschap gefascineerd, maar trok het de aandacht van bezoekers van over de hele wereld.

andere materialen aan. Korrelig kwartszand, klei en fijne mergel zonken naar de bodem van de zee en vormden daar een dik pakket, dat op sommige plekken zelfs 600 m dik was. Vervolgens trok de zee zich circa 80 miljoen jaar geleden terug. De dikke laag zand, door de druk tot steen samengeperst, kwam aan de oppervlakte te liggen. Stabiel was de situatie echter niet: door geologische krachten in de bodem werd het zandpakket van alle kanten bedreigd. Aan de noordkant werd het grantietmassief van Lausitz opgestuwd en zuidwaarts geschoven. Aan de zuidkant plooide het Erzgebirge op en drukte op zijn beurt met grote kracht tegen het zandsteenpakket. Tegen zulke natuurkrachten was het relatief zachte zandsteen niet opgewassen: het compacte massief begon langzaam uiteen te vallen. Het kwam schuin te staan en scheurde, waarna er in de periode van het tertiair (66-2,5 miljoen jaar geleden) in de breukvlakken vulkanische activiteiten ontstonden. Het gloeiendhete magma in de vulkaanpijpen koelde af

Klimmers in het Bielatal

en stolde tot basalt. De vulkaankegels zijn in de loop van de tijd verdwenen, maar de hardere basalttorens steken nog altijd als schoorstenen omhoog.

Zacht zandsteen en hard basalt vormen dus de basis voor het landschap van vandaag. Geologen zullen het onderscheid snel zien, voor alle anderen is er een handig trucje: rotsformaties van zandsteen hebben een naam die eindigt op '-stein' (Königstein, Lilienstein), terwijl rotsen van vulkanische oorsprong eindigen op '-berg' (Großer Winterberg, Rosenberg, Raumberg).

Ook daarna was de natuur nog niet klaar met kneden en modelleren. De afwisseling van vorst, hitte, regen, wind en zon tastte het zachte, poreuze zandsteen aan en zorgde in de loop van miljoenen jaren voor grillige vormen. Breuken ontstonden, brokken vielen naar beneden en water sleep geulen en kuilen uit. En dat gebeurt tot op de dag van vandaag.

## De ontdekking van de 'Sächsische Schweiz'

Tot in de tweede helft van de 18e eeuw heette het gebied Böhmische Wälder (Boheemse Wouden). De weinige mensen die er woonden, leverden hout en blokken zandsteen, die in Dresden werden gebruikt voor de bouw van kerken, paleizen en bruggen. Niemand had echter oog voor de schoonheid van het gebied. Zoals zo vaak waren er buitenstaanders nodig om het landschap met nieuwe ogen te bekijken en op waarde te schatten. Twee Zwitserse kunstenaars, Anton Ruf en Adrian Zingg, gaven vanaf 1766 les op de kunstacademie van Dresden en gingen regelmatig de omgeving verkennen. Zo kwamen ze ook in het avontuurlijk ogende berglandschap rond Pirna en de Königstein. Wellicht herinnerde het decor hen aan hun vaderland, want Adrian Zingg zou

Een wandelaar op de tot 400 m hoge Schrammsteinen ten oosten van Bad Schandau

op ansichtkaarten geschreven hebben: 'Groeten uit Saksisch Zwitserland'.

Het was aanvankelijk vooral de landschapsschilder Zingg die met wandelstok en tekenmap telkens weer het grillige landschap in trok, vaak zelfs dagen achter elkaar. Daarna sloten studenten zich bij hem aan en groeide het aantal tekeningen die getuigden van de schoonheid van het unieke landschap. Tegelijkertijd ontstond er bij de intellectuele elite een hang naar oorspronkelijke natuur: alleen hier kon je de oerwerkelijkheid ervaren en God leren kennen.

## De toeristen komen

Begin 19e eeuw trok het verweerde, mythische berglandschap met zijn eenzame kloven en lieflijke bergruggen steeds meer schilders en andere bezoekers. Een van de bekendste plekken was

de Bastei, een serie zandstenen 'torens' met een bijna 200 m hoog uitzichtpunt boven de rivier de Elbe. Al in 1824 werd tussen de verschillende torens een houten toeristenbrug gebouwd. Deze werd in 1851 vervangen door een nog spectaculairder zandstenen exemplaar, die ook nu nog de aanblik bepaalt.

De oorspronkelijke bewoners wisten steeds meer van de groeiende bezoekersaantallen te profiteren door voedsel en onderdak aan te bieden. Op de Brand, de Kuhstall en de Pfaffenstein verschenen de eerste *Berggasthäuser*, al snel gevolgd door hotels en herbergen. Gidsen wezen wandelaars de weg, pakezels werden verhuurd en welgestelde toeristen werden in draagstoelen over de lastigste trajecten geholpen. De aanleg van de eerste spoorlijn rond 1855 deed het aantal nieuwsgierigen vervolgens nog meer toenemen.

## Wandelen over de Malerweg

Gevolg van al deze ontwikkelingen is wel dat er van de eenzame natuur, die destijds de eerste kunstenaars en wandelaars in vervoering bracht, nu weinig meer over is. Toch is een wandeling door de Sächsische Schweiz nog altijd een indrukwekkende ervaring. De historische route van de schilders van weleer is nu als 120 km lange Malerweg (Schildersroute) weer toegankelijk gemaakt. In hun voetsporen wandelt u langs fantastische uitzichtpunten en sprookjesachtige rotsformaties en over steile hellingen en uitdagende trappen. Maar anders dan toen hoeft u zich voor de nacht niet meer met een deken onder een overhangende rots te nestelen, want berghutten en herbergen zijn er genoeg. Of toch een keer als een echte Dresdenaar *boofen*: neerzijgen onder de sterrenhemel met een mok rode wijn?

In 1913 emigreerde Adolf Hitler vanuit zijn geboorteland Oostenrijk naar München. In de decennia daarna zou Beieren een cruciale rol spelen bij de politieke en militaire ambities van de man die de geschiedenis van Duitsland hertekende. In 1935 maakte hij van München de 'hoofdstad van de beweging', in Nürnberg werden de partijdagen van zijn nazipartij gehouden en op een berg bij Berchtesgaden lieten talrijke nazikopstukken, onder wie Hitler zelf, een huis bouwen.

De Eerste Wereldoorlog (1914-1918) eindigde voor Duitsland in een nederlaag. Toen in 1919 in Versailles het vredesverdrag werd getekend, stonden daarin voorwaarden die door Duitsland als zeer vernederend werden ervaren. Zo verloren ze een flink deel van hun grondgebied en hun koloniën, het leger werd geminimaliseerd en hoge herstelbetalingen werden opgelegd. Bovendien moest het trotse Duitse keizerrijk plaatsmaken voor een republiek. Dit gehate dictaat zou uiteindelijk de kiem blijken voor nog een wereldoorlog.

# Beieren en het nationaalsocialisme – opkomst en ondergang

Hitler groet zijn SA-troepen bij Berchtesgaden in 1932

# Korporaal Hitler

Adolf Hitler werd in 1889 in Oostenrijk geboren. In 1907 ging hij naar Wenen om een plekje te bemachtigen op de kunstacademie. Dat mislukte, waarna hij met allerlei baantjes de kost bij elkaar scharrelde. In deze periode ontwikkelde hij sterke pro-Duitse en anti-Joodse gevoelens.

In 1913 verhuisde Hitler naar München. Hier meldde hij zich direct na het uitbreken van de Eerste Wereldoorlog vrijwillig bij het leger van de Duitse keizer. Hij schopte het tot de (laagste) rang van korporaal, maar werd wegens 'gebrek aan leiderschapskwaliteiten' nooit verder bevorderd.

In de politiek bleek hij wel succesvol. Hij sloot zich in 1919 aan bij de Deutsche Arbeiterpartei, toen een kleine, onbetekenende volkspartij. Hier ontpopte hij zich als een begenadigd spreker. De partij groeide en Hitler werkte zich op tot leider. In 1920 veranderde hij de naam in Nationalsozialistische Deutsche Arbeiterpartei (NSDAP). Bovendien introduceerde hij het hakenkruis en hij voegde aan het partijprogramma steeds extremere ideeën toe over de republiek, Joden en communisten.

## Aan de macht

Overmoedig geworden, deed de NSDAP in 1923 een poging de macht in Beieren te grijpen. Gewapende mannen bezetten strategische plekken in München, terwijl Hitler in een bierhal, zwaaiend met een pistool, zijn nieuwe regering voorstelde. Vanwege de locatie werd deze machtsgreep bekend onder de naam Bierkellerputsch. Maar de poging mislukte: bij een schietpartij voor de Feldherrnhalle werden 21 mensen gedood en Hitler werd gevangen genomen. Hij werd veroordeeld tot vijf jaar gevangenisstraf, maar hoefde daarvan slechts één jaar uit te zitten. Dat jaar benutte hij door in de gevangenis *Mein Kampf* (Mijn Strijd) te schrijven, een doorwrocht boek waarin hij onder andere zijn antisemitische ideeën en zijn streven naar meer *Lebensraum* (leefruimte) voor Duitsland uiteenzette.

De NSDAP werd na de staatsgreep verboden, maar een vervangende partij wist desondanks flink wat stemmen te trekken. De partij kreeg nog meer macht nadat in 1929 de crisis was uitgebroken. Aanvankelijk werden de nationaalsocialisten (nazi's) buiten de regering gehouden, maar toen het land in 1933 bijna onbestuurbaar was geworden, mocht Hitler toch proberen een regering te vormen, met hemzelf als rijkskanselier. Vanaf dat moment nam hij de touwtjes strak in handen.

## Nürnberg als decor voor de Rijkspartijdagen

De nazi's kozen Nürnberg als locatie voor hun partijdagen van 1927, 1929 en van 1933 tot en met 1938. Die keuze was puur symbolisch: Nürnberg was in de middeleeuwen dé stad van de Duitse eenheid, want hier werden de rijksdagen gehouden en hier werden de kroonjuwelen van de Duitse keizer bewaard. Hoogtepunten van de partijdagen waren de massabijeenkomsten die plaatsvonden op een gigantisch terrein net buiten het centrum. De megalomane gebouwen die architect Albert Speer hier liet bouwen, staan er gedeeltelijk nog altijd. Het programma bestond uit demonstraties, marsen en opzwepende speeches – alles vastgelegd voor radio, televisie (toen al!) en film, zoals de beroemde film *Triumph des Willens* van Leni Riefenstahl. In 1935 werden hier bovendien de Rassenwetten van Nürnberg aangenomen, waarin de Joden veel rechten werden ontnomen.

Jaarlijkse nazibijeenkomst voor de Feldherrnhalle ter herinnering aan de Bierkellerputsch

## Berchtesgaden

Om aan de dagelijkse drukte te ontsnappen, was Hitler regelmatig in de bergen rond Berchtesgaden te vinden. In 1933 kocht hij een huis op de Obersalzberg, de Berghof, dat hij in de jaren daarna liet uitbouwen tot een representatief presidentieel onderkomen, compleet met ondergrondse gangen en bunkers. Daarna bouwden ook andere nazikopstukken, onder wie Hermann Göring en Martin Bormann, een huis op de door de SS zwaarbewaakte berg. In en na de oorlog zijn bijna alle herinneringen aan deze periode verwoest, maar een theehuis van Hitler op de top van de Kehlstein is nog altijd te bezoeken. Overigens kwam Hitler hier niet vaak: de lucht was voor hem te ijl en de lange, in de berg uitgehakte lift was gevoelig voor sabotage.

## München onder de nazi's

München was en bleef de machtsbasis van de partij: de stad werd in 1935 zelfs uitgeroepen tot 'Hauptstadt der Bewegung'. Het hoofdkantoor en andere bolwerken van de NSDAP stonden veelal rond de Königsplatz, een weids plein dat werd ingericht voor bombastische nazibijeenkomsten. Intussen werden tegenstanders uitgeschakeld, zelfs binnen de eigen gelederen: in 1934, tijdens de *Nacht der langen Messer*, vermoordde de SS verschillende leden van de SA en

van de eigen partij. Minder verrassend is dat Joden werden onteigend en afgevoerd naar concentratiekampen. Het eerste kamp was zelfs al direct na de machtsovername in 1933 geopend in Dachau, zo'n 20 km buiten München.

In 1938 kwamen verschillende wereldleiders naar München om de landhonger van de nazi's in te perken, maar dit bleek tevergeefs: op 1 september 1939 viel Duitsland Polen binnen en was de Tweede Wereldoorlog een feit.

## De ondergang

Aanvankelijk raasden de Duitse troepen als overwinnaars over het Europese continent. De ommekeer kwam toen de Britten standhielden en de veldtocht naar Rusland in 1943 op een smadelijke nederlaag uitdraaide. Al een jaar eerder, in 1942, waren de geallieerden begonnen met het bombarderen van Duitse fabrieken en steden. Ook München was verschillende keren aan de beurt: er vielen duizenden slachtoffers en na de oorlog stond nog maar de helft van de gebouwen overeind.

Op 30 april 1945 besefte Hitler dat alles verloren was: hij pleegde zelfmoord in een bunker in Berlijn. De oorlog was voorbij, maar de nasleep zou nog lang duren. Duitsland werd verdeeld onder de overwinnaars, steden herrezen stukje bij beetje uit hun as en de ergste oorlogsmisdadigers werden berecht op een symbolische plek: Nürnberg.

Elk jaar, nog voor de zomer begint, trekken zo'n 40.000 koeien de Allgäuer Alpen in om drie maanden lang van het sappige gras op de bergweides te genieten. Deze alpenweides vormen dan een ideale bestemming voor bergwandelaars, al is het maar om de ter plekke gemaakte bergkaas te proeven.

## Koeien op de bergweides

Al in de middeleeuwen kapten de boeren bomen op de berghellingen, zodat de koeien hier kon grazen. Aanvankelijk brachten de herders alleen jongvee naar de hooggelegen weides. In de herfst werden de koeien dan over de alpenpassen naar Noord-Italië geleid om

# Sappig alpengras voor het vee – een zomer op de bergweides

Om 4.30 uur begint de werkdag van Markus Bertele – 24 koeien staan al te wachten om gemolken te worden. Samen met zijn broers Stefan en Christian runt Markus een boerderij annex berghut op 1456 m hoogte op de Willersalpe in het Hintersteiner Tal, in de buurt van Bad Hindelang. Drie potige paarden grazen op een stukje gras voor de berghut. Met deze paarden loopt Christian, de oudste van de drie broers, elke dag op en neer naar het dorp om inkopen te doen voor hun eigen huishouden en voor het restaurant van de berghut, waar hongerige wandelaars in de zomermaanden terechtkunnen. Een weg of een kabelbaan naar boven ontbreekt.

De gebroeders Bertele boeren nog altijd op bijna dezelfde manier als hun agrarische voorgangers in de 19e eeuw. Naast de melkkoeien hebben ze een groot aantal kippen en negentig stuks jongvee. De enige concessie aan de moderne tijd zijn de zonnepanelen op het dak, die de elektriciteit leveren voor het licht, de kaasmachine en de melkmachine.

te worden verkocht. Later gingen ook melkkoeien in de zomer naar de alpenweides.

Het doel van deze jaarlijkse trek? Ten eerste blijft het gras in het dal zo gespaard als voer voor de winter. Ten tweede worden de koeien sterker en gezonder door hun verblijf in de bergen en door het grazen van vers, kruidig gras. Bijkomend voordeel is dat je een 'bergkoe' voor meer geld kunt verkopen dan een koe die haar hele leven in een stal heeft gestaan.

Een bergweide, met daarbij een hut of stal voor het vee, wordt in de Alpen doorgaans een *Alm* genoemd. In de Allgäu, een streek in de zuidwestpunt van Beieren, spreekt men echter van *Alpe*. Toen halverwege de 19e eeuw steeds meer kaas werd gemaakt, werden veel *Galtalpen*, waar alleen jongvee graasde, aangepast tot *Sennalpen*, die bedoeld waren voor melkkoeien. Door de schaalvergroting van de veehouderij en de kaasproductie raakte de traditionele trek naar de bergweides echter steeds meer in onbruik: het was te duur en te omslachtig. Bovendien verplaatsten de kaasmakerijen zich geleidelijk van de bergen naar de dalen. Pas aan het einde

Feestelijk getooide koe tijdens de Viehscheid

van de 20e eeuw werd de neergang gestuit door een serie stimulerende maatregelen. Daarmee lijkt de traditie gered. Dit komt het vee ten goede, maar zeker ook het landschap: als er niet wordt begraasd, groeien de weides dicht met struiken en bomen, en verdwijnt het karakteristieke Allgäulandschap.

Inmiddels zijn er in de Oberallgäu weer 688 erkende bergweides, waaronder 50 *Sennalpen*. Eind mei of begin juni gaan 37.000 stuks jongvee, 3.000 melkkoeien en enkele honderden schapen, geiten, varkens en paarden naar de weides op de hellingen. Half september, als de herfst de bergen in haar greep krijgt, daalt de hele stoet weer af naar de stallen in het dal. Deze *Viehscheid* gaat vaak gepaard met een volksfeest, waar ook veel toeristen op afkomen (zie www.allgaeu-viehscheid.de).

## Een dag in de bergen

Terwijl Markus al heel vroeg naast zijn bed staat, zijn zijn broers nog aan het bijslapen van de vorige avond, die zoals altijd laat is geëindigd. Christian en Stefan houden zich namelijk bezig met de gasten in het restaurant en de slaapzalen. Markus doet alle boerentaken.

### Eten of overnachten bij de gebroeders Bertele

**Willersalpe:** Hintersteiner Straße, Bad Oberdorf, tel. 0171 993 98 47. Broodmaaltijden en dagelijks een warm gerecht. Overnachtingsmogelijkheid in een slaapzaal met dertig bedden mei-nov., in de winter soms in het weekend. De berghut is in circa 1,5 uur vanuit Bad Hindelang te bereiken via een gemarkeerd wandelpad. Daarnaast zijn er talrijke andere wandelmogelijkheden in de omgeving.

Dat begint elke dag met het melken van de koeien. Daarna mengt hij de verse melk met de afgeroomde melk van de vorige avond en verwarmt dit tot 32 °C. Vervolgens voegt hij melkzuurbacteriën toe, die hij de dag ervoor al heeft klaargemaakt. Dit zuursel beïnvloedt de smaak van de kaas en zorgt ervoor dat er bij de rijping gaten in de kaas ontstaan. De dosering luistert uiterst nauw en toont de kunde van de kaasmaker. Dan komt er nog stremsel bij, een enzym uit de maag van (geslachte) kalveren: daarmee wordt het samenklonteren van de eiwitten in de melk in gang gezet. Het mengsel in de ketel moet vervolgens dertig minuten rusten – eindelijk tijd om te ontbijten.

In dat halfuur klontert de melk samen tot wrongel, een geleiachtige substantie. Door hier met wrongelmessen in te snijden, kan het vocht, de wei, gemakkelijker wegvloeien. Dan wordt het geheel verhit tot 52 °C. Met een linnen doek schept Markus de klompjes wrongel ter grootte van een erwt uit de ketel en doet deze in een ronde vorm, die vervolgens onder de pers wordt gelegd. Zo krijgt de kaas de juiste vorm en compactheid. De volgende dag wordt de kaas voor 72 uur in een pekelbad gelegd om een korst te vormen. Zodra de kaas van buiten is beschermd, kan het echte rijpen beginnen.

Maar het werk zit er nog lang niet op. In de kaaskelder moeten de kazen vier tot twaalf maanden rijpen. Om dat goed te laten verlopen, moet Markus ze om de dag borstelen, omdraaien en met een zoutoplossing insmeren om de korst dicht te houden en schimmelwerking tegen te gaan. Tijdens het rijpen veranderen de smaak en de structuur van de kaas. Ook ontstaan de mysterieuze gaten: de bacteriën eten vetdruppeltjes en produceren daarbij koolzuurgas. Deze gasbelletjes groeien uit tot gaten.

Na de zomer keren de koeien terug naar het dorp, zoals hier naar Thalkirchdorf

De werkwijze is de laatste honderd jaar nauwelijks veranderd. Alles komt aan op de kennis en kunde van de kaasmaker en vooral op de kwaliteit van de melk. Markus produceert elk jaar twee ton bergkaas. Het grootste deel daarvan verkopen de Berteles rechtstreeks aan hongerige wandelaars.

## De Viehscheid

Zo'n honderd dagen verblijven de koeien op de bergweides. En het leven is hier goed: kruidig, sappig gras, frisse berglucht en volop ruimte. Maar in de loop van september komt ook aan de mooiste alpenzomer een einde. De dag van de *Viehscheid* is aangebroken.

Als de zomer voor het vee goed is verlopen, wordt de mooiste en krachtigste koe van de kudde uitgekozen. Dit *Kranzrind* krijgt op haar kop een krans van (plastic) bloemen, takken en andere versieringen. Een kleine spiegel moet de boze geesten verdrijven en een kruis dankt de hemelse machten. Ook de overige koeien – in sommige dorpen tellen de gezamenlijke kuddes meer dan duizend dieren – worden opgepoetst en versierd, waarna de hele kudde onder het oorverdovende lawaai van de koeienbellen de hellingen afdaalt.

Eenmaal beneden vindt de eigenlijke *Viehscheid* plaats, het scheiden van het vee. Alle boeren die aan het begin van het seizoen hun koeien aan de herders hebben toevertrouwd, krijgen deze nu weer terug. Daarna kan het dorpsfeest beginnen. Herders, boeren en bezoekers verzamelen zich in de feesttent, waar bier, *Scheidwürste*, hapjes en blaasmuziek wachten – traditie en toerisme gaan hier hand in hand.

Ook de drie broers Bertele dalen na enkele drukke maanden in de bergen af naar het dal. Met gemengde gevoelens. Zeker bij Markus, die 'zijn' gewaardeerde dames nu weer moet teruggeven aan hun rechtmatige eigenaars.

De Semperoper in Dresden is een van de bekendste concertzalen ter wereld. Opera, ballet, een klassiek concert – waarvoor u ook een kaartje koopt, de kwaliteit is altijd van het hoogste niveau. Daarmee staat de Semperoper in een lange muzikale traditie, die al in de 16e eeuw begon.

Het was keurvorst Moritz von Sachsen die in 1548 de basis legde voor de Dresdner Musikalische Kapelle (nu de Sächsische Staatskapelle). Deze hofkapel speelde tijdens vorstelijke diners, maar ook in kerken en bij festiviteiten. De eerste bekende kapelmeester was Heinrich Schütz (van 1617 tot 1672), destijds de belangrijkste Duitse componist en de eerste die een complete opera schreef: *Daphne*. Hij en zijn opvolgers werkten met hart en ziel aan het verbeteren van de kwaliteit van het orkest en het bijbehorende koor. Opmerkelijk detail: pas in 1697 bepaalde keurvorst August der Starke dat de musici nog maar één instrument mochten bespelen.

## Von Weber en Wagner

Toen de componist Carl Maria von Weber in 1817 muzikaal leider van de prestigieuze opera van Dresden werd, kwam

# De rijke muziektraditie van Dresden

Concert van de Sächsische Staatskapelle Dresden in de Semperoper

daarmee een einde aan de periode van opera's in Italiaanse stijl. Von Weber droeg zelf ook bij aan de opkomst van de Duitse opera, bijvoorbeeld met zijn meesterwerk *Der Freischütz*.

De volgende grote naam in het rijtje kapelmeesters was Richard Wagner, die in 1843 het dirigeerstokje overnam. Hij was een groot vernieuwer in de muziek van zijn tijd: hij zag opera als een *Gesamtkunstwerk*, waarbij hij zowel tekst als muziek en enscenering voor zijn rekening nam. Na zijn aantreden liet hij direct *Der Fliegende Hollânder* in première gaan, gevolgd door *Tannhäuser*. Zijn nationalistische thema's en pompeuze, opzwepende muziek bleef lange tijd populair, onder andere bij koning Ludwig II en later bij de nazi's. Wagner was ook politiek actief en dat zou hem in 1849 zijn plekje voor het orkest kosten: hij had deelgenomen aan een revolutionaire opstand en moest uit Dresden vluchten toen de opstand werd neergeslagen.

## Semperoper

Ook Gottfried Semper moest vanwege zijn steun aan de opstand vluchten. Hij was de architect van de beroemde Sächsische Staatsoper (1841), een operahuis dat als Semperoper bekend zou worden. Zijn creatie ging echter al in 1869 in vlammen op, waarna zijn zoon Manfred Semper de opvolger tekende. Deze operatempel werd in 1878 ingewijd met een toneelstuk van Goethe en een opera van Von Weber – net als bij de opening van de eerste Semperoper. Grote successen waren daarna vooral weggelegd voor Richard Strauss, die Dresden uitkoos voor de premières van onder andere *Feuersnot* (1901), *Salome* (1905), *Elektra* (1909) en *Der Rosenkavalier* (1911).

Bij het bombardement op Dresden in februari 1945 ging ook de Semperoper verloren. Heropening vond pas plaats in 1985, geheel volgens traditie met een opera van Von Weber: *Der Freischütz*.

Met prachtige bouwwerken als de Zwinger in Dresden, de Asamkirche in München en de residentie in Würzburg is het zuidoosten van Duitsland als een schatkamer van de architectuur. Romaans, gotisch, barok, jugendstil, Bauhaus – alles komt voorbij. Een dwaaltocht langs deze architectonische juwelen wordt nog boeiender met enige achtergrondkennis over de overeenkomsten én verschillen tussen de bouwstijlen.

Van vóór het begin van onze jaartelling is weinig bewaard gebleven. Bouwsporen beperken zich tot zaken als grafheuvels, hunebedden en ringwallen. Als de Romeinen in 15 v.Chr. het zuidelijk deel van Duitsland bezetten, nemen ze veel kennis en vaardigheden mee. Fundamenten van forten, villa's met vloerverwarming, badhuizen en poorten zijn op veel plaatsen teruggevonden en soms gereconstrueerd, zoals bij Kempten. Nadat het Romeinse Rijk in de 5e eeuw is ineengestort, duurt het tot in de 8e eeuw tot er weer een eenduidige bouwstijl ontstaat. Het is de tijd van Karel de Grote en zijn opvolgers, vandaar de benaming Karolingische bouwkunst.

## De middeleeuwen: van romaans tot gotisch

Van de Karolingers is in het zuidoosten van Duitsland nauwelijks iets terug te vinden. Zelfs voor de opvolger

# Over gotiek, barok en jugendstil – een lesje architectuurgeschiedenis

Romaanse kruisgang met versierde kapitelen in het Karmelietklooster in Bamberg

daarvan, de romaanse bouwstijl, is het goed zoeken naar voorbeelden, omdat veel gebouwen in de loop van de tijd zijn aangepast of vernieuwd. De mooiste romaanse architectuur vindt u in kerken en kloosters: vierkante torens, dikke muren die het gewicht van het gebouw moeten dragen, kleine boogvensters en gebogen gewelven die door massieve zuilen worden ondersteund. Sereen schrijdend door de kruisgangen van een klooster of door de donkere crypte van een kerk ervaart u de middeleeuwse sfeer op zijn best. Let dan ook op de kapitelen, de rijkbewerkte kopstukken van de zuilen, die in deze periode vaak zijn versierd met dieren en vlechtbandmotieven.

Aan het einde van de romaanse periode, die globaal loopt van 1050 tot 1200, worden de bouwtechnieken steeds beter. Vooral de uitvinding van het kruisribgewelf is belangrijk: voor een plafond worden eerst elkaar kruisende ribben gebouwd, waarna de ruimte ertussen wordt dichtgemetseld. Door de grote draagkracht van deze constructie wordt het mogelijk steeds hogere gewelven te maken, met steeds lichtere materialen. Dat resulteert in de gotiek: hoge kerkgebouwen met ranke torenspitsen, steunberen aan de buitenkant en hoge, smalle glas-in-loodramen.

Veel steden en stadjes beschikken over een gotische kerk, waarvan schip en torens hoog boven de rest van de bebouwing uitsteken. Typisch voor Duitsland zijn de hallenkerken, waarbij het middenschip en de twee zijbeuken even hoog zijn. De macht en de rijkdom van de Kerk in deze periode toont zich ook in de waardevolle altaarstukken, de kunst aan de muren, de gesneden koorbanken en de beeldhouwwerken.

Als de macht van de Kerk geleidelijk afbrokkelt, dringt de gotische bouwstijl ook door in stadhuizen, gildenpanden, vleeshallen en koopmanswoningen.

## Renaissance

De term renaissance betekent letterlijk 'wedergeboorte', ofwel een wederopbloei van de klassieke cultuur van de Grieken en Romeinen. De renaissance maakt een einde aan de middeleeuwen, niet alleen in de architectuur, maar ook in de kunsten, de wetenschappen en zelfs de maatschappij. Talrijke nieuwe ideeën sijpelen door vanuit Italië en krijgen voet aan de grond in Duitsland. Zo verdiepen de kunstenaars Albrecht Dürer, Hans Holbein en Lucas Cranach de Oude zich in het afbeelden van perspectief, iets wat vóór die tijd nauwelijks gebeurde. Ook de opkomst van Maarten Luther, die zich boos maakt over de misstanden binnen de katholieke kerk, past helemaal in dit tijdsbeeld.

In de begintijd van de renaissance worden vaak Italiaanse architecten naar Duitsland gehaald voor het bouwen van stadhuizen, residenties en paleizen. Kenmerkend zijn de sierlijke stadhuistorens, arcadegalerijen, frivole buitentrappen en rechte, hoge gevels met soms speelse versieringen. De klassieke traditie uit zich onder meer in evenwichtige proporties, zuilen en koepels. Verrassend zijn de Hollands aandoende trap- en klokgevels: het resultaat van handelscontacten met Hollandse en Vlaamse kooplieden.

Intussen worden er voor 'gewone' burgers nog altijd vakwerkhuizen gebouwd. Deze middeleeuwse bouwwijze voldoet nog prima: een constructie van balken, met daartussen een vulling van leem of baksteen. De oudst bewaard gebleven vakwerkhuizen zijn 12e-eeuws.

## Barok en rococo

Ook de barok komt uit Italië: hier verrijzen begin 17e eeuw de meest uitbundige bouwwerken. De klassieke bouwregels van de renaissance maken daarbij plaats voor weelderige gebouwen, waarbij niet wordt bezuinigd op pracht en praal. Duitsland doet pas laat mee met deze mode: na de Dertigjarige Oorlog (1618-1648) verschijnen steeds meer kerken, kloosters, residenties en paleizen die in uitbundigheid met elkaar wedijveren.

Dresden is dé barokstad van Zuidoost-Duitsland: vlak bij elkaar pronken hier enkele pompeuze barokgebouwen, met de Zwinger en zijn duizenden sculpturen als blikvanger. Maar veel meer steden, stadjes en dorpen hebben een kerk, klooster of paleis in deze vormentaal. Wat daarbij vooral opvalt is dat het gebouw, de aankleding en de kunstwerken één geheel vormen: beschilderde muren en plafonds, stucdecoraties, marmer, altaarstukken en schilderijen overdonderen de bezoeker.

## Bekende barok- en rococo-architecten

**Johann Michael Fischer (1692-1766):** o.a. de kloosterkerk van Kloster Ottobeuren en de Anastasiakapelle in Kloster Benediktbeuern.
**Johann Baptist Zimmermann (1680-1758) en Dominikus Zimmermann (1685-1766):** de broers werkten vaak samen aan stucwerk en fresco's in o.a. de Wieskirche, de St. Peter in München en zalen in Kloster Benediktbeuern.
**Balthasar Neumann (1687-1753):** meester van de barok en de rococo, met als topwerken de Residenz in Würzburg en de Basilika Vierzehnheiligen bij Bad Staffelstein.
**Cosmas Damian Asam (1686-1739) en Egid Quirin Asam (1692-1750):** architecten, schilders en stuckunstenaars van o.a. de Asamkirche en Heilig-Geist-Kirche in München en de Maria de Victoria in Ingolstadt.

Maar het kan nóg overdadiger: vanaf circa 1750 schuift de barok op richting de rococo. De gebruikte elementen blijven dezelfde, maar de rechthoekige plattegrond van kerken maakt plaats voor elkaar overlappende ovalen, waardoor het theatrale effect nog wordt versterkt. Krullen, guirlandes, vergulde lijsten en fresco's in zoete kleuren dragen verder bij aan de wow-factor.

Bij paleizen wordt ook de tuin bij het ontwerp betrokken. De formele baroktuinen zijn duidelijk op de tekentafel bedacht: de indeling is strak en symmetrisch, met een prominent aanwezige hoofdas. Rechthoekige perken, geschoren buxushagen, kanalen, fonteinen en beelden vullen de tuin, die vooral is bedoeld om te imponeren.

## Neostijlen

De 18e eeuw is de eeuw van de Verlichting. De macht verschuift van de aristocratie naar de burgerij, terwijl de wetenschap steeds weer nieuwe inzichten brengt. In deze rationale periode is er geen plaats meer voor gouden krullen en tierelantijnen; de focus gaat opnieuw naar de geïdealiseerde schoonheid van de klassieke oudheid. Zo ontstaat vanaf circa 1750 het neoclassicisme. In München staan enkele schoolvoorbeelden van neoklassieke bouwwerken, met name aan de Königsplatz en de Ludwigstraße. Daaronder zijn zelfs bijna perfecte kopieën van Griekse tempels, inclusief zuilenrijen en driehoekig fronton met reliëfvoorstelling. Een van de bekendste ontwerpers is de hofarchitect Leo von Klenze, die hiermee een zwaar stempel drukt op het stadsbeeld van München.

In de tweede helft van de 19e eeuw komen er andere neostijlen bij. Ook deze stijlen grijpen terug op oudere voorgangers, maar zijn een stukje frivoler

De barokke Kirche Maria de Victoria in Ingolstadt: een creatie van de gebroeders Asam

dan het zeer sobere en (letterlijk) kleurloze neoclassicisme. Neoromaanse kerken krijgen vierkante torens en neorenaissancistische gebouwen worden weer versierd met trapgevels of arcades, met als schoolvoorbeeld de Semperoper in Dresden.

Een heel aparte plek in de architectuur wordt ingenomen door de sprookjeskastelen van koning Ludwig II. Het paradepaardje is Schloss Neuschwanstein, dat in de verte iets van een middeleeuws kasteel heeft, maar meer nog van een Walt Disneycreatie. Schloss Linderhof valt in dezelfde sprookjescategorie, terwijl Schloss Herrenchiemsee eerder een Duitse variant is van het kasteel van Versailles van Lodewijk XIV.

## Jugendstil en Bauhaus

Als rond 1880 de jugendstil (of art nouveau) opkomt, maken de rechte lijnen plaats voor asymmetrische decoraties, wulpse vrouwenfiguren en zwierige bloemmotieven. Het is een brede stroming, die vooral bekend is geworden door affiches en sierlijke gebruiksvoorwerpen, maar ook gebouwen worden voorzien van kleurrijke tegeltableaus.

Een grote naam uit de jugendstil is de Belgische kunstenaar en vormgever Henry van de Velde (1863-1957). Hij wordt in 1906 directeur van een school voor kunst en nijverheid in Weimar. De uitgangspunten in zijn ontwerpen: gebogen lijnen, abstracte vormen en functionalisme – functie gaat voor vorm. Aan het begin van de Eerste Wereldoorlog neemt Walter Gropius zijn functie over. Hij start in 1919 met het Staatliche Bauhaus, een opleiding voor ontwerpers en architecten. Dat resulteert in voor die tijd zeer vernieuwende 'blokkendozen' van moderne materialen als beton, staal en glas – gebouwen zonder enige opsmuk. Maar de ideeën leiden ook tot klassiekers als de nog altijd modern ogende buizenstoel.

# De Grüne Band – natuur langs het vroegere IJzeren Gordijn

Meer dan dertig jaar lang liep er een zwaarbewaakte grenslijn dwars door Duitsland. Hoge muren, prikkeldraadversperringen, grenswachters en automatische geweren vormden een onneembare scheiding tussen Oost en West. Na het vallen van de Muur in 1989 bleef er een strook niemandsland over. Die is inmiddels uitgegroeid tot de Grüne Band, een groene gordel die fungeert als historisch monument en als uniek natuurgebied.

In 1945 kwam er een einde aan de Tweede Wereldoorlog. Daarna werd Duitsland verdeeld in vier bezettingszones. Het oostelijk deel viel onder de Sovjet-Unie en heette vanaf 1949 DDR (Deutsche Demokratische Republik). Omdat tienduizenden inwoners dit deel ontvluchten, sloten de Russen de grens in 1952. Bovendien kwam er een 5 km brede *Sperrzone*, waar je alleen met een speciale vergunning in mocht. De bewoners van deze grensstrook werden gedwongen te verhuizen.

De vroegere grens bij Mödlareuth

Op 13 augustus 1961 sloot de DDR ook de laatste vrije vluchtroute: de grenslijn in de hoofdstad Berlijn, die als een vrije enclave binnen de DDR lag. Vanaf dat moment doorsneed het IJzeren Gordijn op brute wijze land, dorpen, families, spoorwegverbindingen en wegen. Slechts op enkele plaatsen waren zwaarbewaakte grensovergangen.

## Van Muur naar Groene Gordel

In de loop van 1989 begon de Muur langzaam af te brokkelen. Eerst werd in mei de grens tussen Hongarije en Oostenrijk opengezet. Daarna volgden meer grensovergangen en op 9 november viel tot slot ook de Muur in Berlijn. Duitsland werd herenigd en de resten van de gehate grensinstallaties werden snel afgebroken. Vaak zelfs overhaast, waardoor er op slechts enkele plaatsen getuigenissen van deze zwarte bladzijden uit de Duitse geschiedenis zijn terug te vinden.

De benaming Grüne Band wordt gebruikt voor de 50 tot 200 m brede strook niemandsland tussen de grenslijn en de Kolonnenweg, waarover de grenstroepen van de DDR patrouilleerden. Een zeer klein deel werd met chemische middelen plantenvrij gehouden, maar de rest van de zone werd niet gebruikt, niet onderhouden en slechts sporadisch gekapt. Daardoor ontstond in de schaduw van de Muur een unieke biotoop voor allerlei zeldzame soorten planten en dieren, met natuurwaardes die vergelijkbaar zijn met een nationaal park. Het vrouwenschoentje, een zeldzame orchideeënsoort, voelt zich hier net zo thuis als het paapje of de schuwe zwarte ooievaar.

Zo groeide de Grüne Band uit tot een monument van een belangrijke periode in de Duitse geschiedenis én

tot een uniek natuurgebied. De regering van Thüringen nam het initiatief om deze groene gordel te behouden en voor toeristen toegankelijk te maken. De overige betrokken deelstaten sloten zich daar later bij aan. De unieke strook doorsnijdt een keur aan landschappen en is via verschillende fiets- en wandelpaden toegankelijk. Musea en monumenten houden intussen de geschiedenis levend. Kijk voor een compleet overzicht van de mogelijkheden, de musea en de monumenten op www.erlebnisgruenesband.de en www.grünes-band-monumental.de.

## Musea en monumenten

**Asbach-Sickenberg:** Grenzmuseum Schifflersgrund, Platz der Wiedervereinigung 1, www.grenzmuseum.de, dag. 10-17 uur, entree € 5. Tentoonstellingen, gereconstrueerde grens.
**Geisa:** Gedenkstätte Point Alpha, Platz der Deutschen Einheit 1, www.pointalpha.com, apr.-okt. dag. 9-18, nov.-mrt. dag. 10-17 uur (dec.-feb. ma. gesl.), entree € 6. Tentoonstellingen op de plek waar NAVO en Warschaupact elkaar vanuit wachttorens begluurden.
**Mödlareuth:** Deutsch-Deutsches Museum, Mödlareuth 13, Töpen, www.moedlareuth.de, di.-zo. 9-17/18 uur, entree € 3. Het dorp Mödlareuth werd door de Muur in tweeën gesplitst. Een museum herinnert aan de DDR-tijd.
**Teistungen:** Grenzlandmuseum Eichsfeld, Duderstädter Straße 5-7, www.grenzlandmuseum.de, di.-zo. 10-17 uur, entree € 4. In een voormalig douanegebouw wordt de geschiedenis van de Muur geïllustreerd.
**Probstzella:** DDR-Grenzbahnhof-Museum, station Probstzella, www.grenzbahnhof-museum.de, wo., za. en zo. 13-16 uur, entree € 4. Voormalig grensstation tussen West en Oost.

# Het geheim van het witte goud – porselein

Porselein is keramiek van een speciale kleisoort die bij een hoge temperatuur wordt gebakken. Maar welke klei nodig is en hoe hoog de temperatuur moet zijn, was eeuwenlang een goed bewaard geheim. De eerste keer dat het in Europa lukte porselein te maken, was in Meißen. Het resulteerde in een van de bekendste porseleinfabrieken ter wereld.

De bakermat van porselein ligt in het oude China. Hier werd aan het begin van de jaartelling geglazuurd aardewerk gemaakt. Tijdens de Tang-dynastie (7e-9e eeuw n.Chr.) kregen de pottenbakkers het ingewikkelde procédé van het maken van porselein onder de knie. In eerste instantie leverden ze eenvoudig vaatwerk, later kwamen daar wit-blauwe en vervolgens ook bontgekleurde siervoorwerpen bij. De ontdekkingsreiziger Marco Polo was eind 13e eeuw een van de eerste Europeanen die het harde maar breekbare materiaal in handen kreeg – letterlijk, want hij at ermee. Daarna verspreidde het porselein zich via de Zijderoute tot in Afrika en Europa. De grote doorbraak kwam toen de Portugezen omstreeks 1517 de zeeroute naar Azië ontdekten, waarna de Hollanders al snel volgden. Speciaal voor de handel maakten de Chinezen eenvoudig en grof 'exportporselein', dat in grote hoeveelheden per schip naar Europa ging. Soms schilderden ze er zelfs Europese landschappen en tafereeltjes op.

## Experimenten

In Europa was porselein zeer gewild. En dus winstgevend. Maar pogingen om het 'witte goud' zelf te maken, mislukten telkenmale, ook al doordat de Chinezen het geheim van het productieproces zorgvuldig bewaakten. De Portugezen hadden ontdekt dat er kaolien (een speciale kleisoort) nodig was en namen dat uit China mee naar huis. Ook circuleerden er brieven van een Franse jezuïet die in China woonde en het proces had beschreven. Maar zelfs met deze kennis slaagde niemand er in om porselein te maken. Zo was het beroemde Delfts blauw, dat aan het einde van de 16e eeuw ontstond, slechts een goedkope imitatie, bedoeld voor klanten die het dure, geïmporteerde porselein niet konden betalen.

August der Starke (1670-1733), keurvorst van Sachsen en een enthousiast porseleinverzamelaar, stak veel geld in de pogingen om porselein te maken. Hij nam daarvoor twee mannen in dienst. De eerste was Johann Friedrich Böttger, een alchemist die eerder al voor August had geprobeerd goud te maken. De tweede was de erudiete wetenschapper Ehrenfried Walther von Tschirnhaus, die in Leiden had gestudeerd en veel kennis van spiegels, ovens en brandglazen had. En zowaar: in 1708 wisten ze een bruikbare methode te vinden voor het maken van bruin porselein, een jaar later gevolgd door wit porselein. De code van het witte goud was gekraakt! Helaas kon Von Tschirnhaus niet lang van het succes genieten, want hij overleed in 1708.

Het geheim van het maken van porselein zit vooral in de samenstelling van de grondstoffen. De klei moet zo wit en fijn mogelijk zijn, zoals het bij Meißen gevonden kaolien, ook wel porseleinaarde genoemd. Daarbij komt kwarts (zilverzand) en een vermalen gesteente, zoals veldspaat. Na het vormen van de klei wordt het product twee keer gebakken, de tweede keer met een laag glazuur en bij extreem hoge temperaturen van 1300-1400 °C.

## Meißen

August zette direct een fabriek op in de Albrechtsburg in Meißen, waar het geheim goed bewaakt kon worden. Maar lang lukte dat niet, want medewerkers liepen over naar de concurrentie en namen het geheim mee. Toch bleef het kwalitatief hoogstaande porselein van Meißen populair – sinds 1722 kun je het herkennen aan het beroemde merkteken: twee blauwe, gekruiste zwaarden uit het familiewapen van de Saksische keurvorst. De fabriek bestaat nog steeds, zij het op een andere locatie: in het dal van de Triebisch. Met de hand worden hier nog steeds schitterende, maar tegelijk onbetaalbare producten gemaakt. Een theepotje doet al gauw € 700, een sierlijk vogeltje neemt u mee voor € 1000. Dus toch maar weer kiezen voor 'exportporselein' uit China?

# Onderweg in Duitsland zuidoost

Klassieke zuilen voor de Große Oper in München

# München en omgeving

## Hoogtepunt ✳

**Kunstareal München:** in de museum-wijk is topkunst uit alle perioden verza-meld, van Griekse en Romeinse beelden tot 17e-eeuwse Hollandse meesters en hedendaagse kunst. Zie blz. 88.

## Op ontdekkingsreis

**Niet alleen in oktober – bier in Bei-eren:** bierliefhebbers hebben het in München voor het uitkiezen, want overal is wel een *Bierhal* (binnen) of *Biergarten* (buiten) te vinden. Helemaal feestelijk wordt het als in de loop van september de burgemeester het eerste biervat van het Oktoberfest aanslaat. Zie blz. 92.

## Bezienswaardigheden

**Deutsches Museum:** alles draait om wetenschap en techniek in dit unieke museum op een eiland in de rivier de Isar. Van het prille begin van de techniek tot ultramoderne wetenschap. Zie blz. 80.

**Residenz:** dwaal door de statige zalen en woonvertrekken van het paleiscomplex waar leden van het vorstenhuis Wittelsbach tot 1918 woonden en werkten. Zie blz. 85.

**Schloss Nymphenburg:** de keurvorsten en koningen van Beieren lieten aan de westkant van de toenmalige stad een majestueus zomerpaleis bouwen, met daaromheen een schitterend park. Zie blz. 91.

## Actief

**Olympiapark:** het terrein van de Olympische Spelen van 1972 is ook nu nog ingericht voor een keur aan sporten. Uniek is een rondleiding over het tentdak van het olympisch stadion. Zie blz. 95.

## Sfeervol genieten

**Englischer Garten met Seehaus:** het uitgestrekte landschapspark aan de rand van het centrum nodigt uit tot een flaneerwandeling, gevolgd door een pauze op het terras van het Seehaus. Zie blz. 93.

## Uitgaan

**Cuvilliés-Theater:** als hoofdstad van Beieren beschikt München over theaters waar voorstellingen van het allerhoogste niveau worden gegeven. Een juweel van de rococo is het kleine koninklijk theater in de Residenz. Zie blz. 95.

# Een compacte wereldstad – München

In München komt alles bij elkaar. Het is enerzijds een moderne metropool, druk en levendig, maar tegelijk is het een traditionele stad met een heerlijk centrum om doorheen te slenteren, *Biergärten* om bij aan te schuiven en parken die uitnodigen tot een picknick. Cultuurliefhebbers vinden hier bovendien een rijkdom aan theaters en musea van wereldklasse. En natuurlijk is er het beroemde Oktoberfest, dat jaarlijks meer dan 6 miljoen bierminnende feestvierders trekt.

Ondanks de 1,46 miljoen inwoners is het centrum van München compact en zijn de belangrijkste attracties gemakkelijk te voet bereikbaar. Het historische stadshart heeft zelfs iets provinciaals, zeker rond de twee centrale pleinen, de Marienplatz en de Viktualienmarkt. In een straal van een paar honderd meter daaromheen liggen bekende toeristentrekkers als de Peterskirche, de Asamkirche en de Residenz, waar de prinsen, keurvorsten en koningen van het vorstenhuis Wittelsbach woonden. Zij waren zo puissant rijk dat ze niet keken op een paleis meer of minder. De beste kunstenaars en ambachtslieden werden ingehuurd om steeds weer nieuwe paleizen, kerken en kunstmusea te bouwen. Deze

## INFO

### Internet
www.muenchen.travel
www.muenchen.de

### Toeristenbureaus
Het toeristenbureau van München is gehuisvest in het Neues Rathaus in het hartje van de stad (Marienplatz 8). Een extra informatiepunt bevindt zich in het Alter Hof. Voor telefonische informatie: tel. 089 23 39 65 00.

### Vervoer
**Luchthaven:** de internationale luchthaven van München ligt ten noordoosten van de stad (www.munich-airport.de). Om de tien minuten vertrekt een S-Bahn (lijnen S1 en S8) naar de Hauptbahnhof (centraal station). Vlak bij Terminal 1 en 2 vertrekken bussen van Flixbus en de Lufthansa Express Bus naar het stadscentrum.
**Auto:** in het centrum van München is een *Umweltzone* ingesteld. Dat betekent dat auto's aan bepaalde milieuvereisten moeten voldoen en een milieusticker moeten hebben. Meer informatie krijgt u in de winkels van de ANWB en op www.anwb.nl. Parkeren in het centrum is lastig. Zoek daarom een plekje aan de rand van de stad en reis verder met het openbaar vervoer.
**Openbaar vervoer:** S-Bahn, U-Bahn (metro), tram en bus doorkruisen de stad (www.mvv-muenchen.de). Er zijn enkeltjes, strippenkaarten en dagkaarten te koop bij kaartjesautomaten. Een dagkaart voor het centrum (*Innenraum*) kost € 6,70.
**CityTourCard:** met de CityTourCard reist u gratis met het openbaar vervoer en krijgt u korting bij een groot aantal bezienswaardigheden (www.easycitypass.com/city/muenchen-de). De kaart is te koop bij automaten, bij de toeristenbureaus en bij sommige hotels. Een dagkaart voor het centrum kost € 12,90, een gezinskaart kost € 19,90.

monumentale bouwwerken vormen ook nu nog de hoogtepunten van een bezoek aan München, maar minstens zo populair zijn de biertuinen en de echte tuin van de Englischer Garten. Welkom in München!

# Geschiedenis van München

De oorsprong van München ligt in de 8e eeuw, toen monniken op de oever van de Isar een klooster bouwden. De nederzetting kreeg de naam Munichen, ofwel 'bij de monniken'. In de 12e eeuw kwamen er een brug en een markt bij en groeide de nederzetting uit tot een echte stad, inclusief stadsmuren.

Die muren konden echter niet voorkomen dat München diverse keren door vijandige troepen werd bezet. Zoals tijdens de Dertigjarige Oorlog (1618-1648), toen veel Europese staten met elkaar in oorlog waren en Zweedse troepen München binnen trokken. Het ging nog een keer mis tijdens de Spaanse Successieoorlog (1701-1714): Oostenrijkse soldaten marcheerden door de straten en sloegen een opstand van boeren met veel geweld neer.

Ook de pest ging niet aan de stad voorbij. Een epidemie in 1517 wordt nog herdacht door de *Schäfflertanz* (kuipersdans) in het klokkenspel van het Neues Rathaus. In 1634 kwam bij een volgende epidemie zelfs twee derde van de bevolking om het leven.

Van 1180 tot 1918 regeerde het Huis Wittelsbach over Beieren. Dit geslacht leverde hertogen, keurvorsten en koningen. In 1506 werd München de hoofdstad van hun rijk. Vooral hertog Albrecht V (1528-1579) omringde zich met praal en pracht en verzamelde veel kunst, die nu de musea van München kleur geeft. In 1806 werd Beieren een koninkrijk en veranderde het aanzien van de stad. Koning Ludwig I, die van 1825 tot 1848 regeerde, liet talrijke statige panden, musea en paleizen bouwen, vaak in klassieke Griekse stijl. Een sprekend voorbeeld daarvan is het museumcomplex rond de Königsplatz. Onder zijn zoon Maximilian II werden de gebouwen wat speelser. De overgang in bouwstijlen is goed te zien als u de Ludwigstraße afloopt richting de Siegestor.

De Eerste Wereldoorlog (1914-1918) markeert het begin van een zwarte periode in de stadsgeschiedenis. Na de oorlog werd de koning verdreven en zakte München weg in een diepe crisis. Dat opende de deur voor het nationaalsocialisme van Adolf Hitler, die in de stad parades en massabijeenkomsten liet organiseren (zie blz. blz. 56). Aan het einde van de Tweede Wereldoorlog (1939-1945) legden tientallen luchtaanvallen de stad grotendeels in puin. De herbouw werd echter snel opgepakt. Internationale bedrijven als Siemens en BMW vestigden hier hun hoofdkantoor, gevolgd door andere bekende namen.

# Ten zuiden van de Marienplatz

## Marienplatz [1]

Toeristen, straatartiesten, verkopers, kraampjes met de beroemde *Weißwurst*, naar alle kanten uitwaaierende winkelstraten – de Marienplatz was én is het kloppende hart van de stad. Druk is het zeker in december, als het hele plein tijdens de **Christkindlmarkt** in kerstsfeer is aangekleed. De **Mariensäule**, een hoge zuil bekroond met een verguld Mariabeeld, werd in 1638 geplaatst om het einde van de Zweedse bezetting te vieren. Aan de voet van de zuil strijden engelen tegen dierfiguren die honger, oorlog, pest en ketterij symboliseren.

## Altes Rathaus 2

Marienplatz 15, Spielzeugmuseum:
tel. 089 29 40 01, dag. 10-17.30 uur,
entree € 4

Achter het imposante Neues Rathaus
staat het heel wat bescheidener Altes
Rathaus. De basis van dit oude stadhuis is middeleeuws, hoewel daar aan
de buitenkant niet veel van te zien is.
Na de verwoestingen van de oorlog is
slechts een deel van het oorspronkelijke complex herbouwd, waaronder
de witte toren met de kleine hoektorentjes. In de toren slingert een wen-
teltrap naar een klein speelgoedmuseum met oud speelgoed uit Europa
en Amerika (teddyberen!).

## Peterskirche 3

Rindermarkt 1, torenbeklimming:
dag., entree € 2

De tweede kapel links, daar gaan veel
kerkbezoekers als eerste naartoe. Hier
staat namelijk de ietwat macabere 'grafkamer' van de heilige Munditia, een Romeinse vrouw die in het jaar 310 werd
onthoofd. Haar skelet is verguld en versierd met juwelen. De kerk zelf kreeg in
de 17e en 18e eeuw het huidige barokke
uiterlijk, met als blikvangers de beschilderde plafonds en het hoogaltaar
met een afbeelding van een onderwij-
zende Petrus. De 91 m hoge toren – ook
wel Alter Peter genoemd – is te beklimmen: na 306 treden wacht een spectaculair uitzicht over de stad.

## Heilig-Geist-Kirche 4

Im Tal 77, dag.

De sierlijke klokgevel en de slanke
toren met bronsgroene spits tegenover de Peterskirche horen bij de Heilige Geestkerk. De kerk maakte begin
13e eeuw deel uit van een gasthuis dat
tegen de stadsmuur was gebouwd. Na
diverse verbouwingen staat er nu een
hoge, lichte kerk met veel bladgoud en
plafondschilderingen. De beroemde

gebroeders Asam (zie blz. 81) zorgden in de 18e eeuw voor de barokke decoraties.

## Viktualienmarkt 5

Ma.-za. vanaf 7 uur

Op de Marienplatz kan het druk zijn,
maar dat valt in het niet bij de levendige marktsfeer van de Viktualienmarkt (levensmiddelenmarkt). Zo'n
140 paviljoens en kraampjes met de
meest uiteenlopende producten maken de markt tot een feest voor de zintuigen. Daartussen betonen zes fonte-
nen eer aan bekende entertainers die
de stad heeft voortgebracht. Eind april
wordt hier bovendien de traditionele
meiboom opgericht, een 37 m hoge,
versierde mast die het voorjaar inluidt.
Even bijkomen kan bij de uitnodigende
*Biergärten*.

## Isartor 6

Im Tal 50, Valentin Karlstadt
Musäum: tel. 089 22 32 66, ma., di.,
do. 11.01-17.29, vr.-za. 11.01-17.59, zo.
10.01-17.59 uur, entree € 2,99

Vanaf het Altes Rathaus leidt de winkelstraat Tal naar de Isartor. Via deze
stadspoort met 14e-eeuwse toren liepen handelaars vroeger van de rivier de
Isar naar het centrum. Let vooral op de
muurschildering (1835) in de poort: het
is de triomftocht van Ludwig na de gewonnen slag bij Mühldorf in 1322. Een
klein maar grappig museum in de toren
is gewijd aan Karl Valentin (1882-1948),
een bekende volkszanger, komiek en
dadaïstisch genie. Dat verklaart meteen
waarom de klok op de gevel de verkeerde
kant op draait.

## Deutsches Museum 7

Museumsinsel 1, tel. 089 21 79-333,
www.deutsches-museum.de, dag.
9-17 uur, entree € 12

Een museum waar je (bijna) alles mag
aanraken – het gebeurt nu vaker, maar

Torens tekenen het silhouet van München – in het midden de Frauenkirche

toen het Deutsches Museum in 1925 open ging, was dat heel bijzonder. Het museum staat op een eiland in de Isar en is uitgegroeid tot een van de belangrijkste musea over techniek en natuurwetenschap ter wereld. Neem de tijd voor een bezoek, want het complex is enorm groot. In de kelder is ruimte voor de scheepvaart en voor een nagebouwde steenkolenmijn. Oude vliegtuigen vullen de etage daarboven, met als topstuk de Fokker van de Rode Baron uit de Eerste Wereldoorlog. Nog hoger is er aandacht voor zaken als ruimtevaart, natuurkundige wetten, muziekinstrumenten, elektronica en astronomie. Hoogtepunt in de toren is de slinger van Foucault, die de rotatie van de aarde zichtbaar maakt. En dan nog is het museumgebouw te klein, want er zijn twee dependances: alles wat te maken heeft met vervoer over land is te zien in het **Verkehrszentrum** (Am Bavariapark 5), de moderne luchtvaart is ondergebracht in de **Flugwerft Schleißheim** (zie blz. 97).

## Münchner Stadtmuseum 8

St-Jakobs-Platz 1, tel. 089 233 223 70, www.muenchner-stadtmuseum.de, di.-zo. 10-18 uur, entree € 7

Dit museum nabij de Viktualienmarkt illustreert de geschiedenis van de stad en haar inwoners. Bijzonder zijn de *Moriskentänzer*, houten beelden van Moorse dansers uit 1480. Een aparte tentoonstelling gaat over de opkomst van het nationaalsocialisme en in de expositie *Typisch München* wordt de vraag beantwoord wat kenmerkend is voor deze stad.

## Asamkirche 9

Sendlingerstraße 32, dag.

De broers Cosmas Damian en Egid Quirin Asam waren begenadigde architecten, beeldhouwers, schilders en stucadoors. Zij werden beroemd door de overdadige decoraties die zij in tal van Beierse kerken aanbrachten. Hun echte pronkstuk is echter deze kleine kerk in het hart van München. De smalle, hoge kerk was klaar in 1746.

# München

▷ blz. 84

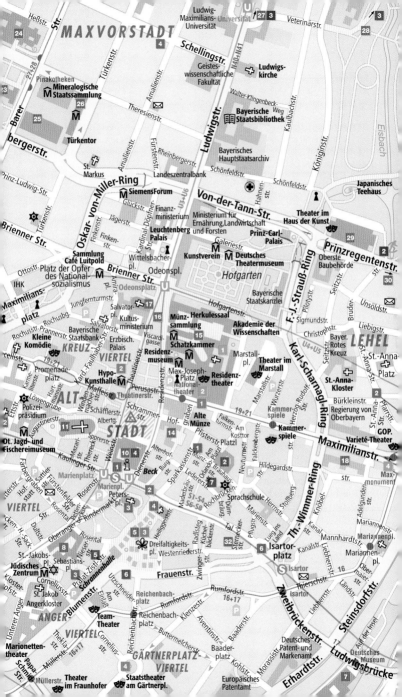

# München (vervolg legenda blz. 82)

6 Bold Hotel
7 Laimer Hof Nymphenburg Palace

**Eten en drinken**
1 Augustiner-Keller
2 Hofbräuhaus
3 Seehaus
4 Ratskeller
5 Café Frischhut

6 Tian
7 Bar Centrale

**Winkelen**
1 Maximilanstraße
2 Fünf Höfe
3 Viktualienmarkt
4 Gärtnerplatz
5 Universiteit

**Actief**
1 Olympiapark
2 Eisbachwelle
3 Allianz Arena

**Uitgaan**
1 Cuvilliés-Theater
2 Nationaltheater
3 Deutsches Theater
4 Unterfahrt

Van buiten is het een schoolvoorbeeld van de late Duitse barok. Van binnen is geen stukje onversierd gebleven: de wand- en plafondschilderingen tonen in optisch perspectief scènes uit het leven van de heilige Nepomuk, aan wie de kerk is gewijd. Een rondlopende galerij, twee biechtstoelen en een altaar zorgen voor de verdere aankleding. In een glazen sarcofaag in het altaar rust een wassenbeeld van de heilige.

## Ten noorden van de Marienplatz

### Neues Rathaus 10

Marienplatz 8, torenbeklimming: mei-sept. dag. 10-19 uur, okt.-apr. ma.-vr. 10-17 uur, entree € 3

Nadat het oude stadhuis te klein was geworden, werd tussen 1867 en 1905 gewerkt aan een nieuw, groter stadhuis. De bouwstijl heet neogotiek, een verwijzing naar de glorietijd van de gotiek in de middeleeuwen. Elke dag om exact 11 en 12 uur (mrt.-okt. ook 17 uur) luiden de 43 klokken van het klokkenspel in de toren. Tegelijk komen manshoge poppen tevoorschijn om twee belangrijke gebeurtenissen uit de stadsgeschiedenis uit te beelden: boven een toernooi dat werd gehouden tijdens het huwelijk van Wilhelm V in

1568, daaronder de *Schäfflertanz*, de dans die de kuipers uitvoerden om het einde van de pest in 1517 te vieren.

Verschillende doorgangen in de buitengevel leiden naar de Prunkhof, een van de zes binnenplaatsen, waar het vloermozaïek in de zomer schuilgaat onder talrijke terrasstoelen en -tafels. De 85 m hoge toren van het Rathaus is te beklimmen: een lift brengt bezoekers naar het uitzichtplatform, dus traplopen is niet nodig.

### Frauenkirche 11

Frauenplatz 1, kerk dag. vanaf 7 uur

Twee identieke torens van bijna 100 m hoog bekronen de bisschopskerk, die in de 15e eeuw in een recordtijd van twintig jaar werd gebouwd. Alleen voor de torenspitsen was toen geen geld meer over – later pas werden de bronsgroene koepels op de torens geplaatst. Ook van binnen is de kerk opmerkelijk sober, in elk geval vergeleken met de uitbundige barokkerken elders in de stad. Enkele kunstwerken bleven tijdens de oorlog gespaard en sieren nu de witte muren en de kapellen. Het zwartmarmeren grafmonument is van de in 1347 gestorven keizer Ludwig IV. In de crypte zijn verschillende aartsbisschoppen en prinsen bijgezet. Een voetstap in de hal zou zijn achtergelaten door de duivel in hoogsteigen persoon (zie Tip).

## Michaelskirche 12

Neuhauser Straße 6, www.st-michael-muenchen.de, dag. (zo. verschillende missen)

Deze jezuïetenkerk is een rustpunt in het drukke voetgangersgebied. Stap even binnen voor een meditatief moment of om te luisteren naar het orgelspel. De kerk is tussen 1583 en 1597 gebouwd naar voorbeeld van de jezuïtische kerk Il Gesù in Rome. De buitengevel oogt meer als een statig raadhuis dan als een kerk: beelden van historische figuren staan in nissen opgesteld, met in de top Christus als Redder van de Wereld en tussen de twee deuren de aartsengel Michaël. Vanaf de ingang illustreren kunstwerken het leven van Jezus. Eindpunt van de rondgang is een zeer diep koor met een hoogaltaar waar beelden van heiligen eer betonen aan de Herrezen Christus. Onder het koor liggen zo'n veertig leden van het Huis Wittelsbach begraven, onder wie de sprookjeskoning Ludwig II (zie blz. 47).

## Bürgersaal 13

Neuhauser Straße 14, Museum Rupert Mayer: dag. 8-19 uur, entree gratis

Ook de gevel van de Bürgersaal, gelegen op een steenworp afstand van de Michaelskirche, doet niet vermoeden dat er binnen kerkdiensten worden gehouden. Het gebouw uit 1709-1710 was dan ook bedoeld als raads- en vergaderzaal voor de jezuïeten. In 1778 werd de zaal gewijd als kerk. De bovenkerk is na de oorlog hersteld, waarbij de plafondschilderingen zo goed mogelijk zijn gereconstrueerd op basis van oude kopergravures. Het stucwerk en de fresco's zijn niet historisch correct, maar zeker sfeervol. De onderkerk lijkt meer op een romaanse crypte en is gedeeltelijk gewijd aan de in 1987 zalig verklaarde pater Rupert Mayer, een jezuïet die zich verzette tegen het nationaalsocialisme.

## Tip

### Satan in de Frauenkirche

Een legende verhaalt dat de architect van de Frauenkirche een pact met de duivel had gesloten. Satan beloofde mee te helpen met de bouw als er geen ramen in de kerk zouden komen. Geen mens zou tenslotte een mis bijwonen in een kerk zonder ramen. Toen de duivel dat achteraf kwam controleren, baadde de kerk desondanks in het licht. Met een duivelse glimlach eiste de heer der duisternis de ziel van de architect op, maar deze nam hem mee naar een plek vlak bij de ingang. 'Ziet u een raam dan?', vroeg de architect aan de duivel. Deze moest toegeven dat hij geen raam kon zien, omdat de architect deze slim achter zuilen had weggewerkt. De duivel stampte daarop zo woedend met zijn voet op de vloer dat er een eeuwige afdruk achterbleef.

## Alter Hof 14

Alter Hof 1, expositie: ma.-za. 10-18 uur, entree gratis

Nu vullen exclusieve winkels en kantoren de Alter Hof, maar van 1253 tot 1474 woonden hier de vorsten van het Huis Wittelsbach. In de kelders herleven de middeleeuwen dankzij een tentoonstelling met onder meer een 3D-animatie.

## Residenz 15

Residenzstraße 1, tel. 089 29 06 71, www.residenz-muenchen.de, apr.-half okt. dag. 9-18, half okt.-mrt. dag. 10-17 uur, entree Residenzmuseum en Schatzkammer € 11

Toen de Alter Hof te klein was geworden, verhuisden de hertogen, keurvorsten en koningen van Wittelsbach naar dit paleizencomplex. Bijna elke heerser voegde nieuwe vleugels ▷ blz. 88

## *Favoriet*

### Riviersurfen

Het is een merkwaardig plaatje: surfers midden in de stad, op een golf die niet van plaats verandert. Dit decor ontvouwt zich aan de zuidrand van de Englischer Garten, bij de brug over het riviertje de Eisbach aan de Prinzregentenstraße. Hoe deze **Eisbachwelle** 2 is ontstaan? Door een zeldzame fout van Duitse ingenieurs ... Op de plek waar het rivierwater van de Isar de Englischer Garten in wordt geleid, legden ze een betonnen barrière vlak onder het wateroppervlak. Daarmee wilden ze de stroming vertragen. Dat lukte, maar het leidde ook tot een permanente golf direct achter de barrière. Surfers vermaken zich nu uitstekend op deze Eisbachwelle. Bij mooi weer staat een lange rij surfers op de kant te wachten. Een waarschuwing is daarbij wel op zijn plaats, want door de rotsen is het ook een gevaarlijke plek. En bij laagwater valt er helemaal niet te surfen.

toe of veranderde de inrichting, waardoor de residentie nu een mengelmoes van stijlen laat zien. De 19e-eeuwse buitenkant oogt strak en ongastvrij, maar eenmaal binnen wacht een gigantisch complex met schitterend aangeklede woonvertrekken, feestzalen, hofkapellen en het uitbundige Cuvilliés-Theater (zie blz. 95). Hoogtepunten zijn verder het Antiquarium, gevuld met beelden uit de oudheid en fresco's uit de renaissance, en de Schatzkammer, met daarin de schatten van de vorsten.

Besluit een bezoek met een wandeling door de serene **Hofgarten** aan de noordkant van het paleis. De tuin is in de 17e eeuw aangelegd in de toen populaire Franse stijl, dat wil zeggen met geometrische bloemperken, grasvelden en rechte lanen die naar een tempel van Diana leiden.

## Feldherrnhalle 16

Odeonsplatz

De triomfhal aan de kop van de prestigieuze Ludwigstraße doet heel Italiaans aan. Als voorbeeld diende dan ook een loggia in het Italiaanse Florence. Het krijgszuchtige thema hoort wellicht meer bij Beieren: onder het afdak worden twee bekende veldheren en het Beierse leger geëerd met manshoge beelden.

## Theatinerkirche 17

Theatinerstraße 22, dag.
Ook Italiaans is de okergele Theatinerkirche naast de Feldherrnhalle. De keurvorst Ferdinand Maria en zijn Italiaanse vrouw Henriette Adelaide van Savoie gaven in 1662 opdracht voor de bouw van de kerk als dank voor de geboorte van hun zoon. De sierlijke rococodetails op de gevel zijn van een eeuw later. Ook binnen is flink uitgepakt met decoratief stucwerk, maar door de witte pleistering oogt het toch als een geheel. Spectaculair is de 71 m hoge koepel

die voor een natuurlijke lichtinval zorgt. Onder het altaar liggen verschillende leden van het Huis Wittelsbach begraven.

## Museum Fünf Kontinente 18

Maximilianstraße 42, tel. 089 210 13 61 00, www.museum-fuenf-kontinente.de, di.-zo. 9.30-17.30 uur, entree € 5
Dit volkenkundig museum neemt bezoekers mee op een reis door vijf continenten. Onder meer koning Ludwig I droeg bij aan de collectie, net als de reislustige Therese van Beieren (1850-1925), zus van de laatste Beierse koning Ludwig III.

# Kunstareal München ✳

In de 19e eeuw breidde de stad zich in noordwaartse richting uit. De Ludwigstraße werd een centrum van wetenschap en kreeg een bebouwing in Italiaanse renaissancestijl. Ten westen daarvan verrees een nieuw cultureel stadshart rond de Brienner Straße en de **Königsplatz** 19. Dit plein werd in 1815 aangelegd in opdracht van koning Ludwig I. Rondom verrezen drie pompeuze gebouwen in klassieke Griekse stijl: de Propyläen (een poortgebouw), de Glyptothek en de Antikensammlung. Na 1933 koos Hitler dit weidse plein uit voor zijn massabijeenkomsten en liet het gras bedekken met granieten platen. Ook had zijn nationaalsocialistische partij hier vlakbij haar hoofdkwartier. Nu echter is alles weer groen en vredig en draait alles weer om kunst.

## Glyptothek 20

Königsplatz 3, tel. 089 28 92 75 02, www.antike-am-koenigsplatz. mwn.de, di. en do.-zo. 10-17, wo. 10-20 uur, entree (met Staatliche Antikensammlungen) € 6

Koning Ludwig I liet dit museum bouwen voor zijn enorme collectie beelden uit de Griekse en Romeinse oudheid. De beelden staan los opgesteld in zalen met kale, bakstenen muren – dit zorgt voor een bijzondere, soms wat vervreemdende sfeer. In de zomer vormen de trappen van het museum een populaire ontmoetingsplek. Ook worden hier klassieke Griekse drama's en komedies opgevoerd.

### Staatliche Antikensammlungen 21

Königsplatz 1, tel. 089 28 92 75 02, www.antike-am-koenigsplatz.mwn.de, di. en do.-zo. 10-17, wo. 10-20 uur, entree (met Glyptothek) € 6

Net als de Glyptothek heeft ook dit museumgebouw (1838-1845) het uiterlijk van een Griekse tempel: een rij machtige zuilen ondersteunt een driehoekig fronton. De zalen zijn gevuld met kleinere kunstobjecten uit de oudheid, zoals vazen, glas en sieraden van de Grieken en Etrusken.

### Städtische Galerie Lenbachhaus 22

Luisenstraße 33, tel. 089 23 33 20 00, www.lenbachhaus.de, di. 10-20, wo.-zo. 10-18 uur, entree € 10

De schilder Franz von Lenbach (1836-1904) woonde in de okergele Italiaanse villa vlak bij de Glyptothek. Zijn huis hangt nu vol met werken van Duitse schilders uit de 18e-20e eeuw. Beroemd zijn vooral de schilderijen van de kunstenaarsgroep *Der Blaue Reiter*, onder wie Kandinsky en Franz Marc met zijn bekende paardenschilderijen. In de naastgelegen **Kunstbau** worden tijdelijke tentoonstellingen gehouden.

### Alte Pinakothek 23

Barer Straße 27, tel. 089 23 80 52 16, www.pinakothek.de, di.-zo. 10-18 uur (di. tot 20 uur), entree € 7 (zo. € 1)

Het Griekse woord 'pinakothek' betekent kunstverzameling. In 1836 was de Alte Pinakothek klaar, met daarin duizenden kunstwerken uit de 13e tot 18e eeuw. Talrijke grote namen zijn vertegenwoordigd, van Dürer tot Leonardo da Vinci en van El Greco tot Cranach. Ook Hollandse en Vlaamse meesters ontbreken niet, zoals Rembrandt, Frans Hals, Rubens, Van Dyck en Van Gogh.

### Neue Pinakothek 24

Barer Straße 29, tel. 089 23 80 51 95, www.pinakothek.de, wo.-ma. 10-18 uur (wo. tot 20 uur), entree € 7

Kunst uit de periode 1800-1920 kreeg een plek in de Neue Pinakothek. Ook het gebouw oogt nieuw: na verwoesting in de Tweede Wereldoorlog ging het moderne complex pas in 1981 open. Het aanbod varieert van sculpturen van Rodin en Picasso tot schilderijen van Goya, Monet, Manet en William Turner.

### Pinakothek der Moderne 25

Barer Straße 40, tel. 089 23 80 53 60, www.pinakothek.de, di.-zo. 10-18 uur (do. tot 20 uur), entree € 10

De allernieuwste kunststromingen komen aan bod in dit moderne complex dat in 2002 werd geopend. Een sober exterieur met veel glas moet alle aandacht doen richten op de tentoongestelde kunst. Er zijn vier collecties: moderne kunst (o.a. Dalí, Picasso, Warhol), architectuur, design en grafische kunst.

### Museum Brandhorst 26

Theresienstraße 35a, tel. 089 238 05 22 86, www.museum-brandhorst.de, di.-zo. 10-18 uur (di. tot 20 uur), entree € 7 (zo. € 1)

Een moderne gevel van kleurrijke keramiekstaven verbergt een museum waar alle ruimte is voor tentoonstellingen van hedendaagse kunst, onder meer van Andy Warhol, Damien Hurst, Picasso en Cy Twombly.

Schloss Nymphenburg: zelfs een panoramafoto doet geen recht aan de omvang van het complex

## Buiten het centrum

### Siegestor 27
Ludwigstraße/Leopoldstraße
Deze triomfboog markeert de noordkant van de Ludwigstraße en vormt zo
de tegenpool van de Feldherrnhalle (zie
blz. 88). Ook dit keer was het koning
Ludwig I die de opdracht gaf tot de
bouw, maar hij was al afgetreden toen
de boog in 1849 klaar was. Bovenop
staat een strijdwagen met daarin Bava-
ria, de godin van Beieren.

### Englischer Garten 28
De naam is snel verklaard: dit gigantische park is vanaf 1798 aangelegd in
de Engelse landschapsstijl. De strakke
Franse tuinen met rechte lanen en geschoren buxushagen waren uit de
mode geraakt en maakten plaats voor
romantische tuinen met slingerende
paden, boomgroepen, waterpartijen en
gazons. Romantisch zijn ook de fantasierijke gebouwtjes die her en der opdoemen, zoals een Chinese toren en een
Griekse tempel. De zuidkant van het
park wordt het drukst bezocht. Verder
naar het noorden wordt het stiller.

### Bayerischer Nationalmuseum 29
Prinzregentenstraße 3, tel. 089 211
24 01, www.bayerisches-national
museum.de, di.-zo. 11-17 uur (do. tot
20 uur), entree € 7
In 1900 ging dit opvallende museumgebouw aan de Prinzregentenstraße
open. De merkwaardige mengeling van
bouwstijlen weerspiegelt de tentoongestelde collectie; zo is de middeleeuwse
kunst en cultuur bijeengebracht in
het gotische deel van het gebouw. Al
ronddwalend ontdekt u onder meer
volkskunst, boerenmeubelen, wapens,
goudsmeedkunst en een enorme verzameling historische kerststallen.

### Museum Villa Stuck 30
Prinzregentenstraße 60, tel. 089
455 55 10, www.villastuck.de, di.-zo.
11-18 uur, entree € 9

Net als zijn collega Franz von Lenbach (zie blz. 89) liet ook de schilder Franz von Stuck (1863-1928) een eigen villa bouwen. Alleen koos Von Stuck ervoor alles zelf te ontwerpen, van de meubels tot en met de deurkrukken, om zo een *Gesamtkunstwerk* te creëren. De unieke inrichting met talrijke jugendstildetails en schilderijen is nog altijd intact. Daarnaast wordt de villa voor tijdelijke tentoonstellingen gebruikt.

### Schloss Nymphenburg 31

Tel. 089 17 90 80, www.schloss-nymphenburg.de, apr.-15 okt. dag. 9-18 uur, 16 okt.-mrt. dag. 10-16 uur, entree € 11,50 (winter € 8,50)

Keurvorst Ferdinand Maria pakte groots uit toen hij in 1663 een cadeautje aan zijn vrouw wilde geven na de geboorte van hun zoon: het werd een zomerpaleis in Italiaanse stijl, een stukje ten westen van de toenmalige stad. Zijn opvolgers voegden steeds nieuwe vleugels toe, waardoor er nu een complex met een gevellengte van 600 m staat.

De kamers en vertrekken tonen de rijkdom waarin de keurvorsten, koningen en prinsen eeuwenlang leefden. Verder zijn er koetsen en een collectie porselein te zien. Ook is er een museum rond mens en natuur.

Het paleis wordt omgeven door een enorm **Schlosspark**. Een kaarsrecht kanaal met aan het einde een waterval is een restant van de oorspronkelijke strakke Italiaanse en Franse tuinen. Rond het kanaal is later een Engelse landschapstuin aangelegd, met speelse gebouwtjes en aan de noordkant een **botanische tuin**. Een heerlijk rustpunt in de drukke stad!

## Overnachten

Typisch Beiers – **Platzl** 1: Sparkassenstraße 10, tel. 089 23 70 30, www.platzl.de, 2 pk vanaf € 165. Viersterrenhotel met herberg en restaurant in een historisch gebouw op twee minuten lopen van de Marienplatz. ▷ blz. 94

## Niet alleen in oktober – bier in Beieren

Dwalend door München zijn ze niet te missen: de Bierhallen (binnen) en Biergärten (buiten), waar bierliefhebbers zich verzamelen aan lange tafels. Een bezoek aan de stad is dan ook niet compleet zonder een keer aan te schuiven. Helemaal feestelijk wordt het als in de loop van september de burgemeester het eerste biervat van het Oktoberfest aanslaat.

**Stadsplattegrond:** blz. 82-83.
**Augustiner-Keller** 1: Arnulfstraße 52, www.augustinerkeller.de, dag. 11.30-24 uur.
**Hofbräuhaus** 2: Platzl 9, www.hofbraeuhaus.de, dag. 9-24 uur.
**Seehaus** 3: Englischer Garten, Kleinhesselohe 3, www.kuffler.de, dag. 10-1 uur.

**Bier und Oktoberfestmuseum** 31: Sterneckerstraße 2, tel. 089 24 23 16 07, www.bier-und-oktoberfestmuseum.de, di.-za. 13-18 uur, entree € 4.

Het drinken van bier heeft in Duitsland een lange traditie. In de middeleeuwen was het de dagelijkse drank omdat water vaak verontreinigd was. Het brouwen van bier gebeurde oorspronkelijk in kloosters, later namen stadsbrouwerijen hun taak over. De brouwers moesten zich daarbij aan strenge regels houden. Zo gold tot 1987 het *Reinheitsgebot*, waardoor het gebruik van chemische middelen en niet-natuurlijke stoffen verboden was. Ook werd in 1539 bepaald dat tussen 23 april en 29 september vanwege het brandgevaar in de stad geen bier mocht worden gebrouwen.

## Biergärten

Om in de zomer toch voldoende bier te hebben, sloegen de brouwerijen de vaten op in koele kelders. In de tuin daarboven werden schaduwgevende kastanjebomen geplant. Vervolgens bedacht een slimme brouwer dat je daar ook tafels neer kunt zetten en het bier rechtstreeks aan de klanten kunt verkopen. De *Biergarten* (meervoud *Biergärten*) was geboren. Oorspronkelijk mochten ze hier geen etenswaren verkopen, maar dat verbod is al lang geleden opgeheven. Toch heeft elke *Biergarten* ook nu nog een gedeelte waar iedereen zijn eigen boterhammen mag opeten.

In München zijn nog zo'n 180 verschillende biertuinen te vinden. Op een paar minuten lopen van het centraal station is de **Augustiner-Keller** **1** de enige waar het bier nog uit houten vaten wordt getapt. Onder de takken van de honderd kastanjebomen is plaats voor vijfduizend gasten, met nog meer plek in de verschillende historische zalen van het restaurant.

## Van tuin naar hal

Een toeristische topattractie is het **Hofbräuhaus** **2** in de buurt van de Residenz. De geschiedenis gaat terug tot 1589, toen hertog Wilhelm V opdracht gaf een eigen brouwerij op te starten. Het huidige gebouw dateert van 1897 en is een schoolvoorbeeld van een traditionele *Bierhal*. Het gerstenat vloeit rijkelijk en er wordt luidruchtig gesproken en muziek gemaakt. In de zomer is ook de bijbehorende *Biergarten* geopend.

Een stukje chiquer én rustiger gaat het er in het **Seehaus** **3** aan toe, met als grootste pluspunt de fantastische locatie: aan de oever van een meer in de Englischer Garten. De restaurantzalen zijn sfeervol, maar duidelijk niet gericht op een hossend publiek. De *Biergarten* buiten is vooral een heerlijke plek om even bij te komen van alle musea en paleizen.

## Oktoberfest

Het blijft merkwaardig: een Oktoberfest dat zich vooral in september afspeelt. De oorsprong van het feest ligt echter wel in oktober. Op 12 oktober 1810 trouwde kroonprins Ludwig met prinses Therese. Om dat te vieren werd op een weide buiten de stadsmuren een paardenrace gehouden. Dat bleek zo succesvol, dat er sindsdien elk jaar een feest wordt gehouden op de **Theresienwiese** (de 'weide van Therese'). De aankleding bestaat uit veertien grote feesttenten en een kermis. In de tenten staan lange houten tafels, waar het bier in glazen van een liter wordt geserveerd. De grootste tent biedt plaats aan circa tienduizend personen! Al het bier is afkomstig van de zes brouwerijen uit München: Augustiner, Hacker-Pschorr, Löwenbräu, Spaten, Paulaner en Hofbräu. In totaal verdwijnt er zo'n 6,7 miljoen liter bier in ruim 6 miljoen kelen.

## Activiteiten

De eerste zaterdag na 15 september opent de burgemeester het feest door een biervat aan te slaan met de woorden 'O'zapft ist' (het is getapt). Daarvóór al worden in de kerken speciale missen gehouden en trekt een parade met traditionele karren, blaaskapellen en gekostumeerde groepen naar het feestterrein. Ook veel feestvierders zijn gekleed in *Lederhosen* (halflange leren broeken) en *Dirndl*-jurken – het lijkt authentieke klederdracht, maar de meer dan diepe decolletés zijn zeker niet traditioneel. Het feest eindigt op de eerste zondag van oktober of op de Dag van de Duitse Eenheid op 3 oktober.

Gaat u toch liever op een ander moment naar München? Proef dan in elk geval de sfeer van het beroemde feest in het **Bier und Oktoberfestmuseum** **32**. Hier wordt de traditie van het feest en het plaatselijk gebrouwen bier in ere gehouden.

Klassieke inrichting met veel hout. De kamers zijn voorzien van alle moderne gemakken. Eigen fitnessruimte en spa.

**Klassieke elegantie** – **Splendid Dollmann** **2**: Thierschstraße 49, tel. 089 23 80 80, www.splendid-dollmann.de, 2 pk vanaf € 120. Een boekenkast, fauteuils, antiek, schilderijen aan de muur, een heerlijke tuin – dit is een ideale basis voor een stadsverkenning.

**Lange geschiedenis** – **Blauer Bock** **3**: Sebastiansplatz 9, tel. 089 23 17 80, www.hotelblauerbock.de, 2 pk vanaf € 83. De geschiedenis van dit pand gaat terug tot de 13e eeuw. Nu is het een net, gastvrij hotel met als grootste troef de ligging vlak bij de Viktualienmarkt.

**In de museumwijk** – **Hotel Hauser** **4**: Schellingstraße 11, tel. 089 286 67 50, www.hotel-hauser.de, 2 pk vanaf € 124. Middenklassehotel in een levendige wijk nabij de universiteit en de Pinakotheken. Met stoombad, sauna en op de begane grond een café.

**Popart aan de muur** – **Arthotel** **5**: Paul-Heyse-Straße 10, tel. 089 59 21 22, www.arthotelmunich.com, 2 pk vanaf € 110. Niet-rokershotel in frisse tinten en met kleurrijke kunst aan de muren. Op vijf minuten lopen van het centraal station en het Oktoberfestterrein.

**Lowbudget designhotel** – **Bold Hotel** **6**: Lindwurmstraße 70a, tel. 089 89 200 01 59 - 22 44, www.bold-hotels.com, 2 pk vanaf € 60. Deze keten heeft twee vestigingen in München: één buiten het centrum in Giesing en deze aan de rand van het oude centrum. De inrichting is modern en strak, de prijzen zijn opmerkelijk laag.

**Nabij het Schlosspark** – **Laimer Hof Nymphenburg Palace** **7**: Laimerstraße 40, tel. 089 178 03 80, www.laimerhof.de, 2 pk vanaf € 85. Sfeervol pand met hoektorentjes op loopafstand van Schloss Nymphenburg. Rustige buurt, eigen parkeergelegenheid, gastvrije ontvangst en redelijke prijzen.

# Eten en drinken

**Bier proeven** – **Bierhallen en Biergärten** **1**-**3**: zie Op ontdekkingsreis blz. 92.

**Kelder en terras** – **Ratskeller** **4**: Marienplatz 8, tel. 089 219 98 90, www.ratskeller.com, hoofdgerecht vanaf € 15. De gewelfde kelders onder het Neues Rathaus zijn verrassend groot en bieden een sfeervolle ambiance voor een kennismaking met de Beierse keuken.

**Een instituut** – **Café Frischhut** **5**: Prälat-Zistl-Straße 8, tel. 089 26 02 31 56, gebak vanaf € 2,50. Een zeer bekend café in München – hoewel die populariteit wellicht de authenticiteit niet ten goede is gekomen. Hier ga je naartoe voor koffie met *Schmalznudeln*, een Beierse variant van de donut.

**Hemel voor vegetariërs** – **Tian** **6**: Frauenstraße 4, tel. 089 885 65 67 12, www.tian-restaurant.com, viergangenmenu € 79. Fine dining, maar dan met vegetarische en biologische gerechten in een smaakvol, chic decor. Eenvoudig online reserveren.

**Echt Italiaans** – **Bar Centrale** **7**: Ledererstraße 23, tel. 089 22 37 62, www.barcentrale.com, hoofdgerecht vanaf € 8. Een typisch Italiaanse bar: informeel, sfeervol, goede koffie. Achter de bar is een eetruimte met lange tafels waar een dagelijks wisselend menu van verse salades en pastagerechten wordt geserveerd.

# Winkelen

In de voetgangerszone van het levendige centrum van München is een groot aantal winkels verzameld. De warenhuizen vindt u vooral aan de westkant van de Marienplatz. Voor de bekende modehuizen en luxewinkels gaat u naar de **Maximilanstraße** **1** en de omliggende straten. Ook de moderne winkelgalerij **Fünf Höfe** 2 in de Theatinerstraße richt zich op de klanten met een redelijk gevulde portemonnee. Laagdrempelig is de levendige warenmarkt op de **Viktualienmarkt** 3 (zie blz. 80). Hippe en betaalbare winkels vindt u bijvoorbeeld rond de **Gärtnerplatz** 4, de Glockenbachplatz en de Müllerstraße, maar zeker ook in de straten rond de **universiteit** 5.

## Actief

**Sport in het park** – **Olympiapark** 1: www.olympiapark.de. Circa 5 km ten noordwesten van het centrum ligt het terrein waar in 1972 de Olympische Spelen werden gehouden. Nog altijd is er volop ruimte voor allerlei sportieve activiteiten. Bekijk het allemaal vanaf het 190 m hoge terras van de televisietoren. Of ga mee met een avontuurlijke excursie over het tentdak van het stadion. Of bezoek de onderwaterwereld van **Sea Life München** (www.visitsealife.com).
**Riviersurfen** – **Eisbachwelle** 2: aan de zuidrand van de Englischer Garten verzamelen zich surfers bij een staande golf (*Welle* in het Duits) in de rivier de Eisbach (zie blz. 87).
**Bayern München** – **Allianz Arena** 3: de beroemde voetbalclub uit München speelt zijn thuiswedstrijden in dit futuristische stadion ten noorden van de stad. Het stadion is met een rondleiding te bezoeken. Bekijk ook het museum en de fanshops (www.allianz-arena.com).

## Uitgaan

*Biergärten*, bars en café's zijn in de hele stad te vinden. Partygangers gaan naar de bekende clubs in de wijken **Maxvorstadt** en **Schwabing**, maar spannender zijn de tijdelijke clubs die in oude gebouwen opduiken, ook in het centrum.

### München op de fiets

Ook in München is de fiets voor afstanden korter dan 5 km het snelste vervoermiddel. Bovendien werkt de stad hard aan het verbeteren van de fietsmogelijkheden door aparte fietspaden aan te leggen, fietsbordjes te plaatsen en stallingen aan te leggen. Buiten de spits mag de fiets doorgaans mee in de S-Bahn en de U-Bahn (wel een apart kaartje kopen). Verder zijn er verschillende fietsroutes uitgezet en zijn op veel plaatsen fietsen te huur. Via www.munich.travel is een fietsbrochure te downloaden: klik op het Menu rechtsboven en zoek bij de 'Planen' naar de 'Radflyer'.

**Juweel van de rococo** – **Cuvilliés-Theater** 1: Residenzstraße 1, www.residenztheater.de, dag. vanaf 19.30 uur. Bordeauxrood en goud zijn de hoofdkleuren van dit voormalige hoftheater in de Residenz. Nu wordt het rijk gedecoreerde rococotheater gebruikt voor kleine operavoorstellingen en toneelstukken.
**Topniveau** – **Nationaltheater** 2: Max-Joseph-Platz 2, www.staatsoper.de. Een Griekse tempel voor de kunsten – thuisbasis van de Bayerischen Staatsoper en het Bayerischen Staatsballet. In de zomer worden twee opera's live uitgezonden op de Max-Joseph-Platz.
**Muziek, shows, musical** – **Deutsches Theater** 3: Schwanthalerstraße 13, www.deutsches-theater.de. Dit grondig gerenoveerde theater uit 1896 wordt vooral gebruikt voor musicals.
**Jazz** – **Unterfahrt** 4: Einsteinstraße 42, www.unterfahrt.de, dag. vanaf 19.30 uur. Bij jazzliefhebbers is Unterfahrt een begrip; concerten van veelal moderne jazz beginnen om 21 uur.

## Info en festiviteiten

**Toeristenbureaus:** zie Info blz. 78.
**Fasching:** carnaval wordt in München groots gevierd met onder meer een optocht, een bal, een openluchtfeest in het centrum en een 'dans van de markt-vrouwen' op dinsdag.
**Tollwood Festival:** twee keer per jaar muziek, cabaret en theater: half juni-half juli in het Olympiapark, eind nov.-dec. op de Theresienwiese (www.tollwood.de).
**Oktoberfest:** zie Op ontdekkingsreis blz. 92.

## Dachau ▶ J 9

Met de S-Bahn reist u in een mum van tijd naar enkele bezienswaardigheden en ontspanningsmogelijkheden in de omgeving van München. Ruim een kwartier duurt de treinreis naar het pittoreske stadje Dachau. Het bezit onder meer een slot van de hertogen van Wittelsbach, met daaromheen een aangenaam park. Maar Dachau is helaas vooral bekend geworden door het eerste grootschalige concentratiekamp dat de nazi's hier al in 1933 bouwden. Het was geen vernietigingskamp, maar toch kwamen hier tienduizenden mensen om het leven. De **KZ-Gedenkstätte Dachau** herdenkt deze periode met onder andere een aangrijpend museum (Alte Römerstraße 75, www.kz-gedenkstaette-dachau.de, dag. 9-17 uur, entree gratis).

## Oberschleißheim ▶ J 9

In het slaperige **Schleißheim** lijkt de stad erg ver weg, hoewel het op slechts 12 km afstand van München ligt. De rust was ook de reden dat hertog Wilhelm V hier aan het einde van de 16e eeuw een eenvoudig huis liet bouwen. Dat groeide in de eeuwen daarna uit tot **Schloss Schleißheim**, een complex van drie paleizen en een geometrische

Oude vliegtuigen vullen de Flugwerft in Oberschleißheim

baroktuin (Max-Emanuel-Platz 1, tel. 089 315 87 20, www.schloesser-schleissheim.de, apr.-sept. di.-zo. 9-18 uur, okt.-mrt. di.-zo. 10-16 uur, entree € 8). Het **Alte Schloss** gaat deels terug tot Wilhelm V en herbergt musea over religieuze cultuur en over de geschiedenis van Pruisen. Het monumentale **Neues Schloss** (1701-1719) heeft een schitterend interieur met aan de muren schilderijen uit de 16e en 17e eeuw (ook Hollandse en Vlaamse meesters). **Schloss Lustheim** is een klein jachtslot aan de oostkant van de baroktuin. Bezienswaardig zijn de fresco's en een unieke collectie Meissner porselein.

Op een oud vliegveld niet ver van de paleizen is een groot aantal vliegtuigen ondergebracht in de **Flugwerft**, een dependance van het Deutsches Museum (Effnerstraße 18, tel. 089 21 79-333, www.deutsches-museum.de/flugwerft, dag. 9-17 uur, entree € 7).

# Ammersee ▶ H 10

Zwemmen, zeilen, windsurfen, vissen of een rondvaart met een nostalgische boot – het kan allemaal bij de Ammersee, een langgerekt meer ten zuidwesten van München. Zwemmen kan al vroeg, want in juni is de watertemperatuur al opgelopen tot 20 °C. Voor gezinnen is de noordkant met zijn vlakke oevers ideaal. Bekende badplaatsen zijn **Herrsching**, **Eching** en **Fischen-Aidenried**.

Een wandeling van circa twee uur leidt van Herrsching naar **Kloster Andechs**, dat de 'Heilige Berg' bekroont. Pronkstuk van het complex is de bedevaartskerk, die met zijn uivormige spits al van verre te zien is. Het interieur is ingericht in de uitbundige rococostijl. In een van de kapellen ligt Carl Orff, componist van de *Carmina Burana*, begraven. In de *Biergarten* wordt het ter plekke gebrouwen Andechser Bier geschonken.

Aan de zuidoever trekt ook het sfeervolle **Dießen** veel dagjesmensen uit München. Hoogtepunt is hier de **Marienmünster**, een kloosterkerk met ook weer bonte decoraties en een 20 m hoog altaar met inschuifbaar paneel.

# Starnberger See ▶ J 10

Rond de Starnberger See is het net wat drukker én chiquer dan bij de Ammersee. Hier brachten koning Ludwig II en zijn nicht keizerin Sisi veel tijd door. Nu wordt een flink deel van de oevers ingenomen door villa's en privétuinen, waardoor van de 47 km slechts 17 km publiek toegankelijk is.

Een autotochtje rond het meer kan bijvoorbeeld beginnen bij het watersportstadje **Starnberg**, waar ook de rondvaartboten vertrekken. Bij **Berg** verdronk koning Ludwig II in 1886 op tragische wijze – zijn dood is nooit opgehelderd (zie blz. 47). Een kruis en een kapel markeren de plek. Op de zuidwestoever, vlak bij het parkachtig aandoende **Bernried**, ligt het spectaculaire **Buchheim Museum der Phantasie** (Am Hirschgarten 1, tel. 08158 99 70 20, www.buchheimmuseum.de, di.-zo. 10-17/18 uur, entree € 8,50). Schilder en schrijver Lothar-Günther Buchheim (1918-2007, schrijver van *Das Boot*) bracht hier een groot aantal schilderijen van Duitse expressionisten bijeen, maar de collectie bevat veel meer verrassingen. In **Schloss Possenhofen** een stukje verderop woonde keizerin Sisi tot haar huwelijk (alleen de tuin is toegankelijk).

# Informatie

**Tourist Information Starnberg:** Hauptstraße 1, Starnberg, tel. 08151 906 00, www.starnbergammersee.de.

# Oberbayern

## Hoogtepunten ✳

**Wieskirche:** de gebroeders Zimmermann creëerden een rococojuweel in een idyllisch pastoraal landschap; de kerk is eindbestemming van talrijke bedevaartgangers die een wenend beeldje komen bezoeken. Zie blz. 109.

**Nationalpark Berchtesgaden:** het mooiste berggebied van Duitsland dankzij de hoge toppen, diepblauwe meren en een rijke alpenfauna, waaronder bergmarmotten, steenbokken en arenden. Zie blz. 135.

## Op ontdekkingsreis

**Het dak van Duitsland – naar de top van de Zugspitze:** de top van de hoogste berg van Duitsland is ook voor niet-bergbeklimmers te bereiken. En dat trekt veel toeristen, in zomer en winter. Een bergtrein en daarna een kabelbaan brengen hen naar 2962 m hoogte en een fantastisch uitzicht. Zie blz. 110.

**Königshaus am Schachen – Moorse fantasie van koning Ludwig II:** naast verschillende kastelen liet Ludwig II in de bergen rond Garmisch-Partenkirchen ook een chalet optrekken, dat van binnen in grandeur niet onderdoet voor zijn sprookjespaleizen. De Königsweg is een relatief eenvoudige bergwandeling die leidt naar de Moorse droom van Ludwig. Zie blz. 116.

Wasserburg
am Inn

Schloss
Herrenchiemsee ■ Frauen-
chiemsee

**Wieskirche**
Schloss ■ **Nationalpark**
Linderhof **Berchtesgaden**
■ Garmisch-Partenkirchen

Königshaus am Schachen

Naar de top van de Zugspitze

# Bezienswaardigheden

**Schloss Herrenchiemsee:** koning Ludwig II liet eind 19e eeuw op een eiland in de Chiemsee een luxueus sprookjesslot bouwen. Helaas kon hij er maar tien dagen van genieten. Zie blz. 128.

**Wasserburg am Inn:** het middeleeuwse stadje is gebouwd rond een burcht op een landtong in de rivier de Inn. Zie blz. 125.

# Actief

**Altmühltal-Radweg:** volg vanuit Eichstätt de rivier de Altmühl per fiets door een fraai landschap met steile kalkrotsen en hellingen. Zie blz. 105.

**Wintersport:** het bekende skigebied van Garmisch-Partenkirchen beschikt over 40 km aan skipistes, verdeeld over verschillende moeilijkheidsgraden. Zie blz. 115.

# Sfeervol genieten

**Schloss Linderhof:** tijdens een wandeling door het sfeervolle park van Schloss Linderhof ontdekt u de romantische maar tegelijk ook bizarre gedachtenkronkels van koning Ludwig II. Zie blz. 112.

**Frauenchiemsee:** het kleine zustereiland van Herrenchiemsee verrast met een idyllisch klooster en een handvol huizen. Vermijd wel de drukke vakantiepieken. Zie blz. 128.

# Uitgaan

**Birdland:** Birdland in Neuburg an der Donau is een begrip in de jazzwereld. In de kelders treden bekende namen uit de Amerikaanse en Europese jazzscene op. Zie blz. 107.

# Op weg naar de voet van de Alpen

Oberbayern (Opper-Beieren) beslaat een heel groot gebied: van het zacht glooiende landschap rond Ingolstadt tot de hoogste alpentop van Duitsland, de Zugspitze. De stadjes in het noordelijk deel danken hun welvaart vaak aan een rivier, die voor scheepvaart en handel zorgde. Neuburg en Ingolstadt profiteerden van de Donau, terwijl de Inn en de Salzach stadjes als Burghausen en Wasserburg groot maakten. Vooral de handel in zout leverde genoeg geld op om schitterende barokkerken te laten bouwen en de gevels van de huizen met kleurrijke schilderingen te versieren.

In zuidwaartse richting worden de heuvels steeds hoger, tot uiteindelijk de Alpen de horizon vullen. Verkeersborden wijzen hier de weg naar bekende namen als Garmisch-Partenkirchen, Karwendel en Berchtesgaden. In de winter zijn dit populaire wintersportbestemmingen, in de zomer kunnen wandelaars, klimmers en mountainbikers met soms spectaculaire kabelbanen omhoog naar een wereld van bergmeren, alpenweides en kale rotskammen. Middeleeuwse burchten, historische kloosters en zelfs enkele sprookjeskastelen vormen boeiende bestemmingen voor een uitstapje.

## INFO

### Internet
www.oberbayern.de
www.beieren.nu
www.bayern-im-web.de

### Toeristenbureaus
**Tourismus Oberbayern München e.V.** is de verzamelnaam voor de toeristenbureaus in de regio Oberbayern. Zie voor de afzonderlijke toeristenbureaus de plaatsbeschrijvingen in deze gids.

### Vervoer
Vanuit Amsterdam en Brussel gaan er vluchten naar het vliegveld ten noordoosten van München (www.munich-airport.de). De treinreis van Amsterdam of Brussel naar München met de snelle ICE duurt een kleine acht uur (met overstap) en kan al vanaf € 40 (www.nsinternational.nl/www.b-europe.com). Alle grotere plaatsen in Beieren hebben een treinstation. Automobilisten moeten in de winter- en zomervakantie rekeningen houden met drukte op de route Frankfurt-Nürnberg-München.

## Ingolstadt  ▶ J 8

Met circa 135.000 inwoners is Ingolstadt na München de grootste stad in Oberbayern. Komend vanaf de snelweg is meteen te zien waar het geld wordt verdiend: bij de Audifabrieken en bij een olieraffinaderij. Het aan de Donau gelegen stadscentrum doet gelukkig heel wat sfeervoller aan, met veel 'middeleeuwse' panden die na de verwoestingen van de Tweede Wereldoorlog vakkundig zijn herbouwd en van een vrolijk kleurtje zijn voorzien.

Het groene park rond de binnenstad markeert de plek waar vanaf de middeleeuwen massieve vestingwerken stonden. In de 16e eeuw was Ingolstadt zelfs de sterkste vesting in het zuiden van Duitsland. Van de vier middeleeuwse stadspoorten staat alleen de **Kreuztor** 1 nog overeind. De vestingwerken die elders rond de stad bewaard zijn gebleven, hoorden bij een 19e-eeuwse verdedigingsgordel.

Kanonnen bij het Bayerische Armeemuseum in het Neues Schloss

Vlak achter de Kreuztor doemen de twee ongelijke torens van de **Liebfrauenmünster** 2 op. Door geldgebrek zijn de torens minder hoog dan gepland en kregen ze eenvoudige bronsgroene koepels – de vergelijking met een peper- en zoutstel is snel gemaakt. Vanbinnen is de kerk hoog en licht. Het hoogaltaar dateert uit 1572 en toont een collage van scènes uit het leven van Christus.

Een paar straten verder, in de Neubaustraße, is de **Kirche Maria de Victoria** 3 (1732-1736) nauwelijks als kerk herkenbaar – geen toren, geen voorplein, wel een rozerode gevel en een al even kleurrijk interieur. De beroemde gebroeders Asam (zie blz. 81) creëerden het overdadige stucwerk, de beelden en de schitterende plafondschildering van de kerk, die daarom ook wel Asamkirche wordt genoemd.

De bloeiperiode van Ingolstadt begon in de 15e eeuw dankzij de stichting van de eerste universiteit van Beieren

in 1472. Het gebouw van deze **Hohe Schule** 4 staat nog altijd aan de Hohe-Schul-Straße en heeft opvallende roze gevels en een toepasselijke muurschildering.

In 1723 werd een medische faculteit gesticht met een eigen gebouw, de **Alte Anatomie** 5. In de botanische tuin ernaast (entree gratis) werden geneeskrachtige kruiden gekweekt. Het **Deutsche Medizinhistorische Museum** illustreert de geschiedenis van de geneeskunde (Anatomiestraße 18-20, tel. 0841 305 28 60, www.dmm-ingolstadt. de, di.-zo. 10-17 uur, entree € 5).

Het **Altes Rathaus** 6 aan de Rathausplatz ontstond in 1882 door het samenvoegen van vier oudere gebouwen. De sierlijke krullen aan de topgevel zijn kenmerkend voor de toen populaire neorenaissance. Arcades verbinden het oude stadhuis met de **Moritzkirche** 7, de oudste kerk van Ingolstadt (14e eeuw). De toren met de

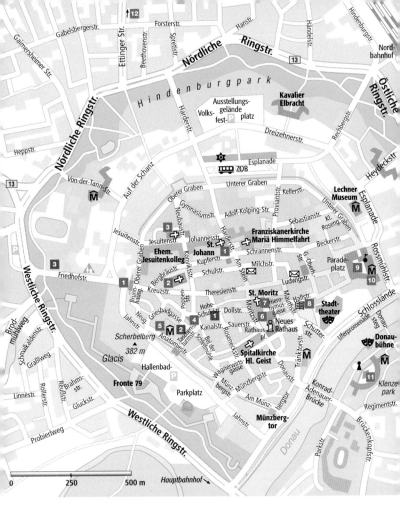

scherpe spits hoort bij de kerk. In de andere toren, de **Pfeifturm**, woonde het gezin van de nachtwaker die speurde naar brand en ongewenste lieden.

De hertogen van Ingolstadt woonden in de 13e eeuw in een burcht die grensde aan de stadsmuur. Daarvan is de **Herzogskasten** 8 nog overgebleven: een hoog, wit gebouw met een getrapte gevel, dat nu onderdak biedt aan de bibliotheek.

In 1418 begon de bouw van een nieuwe residentie voor de hertogen, het **Neues Schloss** 9. Deze ook al witte burcht met torens en een binnenplaats werd na de oorlog herbouwd en gevuld met de collectie van het **Bayerische Armeemuseum** 10 (Paradeplatz 4, tel. 0841 937 70, www.armeemuseum. de, di.-vr. 9-17.30, za.-zo. 10-17.30 uur, entree € 3,50, combiticket € 7). Te zien zijn wapens, uniformen en objecten uit

# Ingolstadt

**Bezienswaardigheden**
1 Kreuztor
2 Liebfrauenmünster
3 Kirche Maria de Victoria
4 Hohe Schule
5 Alte Anatomie
6 Altes Rathaus
7 Moritzkirche
8 Herzogskasten

9 Neues Schloss
10 Bayerische Armeemuseum
11 Reduit Tilly
12 Audi Forum Ingolstadt

**Overnachten**
1 Rappensberger
2 Block Hotel & Living

**Eten en drinken**
1 Gasthaus Daniel
2 Stella d'Oro
3 Biergarten Schutterhof

**Winkelen**
1 Ingolstadt Village

---

allerlei oorlogen waar het Beierse leger aan heeft deelgenomen. Met het combiticket kunt u ook naar **Reduit Tilly** 11 aan de andere kant van de Donau. In dit halfronde vestingwerk uit de 19e eeuw is onder meer alles over de Eerste Wereldoorlog te vinden.

Van een heel andere categorie is het **Audi Forum Ingolstadt** 12 ten noorden van de oude binnenstad. Klanten kunnen hier hun nieuwe auto ophalen, maar er is ook een restaurant, er worden fabrieksrondleidingen georganiseerd en in **museum mobile** staat een keur aan modellen van het bekende Duitse merk opgesteld (Auto-Union-Straße 1, tel. 0841 893 75 75, www.audi.de/foren, dag. 9-18 uur).

## Overnachten

*Bij het oude centrum* – **Rappensberger** 1: Harderstraße 3, tel. 0841 31 40, www.rappensberger-hotel.de, 2 pk vanaf € 97. De meeste hotels in Ingolstadt liggen buiten het centrum en zijn gericht op de zakelijke reiziger. Dit nette hotel met de opvallende groene gevel ligt wel vlak bij de voetgangerszone. Met Italiaans restaurant.
*Ideaal voor een kort verblijf* – **Block Hotel & Living** 2: Hermann-Paul Müller Straße 15, tel. 0841 953 45-0, www.hotel-block.de, 2 pk vanaf € 120.

Zeer goed beoordeeld hotel aan de rand van de stad, nabij de snelweg. Stijlvolle en vooral ruime kamers die allemaal anders zijn ingericht, sommige rond een thema. Uitstekend ontbijt.

## Eten en drinken

*Lange historie* – **Gasthaus Daniel** 1: Roseneckstraße 1, tel. 0841 352 72, di.-zo. 9-24 uur, hoofdgerecht vanaf € 9. Al meer dan vijfhonderd jaar worden in dit pand met trapgevel typisch Beierse gerechten geserveerd. Schuif aan bij een van de lange tafels of kies voor een intiemer zitje.
*Italiaans* – **Stella d'Oro** 2: Griesbadgasse 2, tel. 0841 794 37 37, www.stelladoro.de, ma.-za. 11.30-14.30 en 17.30-23 uur, hoofdgerecht vanaf € 15. Naar verluidt de beste Italiaan in de stad. Dineer in een stijlvol decor binnen of bij mooi weer op het terras buiten. Wekelijks wisselende menukaart op basis van verse producten. Niet goedkoop, wel pure verwennerij.
*Beierse biertuin* – **Biergarten Schutterhof** 3: Friedhofstraße 10, tel. 0841 93 76 79 56, www.schutterhof-in.de, mrt.-okt. ma.-vr. vanaf 14, za.-zo. vanaf 11 uur, hoofdgerecht vanaf € 8. Klassieke biertuin met houten tafels tussen 19e-eeuwse vestingwerken. Stevige Beierse kost.

## *Tip*

### Frankenstein in Ingolstadt

In 1818 werd een van de beroemdste griezelverhalen aller tijden gepubliceerd: *Frankenstein*. De Engelse schrijfster Mary Shelley vertelt daarin het verhaal van de jonge wetenschapper Viktor Frankenstein, die probeert om met lichaamsdelen van het kerkhof een nieuwe mens te maken. Het verhaal speelt zich deels af in Ingolstadt: Viktor gaat hier studeren aan de medische faculteit, waar in de Alte Anatomie (zie blz. 101) regelmatig lijken op tafel komen. De sfeer van het griezelverhaal keert terug tijdens **Dr. Frankensteins Mistery Tour**, een speelse rondleiding door het nachtelijke Ingolstadt (www.ingolstadt-erleben.de).

## Winkelen

Ingolstadt is een winkelstad bij uitstek. Het aanbod in het centrum is groot, maar wordt nog overtroffen door **Ingolstadt Village** 1 (Otto-Hahn-Straße 1, www.ingolstadtvillage.com, ma.-za. 10-20 uur), een outletcentrum waar mode, design en lifestyleproducten tegen hoge kortingen te koop zijn.

## Informatie

**Tourist-Information:** Moritzstraße 19, Rathausplatz 2, tel. 0841 305 30 30, www.ingolstadt-tourismus.de.

## Eichstätt ▶ H 8

Stad van bisschoppen, kerken en kloosters – zo presenteert Eichstätt zichzelf. De vele kerktorens die boven het stadje uitsteken, bevestigen dit beeld, net als de kolossale burcht waar de bisschoppen resideerden. Maar bovenal is Eichstätt een aantrekkelijk stadje dat door de klinkerstraten, piazza's en barokke huizen bijna Italiaans aandoet. Het waren dan ook voornamelijk Italiaanse architecten die de stad herbouwden na de verwoestingen van de Dertigjarige Oorlog (1618-1648).

Aantrekkelijk is zeker de **Residenzplatz**, waar begin 18e eeuw een residentie voor de vorst-bisschoppen werd gebouwd. In deze barokke **Residenz** maken vooral het trappenhuis en de rijkbeschilderde Spiegelzaal indruk (alleen te zien tijdens rondleidingen). De kerk van de vorst-bisschoppen, de **Dom**, staat nog altijd aan de noordkant van het plein. Al in de 8e eeuw bouwde Willibald, de eerste bisschop, hier een klooster en een kerk. De huidige kathedraal dateert grotendeels van de 13e en 14e eeuw; de afwijkende barokgevel aan de westkant is uit 1716-1718. Het gebeente van de heilige Willibald wordt in een urn in het westelijke koor bewaard, omgeven door een imposant 16e-eeuws grafmonument. Zijn opvolgers kregen een iets bescheidener laatste rustplaats.

Een paar stappen naar het oosten pronkt aan de Leonrodplatz de witte gevel van de **Schutzengelkirche**, ook herbouwd in de periode na de Dertigjarige Oorlog. Binnen wacht overweldigende rococokunst met veel goud.

Nog verder naar het oosten, net buiten de stadsmuur, is de **Klosterkirche Notre Dame du Sacré Coeur** (1721) een schoolvoorbeeld van barok: pasteltinten aan de buitenkant, fresco's aan de binnenkant. Samen met delen van het meisjesklooster biedt het nu onderdak aan een **informatiecentrum van het Naturpark Altmühltal** (Notre Dame 1, www.naturpark-altmuehltal.de, apr.-okt. ma.-vr. 9-17/18, za.-zo. 10-17/18 uur, nov.-mrt. ma.-vr. 9-12, ma.-do. 14-16 uur).

De **Marktplatz** ten noorden van de Dom is het niet-kerkelijke centrum van Eichstätt. In het midden staat een fontein met een beeld van de heilige Willibald, de wanden van het plein worden gevormd door de gevels van koopmanswoningen en het stadhuis (1444).

Nog verder naar het noorden is de de bont gedecoreerde **Klosterkirche St. Walburg** gewijd aan Walburga, de zuster van Willibald. Haar graf trekt nog altijd veel bedevaartgangers. Votiefafbeeldingen bewijzen dat hun gebeden regelmatig werden verhoord.

Ten westen van het oude stadshart stroomt de rivier de **Altmühl**, met daarachter op een hoge rots de **Willibaldsburg**. Van de 14e tot de 18e eeuw woonden hier de bisschoppen van Eichstätt. Het complex bevat nu twee musea (apr.-sept. di.-zo. 9-18 uur, okt.-mrt. di.-zo. 10-16 uur, entree € 4,50). Het **Jura-Museum** toont versteende resten van dieren uit de juraperiode (circa 150 miljoen jaar geleden), waaronder een afdruk van een archaeopteryx en van een unieke dino, de juravenator starki. Het **Museum für Ur- und Frühgeschichte** behandelt de periode van de vroegste geschiedenis tot het begin van de middeleeuwen.

Een bijzonder tafereel wacht ten oosten van het stadje, richting Landershofen: in het **Figurenfeld** heeft de beeldhouwer Alois Wünsche-Mitterecker 78 bizarre beelden geplaatst als symbool tegen oorlog en geweld.

## Actief

**Fietsen** – **Altmühltal-Radweg:** de rivier de Altmühl slingert door een fraai landschap met steile kalkrotsen en hellingen. Fietsers kunnen hier de bordjes volgen van de Altmühltal-Radweg, die grotendeels over rustige wegen gaat (zie blz. 205).

**Fossielen zoeken** – **Fossiliensteinbruch:** Kinderdorfstraße, Pasen-okt. dag. (behalve bij slecht weer), entree € 3, huur gereedschap € 1,50. In een groeve op de Blumenberg, 3 km ten noordwesten van Eichstätt, mogen bezoekers zelf naar fossielen zoeken in de uit sedimentlagen opgebouwde rotsen.

## Informatie

**Tourist-Information:** Domplatz 8, tel. 08421 600 14 00, www.eichstaett.de.

# Neuburg an der Donau ▶ H 8

Het rivierfront van Neuburg doet niet onder voor dat van andere parels langs de Donau. Blikvanger is een robuuste burcht met witte muren en rode daken. Daaromheen ligt een compact stadshart, bestaande uit een bovenstad en een onderstad, dat nog deels door de middeleeuwse stadsmuur en poorten wordt beschermd.

Veel gebouwen dateren van de bloeitijd van Neuburg; die begon in 1505 toen Neuburg de residentie van het nieuwe vorstendom Pfalz-Neuburg werd. Het was het tijdperk van de renaissance, waarbij er een frisse wind waaide door de politiek, de wetenschap, de kunsten en de architectuur. De bijbehorende bouwstijl – afkomstig uit Italië – is overal in de stad herkenbaar.

## Schloss Neuburg

Residenzstraße 2. Staatsgalerie Flämische Barockmalerei: apr.-sept. di.-zo. 9-18 uur, okt.-mrt. di.-zo. 10-16 uur, entree € 5,50

Paltsgraaf Ottheinrich (1502-1559) liet een middeleeuwse burcht uitbouwen tot een passend renaissancepaleis voor hem en zijn nazaten. Kenmerkend voor

de bouwstijl van de renaissance zijn de galerijen met arcades op de binnenplaats en de sgraffiti (lijntekeningen) op de muren, met voorstellingen uit het Oude Testament. Let hier ook op het cassetteplafond, waarin een portret van de opdrachtgever te herkennen is. Hoogtepunten zijn verder de slotkapel uit 1537, de ridderzaal en de renaissancezaal met houten plafond. Maar de absolute topper is de **Staatsgalerie Flämische Barockmalerei**, een schilderijenverzameling met werken van Vlaamse meesters als Rubens, Van Dyck, Brueghel en Jordaens.

Het stadsdeel rond de burcht wordt ook wel *Überstad* (bovenstad) genoemd. De Amalienstraße loopt dwars door dit oude stadshart en wordt aan weerszijden afgesloten door twee stadspoorten: de **Oberer Tor** in het westen en de **Unterer Tor** in het oosten. Halverwege passeert de straat de Karlsplatz, een sfeervol plein met bomen, een Mariazuil, sierlijke trapgevels en een godshuis. De zachtgele **Hofkirche** toont de overgang van de late renaissance naar de uitbundige barok. Binnen zorgden Italiaanse kunstenaars voor een indrukwekkend decor van wit stucwerk en sierlijke decoraties met veel bladgoud. Peter Paul Rubens schilderde verschillende altaarstukken, waarvan de originelen nu in de Alte Pinakothek van München hangen (zie blz. 89).

Aan de andere kant van het plein, een klein stukje de Amalienstraße in, herbergt het Weveldhaus uit 1517 het **Stadtmuseum** (Amalienstraße A 19, tel. 08431 53 90 53, www.stadtmuseum-neuburg.de, half mrt.-dec. di.-zo. 10-18 uur, entree € 3). Zoals te verwachten is het hoofdthema de geschiedenis van de stad en haar inwoners.

*Beierse barok in Eichstätt – plafondschildering in de Spiegelzaal van de Residenz*

## Overnachten, eten

Uitzicht op de Donau – **Aussicht:** Amalienstraße 27, tel. 08431 43 12 20, www.die-aussicht.de, 2 pk vanaf € 120, hoofdgerecht vanaf € 20. Unieke locatie aan de rand van de oude stad, met uitzicht op de Donau. Elegant ingerichte kamers. Het menu in het restaurant wisselt wekelijks en is gebaseerd op producten uit de regio.

## Uitgaan

Jazz – **Birdland:** Am Karlsplatz A 52, tel. 08431 412 33, www.birdland.de. Birdland is een begrip in de jazzwereld. In de kelders treden bekende namen uit Amerika en Europa op.

## Informatie

**Tourist-Information:** Ottheinrichplatz A 118, tel. 08431 552 40, www.neuburg-donau.de.

# Landsberg am Lech ► H 10

Landsberg is een van de sfeerstadjes langs de beroemde **Romantische Straße** (zie blz. 143), maar het is hier net wat minder druk dan in toeristische toppers als Dinkelsbühl en Rothenburg ob der Tauber. Dat maakt een stadswandeling verrassend aangenaam, net als de oevers van de rivier de Lech, de stadsmuren, de nauwe steegjes en de veelkleurige huizen met puntdaken. Minder trots zijn de Landsbergers op het boek *Mein Kampf* (Mijn Strijd), dat Adolf Hitler schreef toen hij in 1924 in Landsberg gevangen zat, nadat hij had geprobeerd de democratische regering omver te werpen.

## *Tip*

### Ridders en jonkvrouwen

Terug naar de middeleeuwen? Het kan in **Schloss Kaltenberg**, circa 12 km ten noordoosten van Landsberg. De drie laatste weekenden van juli vindt hier het **Kaltenberger Ritterturnier** plaats, dat sinds de eerste editie in 1979 is uitgegroeid tot een van de grootste ridderspektakels in Duitsland. Hoogtepunten zijn de riddergevechten te paard, maar ook muziek en dans, een middeleeuwse markt en authentiek eten ontbreken niet tijdens dit middeleeuwse feest. Kijk voor alle details op www.ritterturnier.de.

Ten westen van het oude stadshart stroomt de rivier de Lech, de drie andere zijden van de stad worden nog altijd door een massieve vestingmuur beschermd. Zes poorten bieden toegang tot de oude stad, met als pronkstuk de **Bayertor** (1425) aan de zuidoostkant. Hiervandaan daalt de steile Alte Bergstraße af naar de **Schmalzturm**, een toren met poort die nog resteert van een oudere stadsmuur uit de 13e eeuw. Achter de toren begint de Hauptplatz, het centrale plein met in het midden een fontein en rondom statige gevels. Het **Rathaus** (1719-1721) valt op door het schitterende stucwerk op de gevel: het is een creatie van de bekende architect en ambachtsman Dominikus Zimmermann, die bovendien diverse keren burgemeester van Landsberg was.

Zimmermann ontwierp nog veel meer gebouwen, waaronder de **Johanniskirche** in de Vorderer Anger. Van buiten valt de kerk nauwelijks op, van binnen is het een juweel van rococo; het hoogaltaar heeft zelfs iets weg van een feestelijke suikertaart, vol krullen en tierelantijnen.

Veel groter is de **Stadtpfarrkirche Mariä Himmelfahrt** aan de Georg-Hellmair-Platz, die hoog boven de daken van de huizen uittorent. Deze kerk uit de 15e eeuw kreeg vanaf de 16e eeuw een barok uiterlijk, waarbij Zimmermann het Rozenkransaltaar in het koor voor zijn rekening nam.

Een derde bezienswaardige kerk staat een stuk hoger in de oude stad: de jezuïtische **Heilig-Kreuz-Kirche** (1754) heeft een rococo-interieur met prachtige plafondschilderingen. Een vroegere school van het jezuïetencollege schuin tegenover de kerk huisvest het **Neue Stadtmuseum**, waarin de geschiedenis van Landsberg wordt geïllustreerd (Von-Helfenstein-Gasse 426, www. museum-landsberg.de, di.-vr. 14-17, za.-zo. 10-17 uur).

Met kinderen op stap? Direct aan de rivier ten zuiden van de stad ligt het kleine **Wildpark Pössinger Au** met onder meer wilde zwijnen (Katharinenstraße 1).

## Overnachten

Traditioneel – **Goggl**: Hubert-von-Herkommer-Straße 19, tel. 08191 32 40, www.hotel-goggl.de, 2 pk vanaf € 90. Klassiek hotel in een eeuwenoud pand in het hart van Landsberg. Eigen parkeergarage.

In het centrum – **Stadthotel Augsburger Hof**: Schlossergasse 378, tel. 08191 96 95 96, www.augsburger-hof. com, 2 pk vanaf € 80. Eenvoudig maar schoon hotel vlak achter de Stadtpfarrkirche. Gastvrij onthaal en fietsverhuur.

## Informatie

**Tourist-Information**: Hauptplatz 152, tel. 08191 12 82 46, www.landsberg.de.

# Wieskirche ✱ ▶ H 11

Wies 12, www.wieskirche.de, dag. behalve tijdens diensten

In een glooiend weidelandschap ten zuidoosten van **Steingaden** staat een bedevaartskerk die met recht een plekje op de Werelderfgoedlijst van de UNESCO heeft gekregen: de **Wieskirche**. Van buiten valt de witgepleisterde kerk niet echt op. Eenmaal binnen blijkt dat de plattegrond van de kerk ovaal is, waarbij de gebogen lijnen, zuilen en nissen zorgen voor een theatraal effect. Sierlijk stuc- en houtsnijwerk en gigantische plafondschilderingen versterken de illusie van een theater. Bezoekers die eerder in Landsberg am Lech (zie blz. 107) zijn geweest, zullen wellicht de hand van Dominikus Zimmermann herkennen, die samen met zijn broer Johann Baptist dit rococokunstwerk schiep.

Maar waarom staat de kerk juist hier in dit verder lege landschap? De reden pronkt midden in het uitbundig met marmer en bladgoud versierde hoogaltaar: een eenvoudig houten beeld van de Gegeselde Verlosser. Het beeld stond oorspronkelijk in het klooster van Steingaden, maar in 1738 ging het naar de boerderij van Maria Lori. Op 14 juni van dat jaar zag zij 'tranen' bij het beeld. Dat 'wonder' trok zoveel bedevaartgangers, dat de abt van het klooster opdracht gaf tot de bouw van de kerk. Het zou voor Dominikus Zimmermann zijn laatste opdracht blijken.

# Oberammergau ▶ H 11

Houtsnijwerk en gevelschilderingen lokken het hele jaar toeristen naar dit kleine, in de donkere wouden weggestopte dorp. De souvenirwinkels liggen vol gesneden beeldjes, maar de mooiste voorbeelden ziet u in het **Oberammergau Museum** (Dorfstraße 8, tel. 08822 941 36, www.oberammergaumu seum.de, eind mrt.-begin nov. di.-zo. 10-17 uur, entree € 3,50). ▷ blz. 112

De idyllische Wieskirche bij Steingaden

## Het dak van Duitsland – naar de top van de Zugspitze

De top van de hoogste berg van Duitsland is ook voor niet-berg-beklimmers te bereiken. En dat trekt veel toeristen, zowel in de zomer als in de winter. Een bergtrein en een spectaculaire kabelbaan brengen hen naar 2962 m hoogte, waar een fantastisch uitzicht wacht. Nood-zakelijk voor deze alpiene tocht: warme kleding én genoeg lef om in de akelig hoge kabelbaan te stappen.

**Kaart:** ▶ H 11
**Duur:** halve dag.
**Rondrit met Zugspitzbahn, Seilbahn en Gletscherbahn:** Olympiastraße 27, tel. 08821 79 70, www.zugspitze.de, retour € 56.

**Alpspitzbahn:** retour € 27.
**Tiroler Zugspitzbahn (vanuit Oos-tenrijk):** www.zugspitzbahn.at, retour € 45.

Op 27 augustus 1820 stond de land-meter Josef Naus, samen met een assis-tent en een berggids, als eerste op de top van de Zugspitze. Ervaren bergbeklim-mers klimmen nu in acht tot tien uur naar diezelfde top, maar het kan ook sneller – en vooral gemakkelijker.

Er zijn verschillende manieren om naar boven te gaan, zowel aan de Duitse als de Oostenrijkse kant, maar de meeste toeristen doen een klassiek rondje met de tandradtrein en twee verschillende kabelbanen.

## Tandradtrein en kabelbaan

De **Bayerische Zugspitzbahn** werd tussen 1928 en 1930 in etappes aangelegd. Het spoor van deze bergtrein heeft een totale lengte van 19 km, waarvan de laatste 11,5 km is uitgevoerd als tandradbaan. Instappen doet u in **Garmisch-Partenkirchen**. Daarna stopt de trein bij verschillende stations, met steeds nieuwe mogelijkheden om het bergmassief verder te verkennen.

Voor een klassiek 'rondje Zugspitze' stapt u uit bij de **Eibsee**, een schitterend bergmeer aan de voet van de Zugspitze. Hiervandaan klimt de trein nog een flink stuk hoger, maar spectaculairder is het om de **Seilbahn Zugspitze** te nemen. Deze kabelbaan ging eind 2017 open en pakte toen meteen drie wereldrecords: de hoogste liftpaal (127 m), het grootste hoogteverschil dat in één keer wordt overbrugd (1945 m) en de grootste afstand tussen liftpaal en station (3213 m). In de enorme cabines passen 120 mensen, waardoor lange wachttijden tot het verleden zouden moeten behoren. Zo'n negen minuten later arriveert de cabine bij het nieuwe bergstation.

## Op de top

De kabelbaan eindigt op de top van de Zugspitze bij een dorp van beton en staal, met daarin een restaurant, berghutten en een klein museum. Gratis is het fantastische uitzicht – bij helder weer – op alpentoppen in Duitsland, Oostenrijk, Zwitserland en Italië.

Uitgekeken? Het rondje Zugspitze gaat verder met de **Gletscherbahn**, een kabelbaan die langs de andere kant van de berg 360 m afdaalt naar de Zugspitzplatt. Dit is in de winter het hart van het skigebied. In de zomer kunt u gletsjerwandelen of met een slee naar beneden glijden. Of gewoon genieten van een lunch en het uitzicht vanaf het terras van het restaurant.

De Zugspitzplatt is ook het eindstation van de tandradbaan, die u hiervandaan terug naar beneden brengt. De eerste kilometers gaan door een tunnel, daarna komt Garmisch-Partenkirchen weer in beeld.

Uiteraard kunt u het rondje ook andersom doen, dus eerst met de trein naar het eindstation, dan de Gletscherbahn naar de top en dan de kabelbaan naar de Eibsee. Het laatste stukje naar beneden gaat altijd met de trein.

## Zweven boven de afgrond

Wie geen last heeft van hoogtevrees, kan voor nog meer spektakel uitstappen op het treinstation Kreuzeck-Alpspitze. Hiervandaan gaan de cabines van de **Alpspitzbahn** naar het op 2033 m hoogte gelegen bergstation op de **Osterfelderkopf**. Hier wacht in de winter het skigebied Garmisch Classic, in de zomer startten hier verschillende wandelroutes en klettersteige. Een mooie klimtocht leidt naar de **Alpspitze** (2628 m), die met zijn puntige top eenvoudig is te herkennen. Avontuurlijk is zeker ook de **AlpspiX**, twee elkaar kruisende uitzichtplatforms die vrij boven een onmetelijke afgrond zweven.

## Vanuit Oostenrijk

Aan de Oostenrijkse kant van Zugspitze werd al in 1926 een kabelbaan naar de top geopend. Halverwege moesten de bergtoeristen overstappen op een tweede baan en eenmaal boven konden ze via een tunnel – met douane – naar de Duitse kant van de berg. In 1991 werd hier een nieuwe kabelbaan geopend die in één keer naar de top gaat, de **Tiroler Zugspitzbahn**. Twee cabines met elk ruimte voor 101 personen overwinnen in circa tien minuten een hoogteverschil van 1725 m. Het grondstation van de Oostenrijkse kabelbaan staat in de wintersportplaats **Ehrwald**.

Middelpunt van de collectie zijn religieuze objecten en beelden, maar er is ook ruimte voor hedendaagse kunst.

Nog beroemder zijn de schilderingen op de gevels van de 18e-eeuwse huizen, ook bekend als *Lüftlmalerei*. Het gaat om bijbelse thema's en voorstellingen uit het dagelijks leven en de jacht. Zelfs de sprookjes van de gebroeders Grimm kregen een plekje (Ettaler Straße 41). De in Oberammergau geboren Franz Seraph Zwinck (1748-1792) is een van de grote namen van deze kunstvorm. Hij beschilderde onder meer het **Pilatushaus** (Ludwig-Thoma-Straße 10), een dependance van een museum waar oude ambachten in ere worden gehouden.

Trots is Oberammergau ook op de tradities rond de **passiespelen**. Het begon in 1633 om het einde van de pestepidemie te vieren en gaat door tot op de dag van vandaag: eens in de tien jaar wordt de lijdensweg van Christus door honderden acteurs uitgebeeld (volgende editie in 2020).

## In de omgeving

Een rodelbaan, een stoeltjeslift, een kabelbaan – de groene hellingen rond Oberammergau bieden genoeg vertier. Wandelaars kunnen in ruim een uur langs de rivier de Ammer in zuidelijke richting naar **Kloster Ettal** lopen. Al van verre is de koperen koepel van het klooster te zien. De basis dateert van 1330, in de 18e eeuw kreeg het klooster een barok jasje. Uit die tijd dateren ook de koepel en de schildering op het gewelf aan de binnenkant. De kerk trekt veel bedevaartgangers en is altijd geopend. Verder huisvest het klooster onder andere een school met een internaat, een uitgeverij, een brouwerij, een distilleerderij en een boekwinkel. Zeker likeurliefhebbers kunnen thuis nog lang nagenieten van een spirituele bedevaart naar Kloster Ettal.

Ten zuidwesten van Oberammergau strekken zich de **Ammergauer Alpen** uit, ook bekend als het Ammergebirge. Het is het grootste beschermde natuurgebied van Beieren en herbergt onder meer steenbokken, bevers en steenarenden. Wandelroutes doorkruisen het gebied, met daarbij een blotevoetenpad. De **Soier See** is een van de warmste zwemmeren in Zuid-Beieren.

## Schloss Linderhof ▶ H 11

Linderhof 12, Ettal, www.linderhof. de, april-half okt. dag. 9-18, half okt.- mrt. 10-16.30 uur, entree € 8,50

De pronkzuchtige koning Ludwig II (zie blz. 47) liet in de Alpen verschillende sprookjeskastelen bouwen. Neuschwanstein (zie blz. 165) is daarvan de bekendste, maar het kleinere Linderhof doet daar in overdaad niet voor onder. Na een bezoek aan het kasteel van Versailles van zijn grote voorbeeld Lodewijk XIV besloot Ludwig in 1869 een houten jachtchalet van zijn vader om te laten bouwen tot een stenen rococopaleisje, omringd door een al even schitterend park.

In het slot is het alles goud wat er blinkt, aangevuld met spiegels, schilderijen, kroonluchters en fresco's. Uniek is het tafeltje-dekjesysteem in de eetzaal: de tafel kon in de grond verzinken, waarna bedienden de tafel ongezien konden dekken. Naar verluidt dekten ze altijd voor meerdere personen, zodat Ludwig kon converseren met beroemde maar denkbeeldige tafelgenoten, zoals Lodewijk XV of Marie Antoinette.

Buiten gebruikte tuinarchitect Carl von Effner de hellingen om een ingenieus park met vijvers, watervallen, fonteinen en terrastuinen te creëren. Het park staat bovendien vol verrassingen

Symbool van de grootheidswaan van koning Ludwig II: de Venusgrotte bij Schloss Linderhof

waar Ludwig zich kon verpozen tijdens zijn wandelingen. Een waar staaltje van grootheidswaan is de **Venusgrotte**, een kunstmatige grot van meer dan 100 m lang waar theatervoorstellingen werden gehouden, compleet met kunstmatig meer, een bootje in de vorm van een schelp en elektrische verlichting (in de 19e eeuw!). Andere blikvangers zijn de **Venustempel**, de **Maurischer Kiosk**, een Moors paviljoen dat eerder op de wereldtentoonstelling had gestaan, en de **Hundinghütte**, een (gereconstrueerde) hut rond een boom die werd gebouwd naar voorbeeld van het decor van Wagners opera *Die Walküre*.

# Garmisch-Partenkirchen ▶ H 11

Garmisch-Partenkirchen is een bekende naam bij wintersporters én bij televisiekijkers die op nieuwjaarsdag het skispringen aanzetten. Maar ook in de zomer is het een populaire bestemming: rond het duodorp is zo'n 300 km aan wandelpaden beschikbaar voor de vele 'gezondheidstoeristen' die naar hier komen voor de schone lucht of voor de tientallen alpentoppen in de omgeving, met als allerhoogste de Zugspitze (2962 m, zie blz. 110).

## Garmisch

Garmisch vormt het hart van het vakantieoord. Met wat zoeken zijn tussen de appartementen, toeristenwinkels en eethuizen nog altijd sporen van het oorspronkelijke boerendorp te herkennen. Zo staan in de Frühlingstraße de oude boerderijen nog schouder aan schouder. En zelfs in de drukke voetgangerszone hebben veel huizen nog de karakteristieke gevelbeschilderingen.

Twee kerken in Garmisch zijn gewijd aan Sint Maarten. De **Alte Pfarrkirche St. Martin** doemt op aan het einde van de Frühlingstraße en heeft eeuwenoude fresco's op de muren. De **Neue Pfarrkirche St. Martin** staat bij het voetgangersgebied en is verluchtigd met overdadige rococodecoraties, waaronder schilderingen van de naamgever van de kerk.Verderop gaat de voetgangerszone over in het **Kurpark**, met daaraan het Kurhaus. Het laat zien dat wintersportdorp Garmisch ook als kuuroord naam heeft gemaakt.

## Partenkirchen

Banketbakkers, traditionele herbergen met terrasjes, snuisterijenwinkels – de **Ludwigstraße** is veruit de bekendste slenterstraat in het dubbeldorp. Ook hier zijn verschillende voorgevels vrolijk beschilderd. Wie meer wil weten over de plaatselijke volkscultuur, stapt binnen bij het **Werdenfels Museum** (Ludwigstraße 47, tel. 08821 75 17 10, www.werdenfels-museum.de, di.-zo. 10-17 uur, entree € 2,50). Uniek is de verzameling houten maskers die bij winterrituelen werden gebruikt.

Een aangename wandeling voert naar de **Wallfahrtskirche St. Ankton**, die iets boven Partenkirchen op een romantisch uitzichtpunt staat. Een steil wandelpad met kruiswegstaties brengt u ernaartoe. Let vooral op de prachtige schilderingen op het plafond.

## *Tip*

### Dubbeldorp dankzij Hitler

Hoe bekend de dubbele naam nu ook is, de dorpen Garmisch en Partenkirchen hebben beide een eigen geschiedenis en kennen van oudsher zelfs een diepe rivaliteit. Pas in 1935 (onder Adolf Hitler) werden beide dorpen gedwongen samengevoegd vanwege de Olympische Winterspelen die hier een jaar later zouden worden georganiseerd. Daarmee startten ook de grote investeringen in de wintersportfaciliteiten.

Aan de zuidkant van het dorp herinnert het **Olympia-Skistadion** aan de Olympische Spelen van 1936. Vooral de betonnen tribunes rond de schansen zijn herkenbaar als monumenten van de propagandamachinerie van de nazi's.

## In de omgeving

Bergwandelaars hebben het rond Garmisch-Partenkirchen voor het uitkiezen. Een klassieke tocht leidt naar de **Partnachklamm**. De toegang van de spectaculaire kloof zit niet ver van het olympisch skistadion. Hiervandaan wandelt u door de kloof in een klein uur naar de **Partnachalm**, waar een schitterend panorama wacht. Wie de lastige afdaling wil vermijden, kan hier met de kabelbaan naar beneden.

Verschillende wandelpaden leiden naar de top de **Wank** (1780 m), de huisberg van Garmisch. In de zomerperiode gaat er ook een kabelbaan (Wankbahn) naar boven.

Een wandeling naar het **Königshaus am Schachen** duurt een hele dag (zie blz. 116). Dit eenzaam gelegen jachtchalet werd tussen 1869 en 1872 gebouwd in opdracht van koning Ludwig II, die een stukje verderop ook Schloss Linderhof (zie blz. 112) had laten optrekken .

## Overnachten

Hotels in Garmisch-Partenkirchen zijn relatief duur. Goedkoper en in ruime mate beschikbaar zijn appartementen en vakantiewoningen die via internet worden aangeboden.

Alpiene stijl – **Zugspitze**: Klammstraße 199, tel. 08821 90 10, www.hotelzugspitze.de, 2 pk vanaf € 90. Klassiek hotel in het hart van Garmisch. Uitstekende service, zwembad en sauna.

Ontspannen sfeer – **Biohotel Bava-ria**: Partnachstraße 51 , tel. 08821 34 66, www.hotel-bavaria-garmisch.com, 2 pk vanaf € 106. Rustig gelegen hotel met volledig biologische keuken.

Uitzicht – **Berggasthof Panorama**: Sankt Anton 3, tel. 08821 966 90 70, www.berggasthof-panorama.de, 2 pk vanaf € 100. Hotel annex restaurant op een bosrijke helling buiten Garmisch-Partenkirchen. Kamers met balkon en uitzicht op het dorp en de bergen.

## Eten en drinken

Beierse eetervaring – **Gasthof Fraun-dorfer**: Ludwigstraße 24, tel. 08821 92 70, wwww.gasthof-fraundorfer.de. Eten (en slapen) in een typisch Beiers decor. Dé plek om kennis te maken met jodelen, lederhosen en andere Beierse tradities.

Wild – **Zum Wildschütz**: Bankgasse 9, tel. 08821 32 90, dag. 11.30-22 uur, hoofd-gerecht vanaf € 12. De sobere entree doet niet vermoeden dat dit een van de beste wild- en vleesrestaurants van Beieren is.

Taart en gebak – **Kaffeehaus Kondi-torei Restaurant Thron**: Marienplatz 13-15, tel. 08821 522 60. Binnen of bui-ten een plekje zoeken, dan lunchen, dineren of gewoon een van de heerlijke taarten proeven.

## Actief

Wintersporten – Het skigebied **Gar-misch Classic** beschikt over ruim 40 km aan pistes voor alle niveaus. Door de vlakke stukken is het minder geschikt voor snowboarders. Schaatsen kan in het Olympia-Eissport-Zentrum.

Zomersporten – De zomer is het sei-zoen voor delta- of parapentevliegen, raften, mountainbiken, rotsklimmen, bergwandelen, zwemmen in de berg-meren en nog veel meer.

## Uitgaan

Casino – **Spielbank**: Am Kurpark 10, tel. 8821 959 90, dag. Elk kuuroord heeft van oudsher een casino en ook Garmisch-Partenkirchen doet mee aan deze traditie.

## Info en festiviteiten

**Tourist-Information:** Richard-Strauss-Platz 2, tel. 08821 18 07 00, www.gapa.de.

**Richard-Strauss-Festival:** eind juni, www.richard-strauss-festival.de. Mu-ziekfestival ter ere van de componist Richard Strauss die in Garmisch-Par-tenkirchen woonde.

# Mittenwald  ▶ J 11

'Midden in de bossen' – de naam ver-klaart meteen waarom het aan de Isar gelegen stadje zoveel toeristen trekt: de ligging aan de voet van het **Karwendel-gebirge** vormt een ideale setting voor actieve zomer- en wintergasten.

Aan de westkant gaat een stoeltjes-lift naar de **Hoher Kranzberg** (1391 m), waar verschillende wandelpaden star-ten. Ook minder ervaren bergwande-laars hebben hier voldoende opties. Een relatief eenvoudige rondwandeling van vier uur passeert onderweg twee meren en schitterende bergpanorama's.

Aan de oostkant van Mittenwald gaan de cabines van de **Karwendelbahn** omhoog naar de **Hohe Karwendel-grube** (2244 m). Hier vertelt een bijzon-der vormgegeven natuurinformatie-centrum meer over de wereld van de grijze, scherpgetande kalkrotsen en de bijbehorende flora en fauna. Erva-ren bergwandelaars kunnen kiezen uit schitterende tochten, zoals de **Mitten-walder Höhenweg**, een   ▷ blz. 118

# Königshaus am Schachen – Moorse fantasie van koning Ludwig II

Als koning was Ludwig II (zie blz. 47) niet erg succesvol, maar als bouwheer kende zijn fantasie geen grenzen. Naast verschillende kastelen liet hij in de bergen rond Garmisch-Partenkirchen ook een chalet bouwen dat van binnen in grandeur niet onderdoet voor zijn sprookjespaleizen. Deze relatief eenvoudige bergwandeling volgt de Königsweg naar de Moorse droom van Ludwig.

**Kaart:** ▶ H 11
**Duur:** heen ca. 3,5 uur, terug ca. 3 uur.
**Hoogteverschil:** 900 m.
**Route:** startpunt is de Wanderparkplatz in Elmau. Daarna loopt u via een mooi pad heen en weer naar het chalet.

**Königshaus am Schachen:** www.schloesser.bayern.de, rondleidingen eind mei-begin okt. 11, 13, 14 en 15 uur, entree € 4,50.
**Horeca:** Schachenhaus, www.schachenhaus.de, eind mei-begin okt.

Het Königshaus was het eerste bouwproject van de jonge Ludwig. Hij zocht een afgelegen plek voor een chalet en koos uiteindelijk voor de Schachen, een berg met een weids uitzicht over het omliggende alpenland. Architect Georg Dollmann werkte de plannen uit en na een bouwtijd van drie jaar stond er in 1872 een chalet, dat van buiten erg lijkt op een Zwitsers jachthuis – ware het niet dat Ludwig de jacht verafschuwde.

## Chalet met een Turkse Zaal

Ludwig liet ook een weg aanleggen tot aan **Elmau**; het laatste stuk naar het chalet legde hij af in een door een paard getrokken kar of slee. U volgt dezelfde route als de koninklijke paarden, dus verwacht onderweg geen uitdagende bergpaadjes of spannende trajecten. Het pad wijst zich ook vanzelf.

Het uitzicht maakt echter alles goed, zeker als eenmaal het op 1866 m hoogte gelegen Königshaus opdoemt. In afwachting van de rondleiding zoekt u eerst een plekje bij het **Schachenhaus** schuin onder het chalet voor een koel biertje of koffie met gebak. Daarna volgt de echte verrassing van deze dagtocht: op de benedenverdieping oogt het Königshaus als een klassiek Zwitsers chalet, maar zodra de gids u meeneemt naar de bovenverdieping, wacht

een wereld vol pracht en praal. De koning was een liefhebber van exotische interieurs en dat toont zich in de **Türkische Saal**, waar bladgoud, pauwenveren, bedrukt textiel en mozaïekvensters zorgen voor een overdaad aan kleuren. Hier vierde de koning bij voorkeur zijn verjaardag op 25 augustus.

## Botanische tuin en uitzichtpunt

Begin nog niet meteen aan de afdaling, want op enkele minuten lopen staat een uitzichtpaviljoen, waar onder meer de Zugspitze in beeld komt. Bovendien herbergt de Schachen een **Alpengarten** (www.botmuc.de), een botanische tuin waar zo'n duizend plantensoorten uit berggebieden van over de hele wereld groeien en bloeien. De terugtocht gaat vooral naar beneden, dus binnen drie uur staat u weer in Elmau.

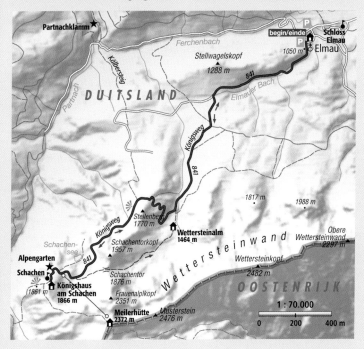

Natuurinformatiecentrum bij het bergstation van de Karwendelbahn

uitdagende route over de scherpe kammen van het gebergte.

Het stadje zelf is vooral bekend vanwege de *Lüftlmalerei*, de beschilderde gevels van de huizen. Veel van deze muurschilderingen zijn van de hand van Franz Seraph Zwinck uit Oberammergau (zie blz. 112). Ook kent Mittelwald een al drie eeuwen durende traditie van vioolbouwers (*Geigen*). Het 17e-eeuwse huis van de beroemde vioolbouwer Matthias Klotz huisvest nu het **Geigenbaumuseum**, waar de geschiedenis van de vioolbouw tot in detail wordt getoond (Ballenhausgasse 3, tel. 08823 25 11, www.geigenbaumuseum-mittenwald. de, di.-zo. 10-17, laagseizoen di.-zo. 11-16 uur, entree € 5,50).

## Informatie

**Tourist-Information Mittenwald:** Dammkarstraße 3, tel. 08823 339 81, www.alpenwelt-karwendel.de.

# Kloster Benediktbeuern ▶ J 10/11

Don-Bosco-Straße 1, Benediktbeuern, tel. 08857 88-172, www.klosterbenediktbeuern.de, kerk, voorhal van Anastasiakapelle, kruisgang, Glashütte en expositie in de kelder zijn vrij toegankelijk, de rest van het klooster is alleen tijdens rondleidingen (€ 4) te bezoeken

Het is een majestueus plaatje: het witgepleisterde **Kloster Benediktbeuern** (zie blz. 120) dat glinstert in de zon, met op de achtergrond het groen van de bossen en daar weer achter de kale rotsen van de Benediktenwand. Het van oorsprong 8e-eeuwse klooster groeide uit tot een van de belangrijkste benedictijnenkloosters van Duitsland. Het huidige complex dateert grotendeels van de 17e eeuw en wordt gebruikt door de orde van de salesianen van Don Bosco, die zich vooral richt op jeugdwerk.

Door een deel van het klooster mogen bezoekers op eigen gelegenheid ronddwalen. Hoogtepunt is de **Pfarrkirche St. Benedikt**, herkenbaar aan de twee torens met een ui op de top. Dit was een van de eerste kerken in Beieren die een uitbundig barok interieur kreeg, compleet met sierlijk stucwerk en muur- en plafondschilderingen. De **Anastasiakapelle** dateert van een kleine eeuw later (1751-1753) en is een schoolvoorbeeld van de nog decoratievere rococo. Ook te bekijken zijn de sfeervolle binnenhof en de als museum ingerichte **Glashütte** (glasblazerij). Afsluiten doet u in de Klosterbräustüberl, een *Biergarten* met 350 zitplaatsen.

# Kochelsee en Walchensee ▶ J 11

De **Walchensee** is het grootste en diepste bergmeer van Duitsland. Juist door die diepte – bijna 200 m – duurt het lang voordat het water in de zomer is opgewarmd en blijft zwemmen een daad voor dapperen. Er zijn her en der strandjes en ligweides te vinden, maar met name aan de oostoever blijft het rustig; dit deel is dan ook alleen te voet en per fiets bereikbaar. De wind maakt het meer zeer geschikt voor zeilers en windsurfers; duikers kunnen een hele serie wrakken van boten, auto's en zelfs vliegtuigen verkennen.

De **Kochelsee** is een stuk kleiner en ligt maar liefst 200 m lager dan de Walchensee. Een slimme ingenieur bedacht in 1918 een plan om het hoogteverschil te gebruiken voor de winning van energie. In 1924 ging het **Kraftwerk Walchensee** open: water van de Walchensee valt door zes dikke pijpen naar beneden en drijft onderaan turbines aan. Daarna stroomt het water naar de Kochelsee. In de energiecentrale is een klein informatiecentrum ingericht (dag.).

Het mooiste zicht op beide meren hebt u vanaf de top van de **Herzogstand** (1731 m). U komt er door eerst met de kabelbaan naar de Fahrenberg te gaan en hiervandaan te wandelen.

De schilderachtige omgeving trok begin 20e eeuw veel toeristen, onder wie schilders en musici. De in München geboren schilder Franz Marc (zie blz. 89), bekend van zijn expressionistische paardenschilderijen, kocht hier in 1914 een villa en ligt begraven in Kochel. Het **Franz Marc Museum** is aan hem gewijd (Franz-Marc-Park 8-10, tel. 08851 924 88-0, www.franz-marc-museum.de. di.-zo. 10-17/18 uur, entree € 8,50).

Bij **Großweil**, enkele kilometers ten westen van de Kochelsee, zijn in **Freilichtmuseum Glentleiten** zo'n zestig historische bouwwerken bijeengebracht. Het is daarmee een van de grootste openluchtmusea in Beieren (An der Glentleiten 4, tel. 08851 18 50, www.glentleiten. de, 19 mrt.-11 nov. di.-zo. 9-18 uur, juni-aug. ook ma., entree € 7).

## Informatie

**Tourist-Information Kochel am See:** Bahnhofstraße 23, tel. 08851 338, www. kochel.de.
**Tourist-Information Walchensee:** Ringstraße 1, tel. 08858 411, www. walchensee.de.

# Bad Tölz ▶ J 10

Bad Tölz staat nu bekend als charmant kuuroord langs de rivier de Isar, maar dat is niet altijd zo geweest. Het voorvoegsel 'Bad' kreeg de stad pas in 1889, nadat in 1846 geneeskrachtige jodiumhoudende bronnen waren ontdekt. Het kuurcentrum ligt nu op de westelijke rivieroever, tegenover het oude stadshart. ▷ blz. 122

## Favoriet

### De middeleeuwen in Kloster Benediktbeuern ▶ J 10/11

Al in de 8e eeuw werd dit benedictijnenklooster door Beierse edelen
gesticht. Ondanks verwoesting door
de Hongaren en vier al even vernie-
tigende branden groeide het klooster uit tot een belangrijk centrum
van studie en wetenschap. De bibliotheek en de archieven bevatten unieke
schatten, zoals de *Carmina Burana*
(letterlijk 'Liederen van Beuern'):
13e-eeuwse manuscripten die de componist Carl Orff inspireerden tot zijn
beroemde muziekstuk. Tijdens de
secularisatie van 1803, waarbij het
bezit van de Kerk werd onteigend,
werd ook dit klooster opgeheven.
Sinds 1930 wonen er echter weer monniken, dit keer van de salesianen. Hun
vertrekken zijn niet toegankelijk,
maar verder mogen bezoekers op veel
plekken rondkijken (zie blz. 118).

De brug over de Isar is een ideale plek om een stadswandeling te beginnen. Hiervandaan leidt de **Marktstraße** omhoog naar het oude hart van Tölz. De statige panden met overhangende daken dateren meestal van na 1632, toen de stad tijdens de Dertigjarige Oorlog door de Zweden bijna compleet werd verwoest. De deuren gaven toegang tot een binnenplaats, waar de koopwaar werd opgeslagen. Opvallender zijn de gevelbeschilderingen (*Lüftlmalerei*), die een keur aan mythologische, bijbelse en historische thema's laten zien. Blijf zeker staan bij de geschilderde kunstwerken op nummers 45 en 59. Wie geïnteresseerd is in de lange geschiedenis van de stad, stapt vervolgens op nummer 48 binnen bij het **Tölzer Stadtmuseum** (tel. 08041 793 51 56, di.-zo. 10-17 uur, entree € 2). Hier is ook aandacht voor de vissers en houtvlotters die vroeger in Tölz woonden.

Aan de noordkant van de Marktstraße start de klim naar de 707 m hoge **Kalvarienberg**. Hier draait alles om de lijdensweg van Christus. Op de top wachten een kruisigingsgroep, een kerk en een kapel, aangevuld met een schitterend uitzicht over de stad en de rivier. De **Leonhardikapelle** (1718) is gewijd aan de heilige Leonardus, de patroon van de boeren, het vee en vooral de paarden. Op zijn naamdag, 6 november, vindt elk jaar de **Leonhardifahrt** plaats. De inwoners van Tölz gaan dan, gehuld in traditionele kleding, met versierde paarden en wagens naar de kapel, waar ze twee keer omheen rijden. De naastgelegen **Heilig-Kreuz-Kirche** (1735) is uitbundig beschilderd en telt twee verdiepingen. De bovenverdieping is alleen toegankelijk voor streng gelovige bedevaartgangers die op hun knieën de pelgrimstocht willen voltooien.

De kuurwijk aan de andere kant van de rivier bestaat uit een Kurhaus, een grote Wandelhalle met concertzaal, voorname villa's en groene parken – bedoeld om de kuurgasten een prettige omgeving te bieden als ze zich komen laten verwennen in de heilzame modderbaden.

## Overnachten

In het stadshart – **Posthotel Kolberbrau**: Marktstraße 29, tel. 08041 768 80, www.kolberbraeu.de, 2 pk vanaf € 105. Traditioneel adres in de drukke hoofdstraat. Dertig kamers, met Beiers restaurant.

In de kuurwijk – **Geiger**: Höckhstraße 9, tel. 08041 96 28, www.hotel-pension-geiger.de, 2 pk vanaf € 100. Heerlijk slapen in een rustige omgeving, uitzicht op de bergen en de tuin.

## Eten en drinken

Beierse kost – **Reutbergstüberl**: Schützenstraße 5, tel. 08041 708 39, www.reutbergstueberl.de, dag. vanaf 18 uur, hoofdgerecht vanaf € 10. Goed eten in de kuurwijk tegen een redelijke prijs, bier van de Klosterbrauerei Reutberg.

Voor visliefhebbers – **Forellenhof Walgerfranz**: Bairawieser Straße 43, tel. 8041 96 65, www.forellenhof-walgerfranz.de, do.-di. vanaf 11 uur, hoofdgerecht vanaf € 10. Ten noorden van Bad Tölz. Heerlijke visgerechten, maar ook vlees en (beperkt) vegetarisch. Alle vis komt vers uit de eigen kweekvijver.

## Winkelen

Kaas, kaas en kaas – **Tölzer Kasladen**: Marktstraße 31, tel. 08041 793 84 47, ww.toelzer-kasladen.de, zo. gesl. Tweehonderd soorten kaas van de hoogste kwaliteit, verzameld door een van de beste *affineurs* van Duitsland.

## Info en festiviteiten

**Tourist-Information:** Max-Höfler-Platz 1, tel. 08041 786 70, www.bad-toelz.de.

**Leonhardifahrt:** 6 nov., bedevaarttocht met paarden en wagens naar de kapel op de Kalvarienberg.

# Tegernsee en Schliersee ▶ J/K 10

Beide meren liggen op slechts enkele kilometers van elkaar, maar zijn toch nauwelijks met elkaar te vergelijken. De Tegernsee is vanuit München snel bereikbaar en heeft zich ontwikkeld tot een mondaine bestemming voor de welgestelde toerist. De oevers van zijn kleine broertje de Schliersee ogen nog veel authentieker, bijna landelijk zelfs.

## Tegernsee

De **Tegernsee** is 6,5 km lang en maximaal 1,4 km breed. Het schone, blauwe water wordt in de zomer bevolkt door watersporters in alle mogelijke vaartuigen. Omdat grote delen van de oevers privébezit zijn, zullen zwemmers en zonners op zoek moeten naar een van de schaarse openbare strandjes.

Bad- en kuurplaats **Tegernsee** is ontstaan rond een benedictijnenklooster uit de 8e eeuw. In 1803 werd het klooster opgeheven, waarna het complex tot zomerresidentie voor de vorsten van Wittelsbach werd verbouwd. De voormalige kloosterkerk fungeert nu als **Pfarrkirche St. Quirinus**. De westgevel en de torens zijn nog van de 11e eeuw, de barokke decoraties binnen zijn van 1673. In de **Herzogliches Bräustüberl Tegernsee** naast de kerk kunnen bierliefhebbers het plaatselijke brouwsel proeven.

Iets zuidelijker richt **Rottach-Egern** zich op de bemiddelde kuurganger die zich graag laat verwennen. Toch is het decor niet onaardig met de voorname villa's van rond 1900 en de oude huizen met gevelbeschilderingen. De **St. Laurentiuskirche** heeft, net als veel andere kerken in Beieren, een rijk barok interieur. Een kabelbaan gaat in tien minuten omhoog naar het bergstation (1624 m) op de Wallberg.

**Gmund** is de tweede belangrijke plaats aan de Tegernsee – niet zozeer vanwege het historisch erfgoed, wel vanwege de mogelijkheden om te watersporten, zonnen en zwemmen.

## Schliersee

Bergen en bossen omringen de 6 km lange Schliersee. Alleen aan de noord- en oostkant is er wat bebouwing, met **Schliersee** als grootste dorp. Met zijn hotels en vakantiewoningen, kuur- en wellnesscentrum, strandbad en gezellige restaurants is het een bescheiden vakantieoord voor zomer en winter.

De scherpe torenspits aan de oever is van de **Pfarrkirche St. Sixtus** (1714), waarin de toen nog jonge Johann Baptist Zimmermann verschillende barokke schilderingen heeft achtergelaten. Het **Heimatmuseum** toont hoe de voorgangers van de huidige inwoners woonden en werkten (Lautererstraße 6, mei-okt. di.-za. 14-17 uur, entree € 2).

Bij **Neuhaus**, even ten zuiden van het meer, beheert de plaatselijke skilegende Markus Wasmeier (tweemaal olympisch goud in 1994) het **Markus Wasmeier Freilichtmuseum** (Brunnbichl 5, tel. 08026 92 92 20, www.wasmeier.de, apr.-begin nov. di.-zo. 10-17 uur, entree € 8,90). In dit openluchtmuseum met oude boerderijen en werkplaatsen wordt het boerenleven uit de 18e eeuw geïllustreerd.

Uitzicht op de Tegernsee en Rottach-Egern

## In de omgeving

Vanuit Neuhaus in zuidelijke richting rijdend, doemt al snel **Spitzingsee** op, een op 1100 m hoogte gelegen bergmeer. Verschillende stoeltjesliften en een kabelbaan gaan hiervandaan naar nog hoger gelegen hellingen, waarna u te voet – of in de winter op ski's – de omgeving verder kunt verkennen.

Een handvol kilometers verder oostwaarts is de stompe top van de **Wendelstein** (1838 m) niet te missen, al is het maar door de (niet zo fraaie) masten die op de berg staan. Vanuit **Bayrischzell** duurt de klim naar de top circa vier uur, waarvan u het laatste stukje via een uitgehakt pad met zekering moet afleggen. Wie het sneller wil: de kabelbaan doet datzelfde traject in zeven minuten, hoewel u ook dan het laatste stukje te voet zult moeten doen.

Aan de andere kant van de berg gaat vanuit **Brannenburg** een tandradbaan omhoog (www.wendelsteinbahn.de).

Als extra attractie ligt vlak bij het bergstation de **Wendelsteinhöhle**, een grot van enkele honderden meters diep.

## Actief

**Fietsen** – Rond de meren zijn tientallen routes uitgezet (zie www.tegernsee-schliersee.de: Aktiv, Radeln & Biken).
**Wintersport** – Het skigebied van Spitzingsee-Tegernsee is redelijk sneeuwzeker, heeft moderne faciliteiten en een gevarieerd aanbod aan pistes.

## Info en festiviteiten

**Tourist-Information Tegernsee:** Hauptstraße 2, tel. 08022 92 73 80, www.tegernsee.com.
**Tourist-Information Rottach-Egern:** Nördliche Hauptstraße 9, tel. 08022 67 31 00, www.tegernsee.com/rottach-egern.

Tourist-Information Gmund: Wiesseer Straße 11, tel. 08022 706 03 50, www.tegernsee.com/gmund.

Tourist-Information Bad Wiessee: Lindenplatz 6, tel. 08022 860 30, www.tegernsee.com/bad-wiessee.

Tourist-Information Kreuth: Nördliche Hauptstraße 3, tel. 08029 997 90 80, www.tegernsee.com/kreuth.

Alt-Schlierseer Kirchtag: een zondag rond 7 augustus. In klederdracht gehulde bewoners gaan eerst met bootjes en dan in optocht naar de Pfarrkirche St. Sixtus.

# Wasserburg am Inn ▶ K 10

De ligging van Wasserburg is uniek: de bebouwing strekt zich uit over een smal schiereiland in een bocht van de rivier de Inn. Dit bijzondere plaatje van bovenaf bekijken kan bijvoorbeeld vanaf een uitzichtplatform met de toepasselijke naam *Schöne Aussicht*. De klim erheen duurt een kwartier en begint aan de zuidkant van de brug in de Salzburgerstraße (ca. 100 m van de brug, achter het gebouw van de vroegere Bruck-Bräu).

In 1137 werd een eerste burcht op de landtong gebouwd. In de 13e eeuw nam het machtige Huis Wittelsbach de burcht over en begon een bloeitijd die enkele eeuwen zou duren, vooral dankzij de handel in zout. Toen de handel instortte, zakte Wasserburg weg in een Doornroosjeslaap. Gelukkig maar, want daardoor ziet het oude stadshart er nog heel authentiek uit. Toeristen weten dat te waarderen, net als talrijke kunstenaars die in Wasserburg hun atelier hebben ingericht.

De toegang tot de stad wordt bewaakt door de **Brücktor**, een poortgebouw met kantelen. De muurschildering van twee geharnaste mannen dateert van 1568. Direct daarachter

staat links het **Heiliggeist-Spital**, een hospitaal met kapel uit 1341. Houd daarna links aan en verderop langs de oever ontdekt u de **burcht** waarmee het allemaal begon (niet toegankelijk). Het hoge woongebouw met trapgevel is een toevoeging uit 1531. Aan de overkant van de straat gaat een trap naar de **Pfarrkirche St. Jakob** (1478). Binnen en buiten zijn veel grafstenen te zien. Verder is het interieur voor Beierse begrippen opmerkelijke sober. De schildering van de Levensboom aan de buitenmuur is waarschijnlijk van rond 1460. Het toont de kruisdood van Christus, met daaromheen een heel leger aan heiligen.

Dwaal dan door de talrijke smalle straatjes en steegjes, geflankeerd door in pasteltinten geschilderde huizen. Zo komt u vanzelf bij de Marienplatz, een ruim plein waar de oostwand wordt gevuld door het **Rathaus**, herkenbaar aan de twee trapgevels, en de **Frauenkirche**. De kerk is van 1324, maar werd in 1753 ingrijpend verbouwd, waarbij de toen populaire barokversieringen werden aangebracht. Prachtig is het hoofdaltaar, met een madonnabeeld uit circa 1425.

Als 's middags de zon hoog aan de hemel staat, toont de rococogevel van het **Kernhaus** zich op zijn mooist. Het weelderige stucwerk is van de hand van de in Beieren alom aanwezige Johann Baptist Zimmermann. Een stukje daarachter wordt de stadsgeschiedenis in **Museum Wasserburg** levend gehouden (Herrengasse 15, tel. 08071 92 52 90, www.wasserburg.de/museum, di.-zo. 13-16/17 uur, entree € 2,50).

## In de omgeving

Ten zuiden van Wasserburg verwijdt de Inn zich tot de **Inn-Stausee**, een stuwmeer waarvan het deel rond **Attel** tot beschermd vogelgebied is uitgeroepen. Nog wat verder zuidelijk, op circa 10 km van Wasserburg, staat in **Rott am Inn** een voormalige benedictijnenabdij met een prachtige **Klosterkirche**. De kerk dateert in de huidige vorm van rond 1760 en geldt als een hoogtepunt van de rococo. Wit en goud zijn de hoofdkleuren, aangevuld met bonte altaren en plafondschilderingen. In de voorhal staat het roodmarmeren praalgraf (1485) van de stichter van het klooster.

## Eten en drinken

Voor lunch en taart – **Café Die Schranne:** Marienplatz 2, tel. 08071 92 10 70, www.die-schranne.eu, di.-zo. 9-18 uur. Een heerlijk plekje in het hart van Wasserburg. Café met verse lunchgerechten en eigen bakkerij.

Vis en meer – **Gasthof Fischerstüberl:** Elend 1, Attel, tel. 08071 25 98, www.fischerstueberlattel.de, dag. 8-23 uur, hoofdgerecht vanaf € 9. Verse vis uit de Chiemsee, forel uit de eigen vijver, wild en biologische groenten uit de regio.

## Informatie

**Gäste-Information:** Marienplatz 2 , tel. 08071 105 22, www.wasserburg.de.

# Burghausen ▶ L 9

De grote trots van Burghausen is de langgerekte burcht – de langste van Europa zelfs! De **Burg** (entree gratis) ligt op een hoge landtong tussen de rivier de Salzach en een oude, dode rivierarm. Gebouwd werd van de 13e tot de 16e eeuw, waarna er een complex met zes opeenvolgende binnenplaatsen stond. Het is een dorp op zich, compleet met ophaalbruggen, torens, voorraadkamers, woonvertrekken, een gevangenis, een brouwerij en wapen-

opslagplaatsen. De verkenning eindigt bij de laatste verdedigingslinie en de citadel, waar de kasteelheer zich bij een aanval kon verschansen. Hier is de sfeer nog helemaal middeleeuws.

Drie musea hebben in de burcht onderdak gevonden. Direct aan het begin is het **Haus der Fotografie** (begin mrt.-begin nov. di.-zo. 10-18 uur, entree € 2) gewijd aan de geschiedenis van de fotografie en aan hedendaagse fotokunst. Het **Stadtmuseum** (half-eind mrt. en okt. dag. 10-16, juni-sept. dag. 9-18 uur, entree € 4,50) is gehuisvest in de kemenade, het belangrijkste woongebouw van de burcht, en toont de geschiedenis van de stad. Het **Staatliches Burgmuseum** (apr.-sept. dag. 9-18, okt.-mrt. dag. 10-16 uur, entree € 4,50) bezit een collectie van 56 schilderijen van de late middeleeuwen tot begin 17e eeuw.

Twee straten dalen van de burcht af naar de historische benedenstad,

gebouwd op een smalle strook land tussen de vesting en de rivier. De bontgekleurde gevels zorgen hier voor een exotisch effect. De mooiste gebouwen staan rond de **Stadtplatz**, zoals het **Rathaus** en de **Pfarrkirche St. Jakob**, herkenbaar aan de uivormige torenspits en de vele grafstenen in de muren.

## In de omgeving

Jaarlijks trekken vele honderdduizenden bedevaartgangers – veelal te voet – naar **Altötting** (www.altoetting.de), dat circa 20 km ten noordwesten van Burghausen ligt. Doel van hun bezoek: een 70 cm hoog beeldje van Maria met Kind van omstreeks 1330. Deze Zwarte Madonna staat in de **Gnadenkapelle**, een kapel die al sinds de 8e eeuw pelgrims trekt. Een wonder deed de aantallen snel vergroten: volgens de legende bracht in 1489 een moeder haar verdronken, driejarige zoontje naar de kapel, waarna het ventje weer ging ademen. De vele dankbetuigingen – schilderijtjes, teksten en afgedankte krukken – die pelgrims in en rond de kapel achterlieten, bewijzen dat Maria nog veel meer gebeden heeft verhoord.

De kapel staat midden op een indrukwekkend plein, waarvan de wanden worden gevormd door een hele serie kerken én souvenirwinkels, die zichtbaar goede zaken doen. Bezoek in elk geval de **Stiftspfarrkirche** (met de twee torens) vanwege de schatkamer en de sfeervolle kruisgang.

## Informatie

**Burghauser Touristik:** Stadtplatz 99, tel. 08677 88 71 40, www.visit-burghausen.com.

De imposante burcht boven Burghausen is meer dan een kilometer lang

# Chiemsee ▶ K/L 10

Het grootste meer van Beieren heeft zich ontwikkeld tot een vakantiebestemming van formaat. De combinatie van een bergachtig coulissenlandschap, 80 km² aan kabbelend water en gezellige badplaatsen is dan ook uniek. Daar komt bij dat twee eilanden in de Chiemsee (spreek uit Kiemzee) toegankelijk zijn, met als grootste trekker het luxueuze paleis Herrenchiemsee van koning Ludwig II op het 'Manneneiland'.

Kuurgasten, dagjesmensen en watersporters vullen in de zomer de straten van **Prien am Chiemsee**, de belangrijkste plaats aan de oevers van het meer. Het centrum ligt een stukje landinwaarts, op zo'n 1,5 km van de jacht- en veerhaven van Prien-Stock. Een leuke manier om de afstand te overbruggen is de **Chiemseebahn**, een smalspoorbaan met stoomlocomotief die al sinds 1887 heen en weer pendelt (half mei-half sept.).

In het centrum vertelt het **Heimatmuseum** (Valdagnoplatz 2, tel. 08051 927 10, begin apr.-eind okt. di.-zo. 14-17 uur, entree € 2) over de geschiedenis van de boeren en vissers in de **Chiemgau**, zoals de regio rond het meer wordt genoemd. Let in de barokke **Pfarrkirche St. Mariä Himmelfahrt** op het opmerkelijke fresco van de Zeeslag bij Lepanto in 1571: het toont hoe de christelijke vloot de Ottomaanse vloot wist te verslaan.

De haven van **Prien-Stock** ligt vol met zeiljachten, aangevuld met een raderboot voor toeristische rondvaarten en veerboten die een pendeldienst naar de twee eilanden Frauenchiemsee en Herrenchiemsee onderhouden (www.chiemsee-schifffahrt.de). Daarbij wordt ook aangelegd in **Gstadt** aan de noordoever van het meer. In het zomerseizoen doen de schepen de havens van **Chieming** en **Seebruck** aan.

In Seebruck herinnert het **Römermuseum Bedaium** (Römer Straße 3, tel. 08667 75 03, mei-sept. di.-za. 10-17, zo. 13-17, okt.-apr. di.-za. 10-12 en 15-16, zo. 15-16 uur, entree € 4) aan een Keltisch-Romeinse nederzetting die hier aan het begin van de jaartelling lag.

## Frauenchiemsee

Frauenchiemsee – of Fraueninsel – is genoemd naar het nonnenklooster **Frauenwörth** (www.frauenwoerth.de), dat al in de 8e eeuw werd gesticht. Het vormt nog steeds het hart van het kleine, idyllische eiland, dat verder enkele tientallen huizen en zo'n 300 inwoners telt.

Een uurtje, meer hebt u niet nodig om het 1,5 km lange wandelpad over het 'Vrouweneiland' te volbrengen – op zomerse vakantiedagen overigens wel in gezelschap van een flink aantal collegatoeristen, dus kom dan bij voorkeur erg vroeg. De woongebouwen van het klooster zijn niet te bezoeken, maar toch valt er genoeg te zien. De **Torhalle** (poortgebouw) is een restant van het oorspronkelijke klooster en bevat twee kapellen met fresco's uit de 12e eeuw. De van oorsprong even oude **Klosterkirche St. Maria** heeft na verschillende verbouwingen nu een barok interieur. Achter het hoofdaltaar rust de heilige Irmengard (ca. 830-866), de eerste abdis van het klooster. Aan het einde van een bezoek wacht een passend souvenir in de kloosterwinkel, waar de schappen gevuld zijn met kloosterproducten en regionale lekkernijen.

## Herrenchiemsee

Een flink stuk groter is het zuidelijker gelegen 'Manneneiland'. Deze benaming kan nu geen verrassing meer zijn: ongeveer tegelijk met het non-nenklooster werd op dit eiland een mannenklooster gesticht. Dit klooster moest later plaatsmaken voor een van de grootste toeristentrekkers van de regio: **Schloss Herrenchiemsee** (www. herrenchiemsee.de, dag. vanaf 9 uur, winter vanaf 9.40 uur, entree € 11).

's Morgens is het een drukte van belang op de veerboten die naar het 2,5 km lange, bosrijke eiland varen. De overtocht duurt circa twintig minten. Na aankomst valt als eerste het **Alte Schloss** op, een restant van het groten-deels gesloopte klooster. Uit de 18e eeuw resteren de oude bibliotheekzaal met barokke versieringen en de Kaisersaal, waar de muur- en plafondschilderingen voor een overdonderende illusie zorgen. De rest van de kloostergebouwen moest het veld ruimen toen in 1803 alle kerke-lijke rijkdommen aan de staat vervielen.

Een wandeling door het bos leidt naar het **Neue Schloss Herrenchiem-see**. Koning Ludwig II (zie blz. 47) kocht het bosrijke eiland in 1873 om hier een Beierse versie van het pronkpa-leis in Versailles bouwen. Hier wilde hij zich, omringd door luxe, kunnen afzonderen van de hectiek van alledag. Helaas voor Ludwig: hij verbleef hier slechts tien dagen, terwijl zijn droom op dat moment nog lang niet was af-gebouwd – hij verdronk in 1886 onder mysterieuze omstandigheden. Het **Kö-nig Ludwig II-Museum** vertelt meer over zijn tragische leven.

Het paleis telt drie vleugels die over-dadig zijn ingericht en gedecoreerd in een stijl die in de tijd van Ludwig al lang was achterhaald: alles blinkt van het goud en de pracht en praal. Hoogte-punten zijn de **Spiegelsaal** en de **Para-deschlafzimmer**, die puur voor de sier werd gebouwd.

Het paleis verkent u via een rondlei-ding, maar in het park met fonteinen en waterpartijen mag u vrij ronddwalen.

## Overnachten

**Op het Vrouweneiland** – **Zur Linde**: Fraueninsel im Chiemsee, tel. 08054 903 66, www.linde-frauenchiemsee. de, 2 pk vanaf € 120. Al zeshonderd jaar komen hier gasten over de vloer, waaronder veel bekende kunstenaars. Nu is het een romantisch, karaktervol hotel-restaurant op een unieke locatie.

## Eten en drinken

**Meer dan vis** – **Zum Fischer am See**: Harrasser Straße 145, Prien am Chiem-see, tel. 08051 907 60, www.fischeram see.de, dag. 8-23.30 uur (nov.-mrt. ma. en di. gesl.), hoofdgerecht vanaf € 15. Heerlijke plek aan het water, met ter-ras. De visgerechten worden alom ge-roemd, maar de kaart vermeldt ook an-dere delicatessen.

**Regionale specialiteiten** – **Wienin-ger Brau**: Bernauer Straße 13b, Prien am Chiemsee, tel. 08051 610 90, www. wieningerbraeu.de, wo.-ma. vanaf 10/11 uur, hoofdgerecht vanaf € 9. Bei-erse gastvrijheid in het hartje van Prien, de hele dag geopend voor wat lekkers op het terras, lunch of diner. Duitse ge-rechten, grote porties.           ▷ blz. 132

## *Tip*

### Combiticket Königsschlösser

Koning Ludwig II liet drie droompa-leizen voor zichzelf bouwen: Herren-chiemsee, Linderhof (zie blz. 112) en Neuschwanstein (zie blz. 165). Wie een goed beeld wil krijgen van de over-dadige, destijds ouderwetse smaak van Ludwig, bezoekt ze alle drie. Dat kan met een combiticket dat zes maanden geldig is en € 26 kost (www.schloesser. bayern.de).

## Favoriet

### Aperschnalzen: het klappen van de zweep

Een groep traditioneel geklede mannen (en soms vrouwen) staat op een rij. Ze zwaaien met een meterslange zweep boven hun hoofd en laten die in een vast ritme knallen. Dit tafereel speelt zich tussen kerst en carnaval af in verschillende dorpen in de regio Berchtesgaden. De geschiedenis van het *Aperschnalzen* gaat zeer ver terug. Waarschijnlijk probeerde men vroeger zo de winterse kou, de duisternis en de boze geesten te verdrijven. De beste *Schnalzer* worden bekroond tijdens een wedstrijd in **Ruperti**, waar 1700 deelnemers uit Beieren en Oostenrijk hun zwepen zo ritmisch mogelijk laten knallen. Nieuwsgierig? Kijk voor alle demonstraties op www.schnalzen.de.

## Informatie

**Tourismusbüro Prien am Chiemsee:**
Alte Rathausstraße 11, tel. 0805169050,
www.tourismus.prien.de.

# Chiemgauer Alpen ▶ K/L 10

Een rondrit is de beste manier om het berggebied ten zuiden van de Chiemsee te bekijken. De toppen reiken vaak niet hoger dan 1700 tot 1800 m, maar maken door de soms kale kalkrotsen toch een ongenaakbare indruk. De aantrekkelijke dorpen in deze Chiemgauer Alpen worden in de zomer en in de winter druk bezocht. De omliggende hellingen lenen zich met name voor wandelen en langlaufen.

**Inzell** is vooral bekend van de (inmiddels overdekte) schaatsbaan. Soms wordt er getraind, maar buiten deze tijden zijn ook andere schaatsers welkom (www.max-aicher-arena.de).

**Ruhpolding** is een voorbeeld van een boerendorp dat uitgroeide tot een populaire vakantieplaats én biathlon-centrum. Enkele oude kerken en boerderijen herinneren nog aan vroeger; hotels en talrijke sportvoorzieningen bedienen de veeleisende toerist van nu. Een kabelbaan brengt wandelaars en skiërs naar de **Rauschberg** (1671 m).

De route van Ruhpolding naar **Reit im Winkl** behoort tot de mooiste stukken van de **Alpenstraße** (zie Tip): de weg slingert langs fraaie bergpanorama's en glinsterende bergmeren. Reit zelf heeft veel van de oude sfeer behouden, hoewel ook hier het toerisme de belangrijkste inkomstenbron is. In de winter is dit een van de sneeuwzekerste gebieden van Duitsland. Het skigebied ligt een stukje verderop en beschikt over 42 pistekilometers, eindeloze langlaufloipes en een skischans.

Vanut Prien rijdt de Chiemgaubahn naar het bergdorp **Aschau im Chiemgau**, dat wordt gedomineerd door het hooggelegen Schloss Hohenaschau (via rondleidingen te bezoeken). Een kabelbaan gaat omhoog naar de **Kampenwand**, een markante rotspartij met prachtig uitzicht over de regio.

# Bad Reichenhall ▶ L 10

Net als veel andere plaatsen in Oberbayern is ook Reichenhall groot geworden door de winning en handel van zout. In de 19e eeuw kwam daar een tweede economische poot bij: kuren. Dankzij de schone lucht, de heilzame modder en het mineraalrijke water mocht Reichenhall in 1890 het voorvoegsel 'Bad' aan de naam toevoegen. Wie last had van reuma, bronchitis of astma wist de weg naar het alpendorp te vinden.

Uit diezelfde 19e eeuw dateren de villa's en statige panden – veel van de oudere gebouwen gingen bij een brand in 1834 verloren. De badinrichtingen, kuurgebouwen en een kuurtuin (met zouthoudende waterbron en 'helende'

## *Tip*

### Panorama's langs de Alpenstraße

In 1927 werd het eerste plan geopperd om langs de Duitse kant van de Alpen een panoramaroute aan te leggen. Hitler maakte er een prestigeproject van en mede dankzij hem loopt er nu een schitterende, 450 km lange route van **Lindau** (zie blz. 149) naar **Berchtesgaden** (zie blz. 133). Sommige delen van de Alpenstraße zijn recht en breed, elders slingert de weg zich via haarspeldbochten over berghellingen. Voor de route en overnachtingsadressen: www.deutsche-alpenstrasse.de.

muziek) liggen dicht bij elkaar rond de Ludwigstraße en de Salzburger Straße.

De Salinenstraße leidt naar de **Alte Saline**, een bakstenen complex uit 1834 waar zout uit water werd gewonnen. Hoe dat in zijn werk ging, wordt verteld tijdens een rondleiding door het **Salzmuseum** (Alte Saline 9, tel. 08651 70 02-61 46, www.alte-saline.de, eind mrt.-okt. dag. 10-16 uur, nov.-eind mrt. di.-za. en 1e zo. van de maand 11-15 uur, entree € 9).

Aan de andere kant van de rivier de Saalach is hij al van verre te zien: de oudst bewaard gebleven kabelbaan van Duitsland (www.predigtstuhlbahn.de). De cabinebaan dateert van 1928 en gaat zomer en winter bijna verticaal omhoog naar de **Predigtstuhl** (1614 m) – een nostalgische tocht voor mensen zonder hoogtevrees. Boven wachten een fantastisch uitzicht en een restaurant met terras.

## Overnachten

*Bos en bergen* – **Hotel Gablerhof:** Nonn 55, tel. 08651 98 34-0, www. gablerhof.de, 2 pk vanaf € 90. Prachtige ligging net buiten de stad: het centrum is twintig minuten lopen. Ruime kamers met schitterend uitzicht.

*Jugendstil* – **Hotel Villa Rein:** Frühlingstraße 8, tel. 08651 761 97-0, www. hotel-villa-rein.de, 2 pk vanaf € 84. Rookvrij driesterrenhotel in een fraaie jugendstilvilla uit 1989. Zestien kamers, diverse arrangementen, goede prijskwaliteitverhouding.

## Eten en drinken

*Het lekkerste gebak* – **Café Reber:** Ludwigstraße 10-12, tel. 08651 600 31 28, www.reber.com, ma.-za. 9-18, zo. 14-18 uur. Een begrip in Bad Reichenhall:

de sfeer van een Weens koffiehuis, met heerlijk gebak en mozartkugelen, een typisch Oostenrijkse lekkernij. Er is ook een winkel.

*Brouwerijrestaurant* – **Brauerei-Gasthof Bürgerbräu:** Waaggasse 1-3, tel. 08651 60 89, www.brauereigasthof-buergerbraeu.de, dag. 11-22 uur, hoofdgerecht vanaf € 7. Typisch Beiers eten in een sfeervol decor in een brouwerij uit 1633. Voor een authentieke Beierse ervaring.

## Info en festiviteiten

**Tourist-Information:** Wittelsbacher Straße 15, tel. 08651 715 11-0, www.bad-reichenhall.com.

**Heiliger Nikolaus und seine Krampusse:** 5 en 6 dec., lokale variant van het sinterklaasfeest, waarbij Nikolaus door als duivels verklede compagnons wordt begeleid.

# Berchtesgaden ▶ L 11

Achter het silhouet van Berchtesgaden doemen de majestueuze toppen van het Watzmannmassief op. Dit landschap doet erg Oostenrijks aan, hetgeen eenvoudig is te verklaren: het **Berchtesgadener Land** steekt als een schiereiland in Oostenrijk en werd pas in 1810 bij Beieren getrokken.

De basis van het marktstadje ligt in de 12e eeuw, toen hier een proosdij werd gesticht, een klooster dat religieuze en wereldlijke macht uitoefende. Geld werd verdiend in de omliggende zoutmijnen, zoals nog te zien is aan de welvarende gevels met *Lüftlmalerei*. Vooral rond de **Marktplatz** zijn mooie voorbeelden te zien. Op de zijgevel van het **Hirschenhaus** op nummer 3 beelden apen allerlei menselijke eigenaardigheden uit.

Aan de **Schlossplatz** staat een oud kloostercomplex dat in de 19e eeuw in handen kwam van het vorstenhuis Wittelsbach. De romaanse kruisgang bleef behouden – let vooral op de mythologische dieren op de zuilen. Binnen is **Schloss Berchtesgaden** ingericht als museum (Schlossplatz 2, www.schloss-berchtesgaden.de, half mei-half okt. zo.-vr. 10-13 en 14-17, half okt.-half mei ma.-vr. 11 en 14 uur, entree € 9,50). Gidsen nemen u mee langs de ingerichte zalen en de kunstverzameling van de kroonprinsen.

Volg vanaf het slot het authentieke Nontal in noordoostelijke richting en na ongeveer een kilometer komt u bij Schloss Adelsheim, met daarin het **Heimatmuseum** (Schroffenberg-allee 6, tel. 08652 44 10, www.heimat museum-berchtesgaden.de, Pasen-okt. en dec. di.-zo. 10-17 uur, entree € 2,50). De verzameling bestaat vooral uit houtsnijwerk, speelgoed en andere volkskunst.

Een bijzonder uitstapje, ook voor kinderen, gaat naar het **Salzbergwerk** even buiten het stadje (Bergwerkstraße 83, tel. 08652 60 02-0, www.salz bergwerk.de, rondleidingen mei-okt. dag. 9-17. nov.-apr. dag. 11-15 uur, entree € 17). Al sinds 1517 werd op deze plek met water zout gewonnen uit gesteente, waarna het naar Bad Reichenhall werd getransporteerd. Gekleed in het uniform van een mijnwerker starten de bezoekers aan een avontuurlijk ondergronds traject met onder meer een treintje, een boottocht, een glijbaan, spectaculaire grotten en een zoutmuseum. Trui meenemen!

1933 aan de macht was gekomen, veranderde de **Obersalzberg** ten oosten van Berchtesgaden in een *Führersperrgebiet*. De oorspronkelijke bewoners werden verdreven en op de hellingen verschenen villa's voor nazikopstukken, bunkers en andere militaire installaties. Bijna alles is na de oorlog verwoest, maar in **Dokumentation Obersalzberg** wordt deze zwarte bladzijde uit de geschiedenis met tentoonstellingen levend gehouden (Salzbergerstraße 41, tel. 08652 94 79 60, www.obersalzberg. de, apr.-okt. dag. 9-17, nov.-mrt. di.-zo. 10-15 uur, entree € 3).

Ook het huis van Hitler, de Berghof, werd na de oorlog verwoest, maar merkwaardigerwijs bleef zijn theehuis op de top van de nabijgelegen **Kehlstein** bewaard. Dit **Kehlsteinhaus** of **Adlersnest** is via een excursie te bezoeken (www.kehlsteinhaus.de, begin mei-eind okt. dag., busrit en bezoek € 16,60). Shuttlebussen vertrekken vanaf een parkeerterrein nabij het documentatiecentrum en kruipen dan via een spectaculaire, in de rotsen uitgehakte weg naar boven. Daarna brengt een lift de bezoekers de laatste 124 m omhoog naar het theehuis; wandelen kan trouwens ook.

Een wandeling van 4 km in noordwestelijke richting vanuit Berchtesgaden brengt u naar de kleine bedevaartskerk van **Maria Gern**. Doel van de bedevaartgangers is een Madonna met Kind uit 1666 in het altaar. Let ook op het prachtig gedecoreerde plafond en de votiefgaven op de muren, bedoeld als gift voor Maria of om haar te bedanken voor een verhoord gebed.

## In de omgeving

De naam Adolf Hitler is onlosmakelijk met Berchtesgaden verbonden. Hij kende het gebied goed en nadat hij in

## Informatie

**Tourismusverein Berchtesgaden:** Metzenleitenweg 32, www.tourismus-berchtesgaden.de.

Mountainbikers op de Hirschbichl Pass vlak bij de Oostenrijkse grens

# Nationalpark Berchtesgaden ✳ ▶ L 11

De bergen rond Berchtesgaden worden terecht beschermd als natuurgebied. Rotsformaties, kale kalktoppen, alpenweiden, naaldbossen en diepblauwe bergmeren zorgen voor een ongekend panorama. En met een beetje geluk ontdekt u marmotten, steenbokken, sneeuwhazen en misschien zelfs een steenarend.

Het park doorkruisen kan te voet, per mountainbike of in de winter op ski's. Klimmers kunnen omhoog bij de Watzmann (2713 m), Hochkalter (2608 m), Hohen Göll (2522 m) en Jenner (1874 m). Die laatste is ook te bestijgen met de Jennerbahn (www.jennerbahn.de), een gondelbaan die voert naar een waar wandelparadijs. Een klim van twintig minuten brengt u vervolgens naar het kruis op de top.

Vanuit Berchtesgaden wandelt u in anderhalf uur naar de veelbezochte **Königssee**, een langgerekt bergmeer met aan weerszijden stijl oprijzende rotswanden – bijna als een fjord. Tijdens rondvaarten wordt de akoestiek regelmatig getest, hetgeen de rust overigens niet ten goede komt.

Vanuit **Schönau** varen elektroboten naar de **kapel van St. Bartholomä**, die heel schilderachtig aan de oever van het meer ligt. Met de in het water weerspiegelde rode koepels en witte muren is het een van de meest gefotografeerde plaatjes van het natuurpark. De herberg ernaast vormt een dankbare tussenstop tijdens de boottocht.

Bij **Salet** aan de zuidkant van het meer start een wandelpad naar de **Obersee**, het kleine maar ongereptere broertje van de Königssee.

## Informatie

**Nationalparkzentrum Haus der Berge:** Hanielstraße 7, tel. 8652 979 06 00, www.haus-der-berge.bayern. de, www.nationalpark-berchtesgaden. bayern.de.

# Schwaben

## Hoogtepunt ✳

**Lindau:** de mooiste manier om het sfeervolle stadseilandje Lindau im Bodensee te bezoeken is via de haven. De smalle straatjes daarachter zijn alleen te voet te verkennen. Zie blz. 149.

**Schloss Neuschwanstein:** de later kranzinnig verklaarde koning Ludwig II creëerde zijn eigen droomkasteel op een hoge rots bij Füssen. Nu is het een van de grootste toeristentrekkers in Zuidoost-Duitsland. Zie blz. 165.

## Op ontdekkingsreis

**Rond Neuschwanstein – wandelen in de voetsporen van koning Ludwig II:** Koningin Marie en haar zoon Ludwig maakten vanuit hun zomerpaleis Hohenschwangau lange wandeltochten. Later zou Ludwig in deze omgeving het fantasievolle Schloss Neuschwanstein laten bouwen. Volg de koninklijke wandelroutes en verken de bergen rond de beide kastelen. Zie blz. 162.

**Kerkelijke pracht en praal – Kloster Ottobeuren:** contemplatie en arbeid (*ora et labora*) zijn de kernwoorden van de benedictijner monniken die in het klooster van Ottobeuren wonen. Dat lijkt echter te botsen met de uitbundigheid van de barokke Kaisersaal en de rijke decoraties in de basiliek, waar bovendien feestelijke orgelconcerten worden georganiseerd. Zie blz. 150.

## Bezienswaardigheden

**Augsburg:** veel grote steden zijn er niet in Schwaben, maar Augsburg mag er zijn. En er is veel te zien, ook uit de gouden 15e en 16e eeuw, toen Augsburg een van de belangrijkste steden van Europa was. Zie blz. 138.

**Schloss Hohenschwangau:** in dit van buiten bescheiden ogende kasteel bracht koning Ludwig II een deel van zijn jeugd door. Dwalend door de rijkelijk met fresco's geïllustreerde kamers wordt meteen duidelijk waar Ludwig de inspiratie haalde voor zijn ongebreidelde fantasie. Zie blz. 161.

## Actief

**Wandelen en wintersport:** in de plaatsen aan de voet van de Alpen gaan tientallen kabelbanen en stoeltjesliften omhoog naar toppen waar wandelroutes en skipistes wachten op sportieve toeristen. Zie blz. 156 en blz. 157.

## Uitgaan

**Parktheater im Kurhaus Göggingen:** van revues tot concerten en opera: het theater in het Kurhaus heeft een zeer breed programma. Maar vooral het gebouw (1886) is uniek door de gietijzeren elementen, kleurrijke ramen en rondlopende galerijen. Zie blz. 143.

# De fantasieën van een koning

Kasteel Neuschwanstein is uitgegroeid tot hét beeldmerk van Zuid-Duitsland: een wit fantasiepaleis, omgeven door groene bergen en blauwe meren. Het was de ultieme droom van de later krankzinnig verklaarde koning Ludwig II. Een bezoek aan dit sprookjeskasteel is voor velen hét hoogtepunt tijdens een bezoek aan Schwaben (Zwaben). Maar ook de bergen wachten op verkenning. Ga eerst met een kabelbaan of stoeltjeslift omhoog en start dan een verwikkende bergwandeling of mountainbiketocht. In de winter wordt dezelfde infrastructuur gebruikt door talrijke wintersporters, die bijvoorbeeld rond Oberstdorf sneeuwzekere hellingen vinden.

## INFO

### Internet
**www.allgaeu-bayerisch-schwaben.de**
**www.beieren.nu**

### Toeristenbureaus
Schwaben is toeristisch in twee regio's verdeeld. Het noordelijk deel valt onder Ferienregion Bayerisch-Schwaben, Schießgrabenstraße 14, Augsburg, www.bayerisch-schwaben.de. Het zuidelijk deel valt onder Ferienregion Allgäu, Allgäuer Straße 1, Kempten, www. allgaeu.info.

### Vervoer
Vanuit Amsterdam en Brussel rijden er treinen naar Augsburg (één of meer keer overstappen). Hiervandaan gaan regionale treinen naar de grote steden. Met de auto is het circa 750 km van Amsterdam naar de verschillende bestemmingen in Schwaben.

Het zuidelijk deel van Schwaben staat ook bekend onder de naam Allgäu. Het noordelijk deel wordt door veel toeristen nog over het hoofd gezien. Toch liggen ook hier, in een zachtglooiend landschap, fraaie stadjes en dorpen, waarvan enkele zijn opgenomen in het traject van de Romantische Straße. Dat geldt ook voor Augsburg, de enige grote stad in dit gebied.

## Augsburg ▶ H 9

Augsburg (293.000 inw.) heeft in alles de uitstraling van een grote stad: een centrum van forse afmetingen, veel studenten, volop cultuur, de nodige industrie én een keur aan monumenten die verwijzen naar de belangrijke rol die Augsburg speelde in de geschiedenis van Duitsland en van Europa.

Die rol begon rond 15 v.Chr., toen twee stiefzonen van de Romeinse keizer Augustus (vandaar de naam Augsburg) op de plek van een Keltische nederzetting een stad stichtten. Na het vertrek van de Romeinen werd Augsburg een bisschopsstad en een levendig handelscentrum. In de 15e en 16e eeuw groeide Augsburg zelfs uit tot een van de rijkste steden van Europa. Dat was de tijd van de renaissance, een uit Italië overgewaaide stroming en einde maakte aan de middeleeuwen – er waaide een frisse wind door de kunsten, de politiek, de wetenschap en de architectuur. De Italiaanse invloeden zijn dan ook overal te zien, met als schoolvoorbeeld het gigantische Rathaus.

Onthoudt daarnaast in elk geval één naam uit de stadsgeschiedenis: Fugger. Dit koopmans- en bankiersgeslacht wist binnen drie generaties onmetelijk rijk te worden en heeft een stevig

Pracht en praal in de Goldener Saal in het Rathaus van Augsburg

stempel op het stadsbeeld gedrukt. Vooral Jakob Fugger (1459-1525) – destijds misschien wel de rijkste man ter wereld – bouwde talrijke monumentale gebouwen. Maar hij had ook oog voor de minderbedeelden, zoals blijkt uit de Fuggerei, een unieke wijk met sociale woningbouw. Andere bekende zonen van Augsburg zijn de schilder Hans Holbein de Oude, de familie Mozart en de schrijver Berthold Brecht.

## Rathaus 1

Rathausplatz 1, www.augsburg.de, dag. 10-18 uur, entree € 2,50, Perlachturm: apr.-begin nov. dag. 10-18 uur, entree € 2

Het stadhuis (1620) is een ontwerp van de stadsarchitect Elias Holl. De zuilen en het driehoekige fronton (boven op de voorgevel) leende hij van de Grieken en Romeinen – het was tenslotte de tijd van de renaissance, letterlijk de 'wedergeboorte' van de klassieke oudheid. Pronkstuk is de **Goldener Saal**, waar alles bedekt lijkt met een laagje bladgoud. Overigens zijn zowel deze zaal als het stadhuis reconstructies, want een flink deel van het stadshart ging bij bombardementen in 1944 verloren.

De **Perlachturm** naast het stadhuis dateert van 1182, maar werd bij de bouw van het stadhuis opgetrokken tot een hoogte van 70 m. De klim naar boven

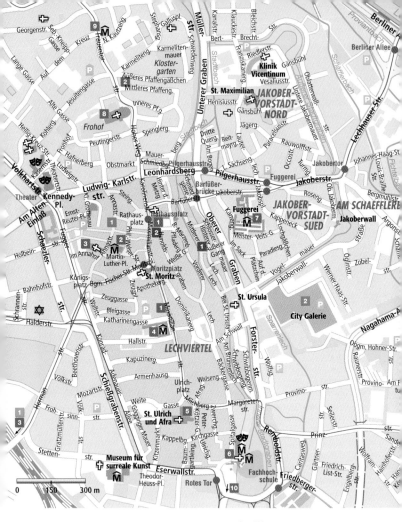

wordt beloond met een fantastisch uitzicht, bij helder weer zelfs tot aan de Alpen. Beneden kijkt u uit over de **Augustusbrunnen,** een fontein met (een kopie van) een beeld van de Romeinse keizer Augustus. De andere figuren symboliseren de vier rivieren van Augsburg. De stadsfonteinen zijn werken van de Nederlandse beeldhouwers Hubert Gerhard en Adriaen de Vries.

## Maximilianmuseum ■2

Fuggerplatz 1, tel. 0821 324 41 02, www.kunstsammlungen-museen. augsburg.de, di.-zo. 10-17 uur, entree € 7

De Nederlandse beeldhouwer Adriaen de Vries (ca. 1550-1626) is in zijn thuisland nauwelijks bekend, maar zijn Italiaanse manier van werken was zeer gewild in de rest van Europa. Dit museum

# Augsburg

herbergt verschillende beelden van zijn hand. Het museum is ondergebracht in twee woonpaleizen uit de 15e eeuw, met daartussen een overdekte binnenplaats. Kunst, goudsmeedobjecten en de stadsgeschiedenis zijn de hoofdthema's.

## St. Annakirche 3

Fuggerstraße 8, www.st-anna-augsburg.de, ma. 12-17, di.-za. 10-17/18, zo. 15-16/17 uur

Schuin tegenover het Maximilianmuseum leidt een voetgangersstraat naar de St. Annakirche. De kerk hoorde oorspronkelijk bij een in 1321 gesticht klooster, maar werd later protestants. De barokke inrichting is van 1749. Bijzonder zijn de sfeervolle kruisgang, de **Goldschmiedekapelle** met fresco's uit de 15e eeuw en de **Fuggerkapelle**, de grafkapel van de puissant rijke familie.

## Schaezlerpalais 4

Maximilianstraße 46, tel. 0821 3 24 41 02, www.kunstsammlungen-museen.augsburg.de, di.-zo. 10-17 uur, entree € 7

De Maximilianstraße was ooit een Romeinse heerweg die Italië met Duitsland verbond. In de gouden eeuw van Augsburg lieten rijke kooplieden en bankiers hier hun renaissancepaleizen bouwen. Op de nummers 36-38 staan

de **Fuggerhäuser**, de na de oorlog herbouwde onderkomens van Jakob Fugger en zijn familie. Op nummer 46 liet de bankier Schaezler in 1766 een barok paleis neerzetten. De buitenkant mag sober ogen, de *Festsaal* is dat zeker niet. Liefhebbers van de overdadige decoraties van de rococo moeten hier zeker een kijkje nemen. In de andere vertrekken hangen voornamelijk Duitse schilderijen uit de 15e-18e eeuw. Het museumcafé is al even barokchic.

## Basilika St. Ulrich und Afra 5

Ulrichsplatz, www.ulrichsbasilika.de

De Maximilianstraße eindigt bij de basiliek van Ulrich en Afra, herkenbaar aan de groene ui op de toren. De bouw startte in 1474 en duurde meer dan honderd jaar. Het schip is hoog en smal – kenmerkend voor de gotiek. De kapellen langs de muren staan vol beelden en prachtig houtsnijwerk. De twee heiligen die de kerk zijn naam gaven, liggen in de crypte begraven. Een derde heilige, Simpert, kreeg een eigen kapel.

## Rotes Tor en stadsmuur 6

Al die rijkdom van Augsburg moest natuurlijk worden beschermd. Daarom was er al in de 13e eeuw een stadsmuur, die na de uitvinding van het buskruit steeds verder werd versterkt. De Rotes

Tor achter de basiliek was de stadspoort in de handelsweg naar Italië. De huidige poort is van begin 17e eeuw. Daarachter begint een aangenaam parkje waar ook openluchtconcerten worden gegeven. Hiervandaan kunt u langs de oostkant van de ommuring wandelen.

## Fuggerei 7

Fuggerei 56, apr.-sept. dag. 8-20, okt.-mrt. dag. 9-18 uur, entree incl. museum € 4

Bij ons kennen we hofjes voor minderbedeelden, in Augsbrug kregen de armen een hele wijk. Alweer was het bankier Jakob Fugger (1459-1525) die het geld leverde voor dit filantropische dorpje midden in de stad. Opmerkelijk is dat de regels van toen nog steeds gelden. Zo moeten bewoners uit Augsburg komen en behoeftig, katholiek en van onbesproken gedrag zijn. Om dat laatste te benadrukken gaan de vijf poorten 's avonds om tien uur dicht. Ook de huur is onveranderd gebleven: € 0,88 per jaar. Bezoekers betalen wel entree en kunnen een origineel museumhuisje bekijken.

## Augsburger Dom 8

Frauentorstraße, dag. 7-18 uur (behalve tijdens diensten)

Aan de buitenkant is goed te zien dat de Dom in verschillende fases is gebouwd. De twee romaanse torens zijn duidelijk een stuk ouder dan het zeer hoge schip (14e-15e eeuw). Let verder op het schitterende portaal en de glas-in-loodramen (11e of 12e eeuw) langs de zuidmuur van het schip; het zijn de oudst bewaard gebleven ramen in Duitsland. Heel sfeervol zijn de cryptes, die bij een vroegere kerk hoorden. Dwaal ook door de kruisgang aan de noordkant, waar honderden oude grafstenen zijn verzameld. Ten westen van de kerk liggen de voormalige residentie van de bisschoppen en de **Hofgarten**, een heerlijke tuin om de stadse drukte even te ontlopen.

## Mozarthaus 9

Frauentorstraße 30, tel. 0821 450 79 45, www.kunstsammlungen-museen. augsburg.de, di.-zo. 10-17 uur, entree € 3,50

Niet de beroemde Wolfgang Amadeus, maar zijn vader Leopold – zelf violist en componist – werd in dit huis geboren. De geschiedenis van hem en zijn familie staat centraal in het museum. Er staat onder meer een piano waar Wolfgang graag op speelde. Saillant detail: de grootvader van Leopold woonde in de Fuggerei, de armenwijk.

## Zoo Augsburg 10

Brehmplatz 1, www.zoo-augsburg.de, dag. vanaf 9 uur, entree € 9/11

De dierentuin van Augsburg behoort tot de grootste toeristentrekkers van Schwaben. Bijzondere bewoners zijn de de gestreepte hyena's en de zeldzame Perzische panters.

# Overnachten

Grandeur – **Steigenberger Drei Mohren** 1: Maximilianstraße 40, tel. 0821 50 36-0, www.steigenberger.com, 2 pk vanaf € 115. Historisch hotel in het oude hart van Augsburg. Uitstekende service en prima ontbijt.

In het centrum – **Dom Hotel** 2: Frauentorstraße 8, tel. 0821 343 93-0, www. domhotel-augsburg.de, 2 pk vanaf € 95. Op een rustige plek vlak bij de Dom, een perfecte uitvalsbasis voor een weekendje Augsburg. Schone kamers en eigen parkeerplaats.

Designhotel – **Arthotel Ana Gold** 3: Nanette-Streicher-Straße 4, tel. 0821 90 60 40, www.ana-hotels.de/gold, 2 pk vanaf € 90. Driesterrenhotel met designkamers met fleurige accenten, wellnessvoorzieningen en een heerlijk terras. Met fietsen van het hotel kunt u naar het centrum.

## Eten en drinken

Kunst en creativiteit – **Lustküche** 1:
Mittlerer Lech 23, tel. 0821 780 84 22,
www.restaurant-lustkueche.de, di.
18-22 uur, wo.-za. 11.30-14 en 18-22 uur,
hoofdgerecht vanaf € 28. Culinaire
topgerechten in een kunstzinnig decor. Reserveren noodzakelijk.

Onder het Rathaus – **Ratskeller** 3:
Rathausplatz 2, tel. 0821 31 98 82 38,
www.ratskeller-augsburg.de, dag.
vanaf 11 uur, hoofdgerecht vanaf € 12.
Stevige Duitse kost in de levendige kelders van het Rathaus. Bij mooi weer
terras buiten.

## Winkelen

De binnenstad van Augsburg telt circa
achthonderd winkels. De bekendste winkelstraat is de autovrije **Anna-
straße** 1. Voor slecht weer is er de
**City Galerie** 2 (Willy-Brandt-Platz 1),
waarin meer dan honderd winkels zijn
ondergebracht.

## Uitgaan

Architectonisch juweel – **Parktheater
im Kurhaus Göggingen** 1: Klausen-
berg 6, www.parktheater.de. Van revues
tot concerten en opera: het theater in
het Kurhaus heeft een zeer breed programma. Het gebouw (1886) is uniek
door de gietijzeren elementen, kleurrijke ramen en rondlopende galerijen.

## Info en festiviteiten

**Tourist-Information:** Rathausplatz 1,
tel. 0821 502 07-0, www.augsburg.de,
www.augsburg-tourismus.de.
**Augsburger Plärrer:** tweemaal per jaar
gedurende twee weken: vanaf Paas-

### In het spoor van Sisi

De Oostenrijke keizerin Elisabeth, beter bekend als Sisi (of Sissi), reisde veel
door Europa. De Sisi-Straße volgt haar
spoor door een zestal landen. In Beieren kende ze een onbezorgde jeugd,
onder meer aan de Starnberger See.
In Augsburg woonde haar broer Ludwig een tijdje met zijn vrouw en dochter. Vanuit Augsburg gaat de Sissiroute
naar **Aichach**, waar in de wijk **Unter-
wittelsbach** het Wasserschloss of Sisi-
Schloss ligt, eigendom van haar vader.
Elke zomer is hier een tentoonsteling
over de beroemde keizerin. Kijk voor
informatie op www.sisi-strasse.info.

zondag (Osterplärrer) en eind augus-
tus-begin september (Herbstplärrer).
Het grootste volksfeest in Schwaben
met biertenten en kermis op de Klei-
nen Exerzierplatz.

## Langs de Romantische Straße ▶ F 6-H 11

Augsburg is een van de plaatsen langs
de **Romantische Straße** (zie blz. 210),
een toeristische autoroute die start in
Würzburg en vervolgens afzakt naar
Füssen aan de voet van de Alpen.

In Schwaben is het middeleeuwse
**Nördlingen** de eerste stopplaats van
betekenis. Uniek is de nog compleet
intacte omwalling met elf torens, vijf
stadspoorten en een overdekte wal-
gang. Ook binnen de stadsmuren lijkt
het eerder een openluchtmuseum: een
wirwar van steegjes slingert zich door
schijnbaar willekeurig neergeplante
middeleeuwse huizen met rode puntdaken. Het mooiste zicht op deze rode
zee biedt de 90 m hoge klokkentoren

'Daniël' van de **St. Georgskirche** (dag., entree € 3) – het plaatje kan zo op de omslag van een sprookjesboek van de gebroeders Grimm. Wie geïnteresseerd is in landschap en geologie, stapt binnen bij het **RiesKraterMuseum** (Eugene-Shoemaker-Platz 1, tel. 09081 847 10, www.rieskrater-museum.de, di.-zo. 10-16.30 uur, winter lunchsluiting, entree € 4,50). Hier leert u dat Nördlingen ligt in een krater die een enorme meteoriet zo'n 15 miljoen jaar geleden achterliet (zie Tip).

Ook bij **Harburg** zijn de middeleeuwen nog tastbaar. De **Burg Harburg**, (www.burg-harburg.de, half mrt.-eind okt. dag. 10-17 uur, entree € 3) torent hoog boven het rivierstadje uit en geldt als een van de best bewaard gebleven burchten van Duitsland. Het hart van het kasteel dateert van de 11e-12e eeuw, met toevoegingen uit de 18e eeuw. De weergangen en schietgaten illustreren hoe de burcht vroeger werd verdedigd. Daarnaast zijn ook de slotkerk,

# *Tip*

### Een meteoriet in Schwaben

Op luchtfoto's is te zien dat op zo'n 24 km rond Nördlingen een cirkelvormige heuvelrand ligt. In 1960 toonden wetenschappers aan dat dit een kraterrand is die 15 miljoen jaar geleden achterbleef na een meteorietinslag. De meteoriet had een doorsnede van maar liefst 1,5 km. De energie die vrijkwam was dan ook gigantisch: de explosie was 1,8 miljoen keer krachtiger dan de atoombom van Hiroshima. Door de drukgolf gingen zelfs op 200 km afstand nog alle bomen tegen de vlakte. In het **RiesKrater-Museum** (www.rieskrater-museum.de) in **Nördlingen** leert u veel meer over deze gebeurtenis, die bekendstaat als de Ries-inslag.

de woonvertrekken (met eeuwenoude wandtapijten) en de werkplaatsen te bekijken.

Voorbij Harburg gaat de Romantische Straße verder richting **Donauwörth**. Het charmante stadje ontstond op een eilandje bij de samenvloeiing van de rivieren Wörnitz en Donau. Een aangename wandeling leidt eerst langs de oude stadsmuur bij de Wörnitz en gaat dan door de Reichsstraße, die aan weerszijden door vrolijk gekleurde gevels wordt opgefleurd.

# Günzburg  ▶ G 9

Wat in de 1e eeuw n.Chr. begon als een Romeinse versterking langs de rivier de Günz, is nu een sfeervol stadje dat wordt gedomineerd door pastelkleurige barokhuizen uit de 18e eeuw. Het is heerlijk slenteren door het voetgangersgebied van Günzburg, dat bovendien over een ruim aanbod aan schaduwrijke terrasjes beschikt. Nog veel meer barok is te zien in de **Frauenkirche**, die hoog boven het stadje uittorent. Het ontwerp is van de bekende architect Dominikus Zimmermann, die flink uitpakte met roodmarmeren zuilen, bonte fresco's en sierlijk stucwerk.

Van een heel andere orde is **Legoland® Deutschland** ten zuiden van het stadje (Legoland Allee, www.legoland.de, eind mrt.-begin nov. dag. 10-18 uur, soms langer, entree vanaf € 37). Uiteraard zijn met de steentjes bekende gebouwen op schaal nagebouwd, maar het is ook een compleet attractie- en speelpark met zelfs een onderwaterwereld.

## Informatie

**Tourist-Information Günzburg/Leipheim:** Schloßplatz 1, tel. 08221 20 04 44, www.guenzburg.de.

Miniversie van het kasteel van Neuschwanstein in Legoland® bij Günzburg

# Ulm ▶ F/G 9

Na de Tweede Wereldoorlog was er van Ulm – geboortestad van Albert Einstein – weinig meer over. Besloten werd om de Donaustad te herbouwen in een boeiende mix van oud en nieuw.

De gotische **Münsterkerk** kwam de oorlog redelijk ongeschonden door. De toren – met 161,53 m de hoogste kerktoren ter wereld – is al van verre te zien. De trap telt 768 treden en leidt naar een platform met een prachtig uitzicht op de stad en de omliggende bergen. Zorgvuldige herbouw is te zien rond de Marktplatz, waar het kleurrijk beschilderde **Rathaus** er weer prachtig uitziet. De astronomische klok op de gevel dateert van rond 1520. Pronkstuk van **Museum Ulm** (Marktplatz 9, tel. 0731 161 43 30, www.museumulm.de, di.zo. 11-17, do. tot 20 uur, entree € 8) is een circa 30.000 jaar oud gesneden beeldje van een *Löwenmensch*, een mix van een leeuw en een mens. Wandel zeker ook langs de **stadsmuur** bij de Donau, compleet met twee torens, en dwaal door het **Fischerviertel**, een gerestaureerd middeleeuws wijkje.

## Informatie

**Tourist-Information Ulm/Neu-Ulm:** Münsterplatz 50, tel. 0731 161 28 30, www.tourismus.ulm.de.

# Memmingen ▶ G 10

Memmingen vormt de toegangspoort tot de **Allgäu**, het zuidelijke deel van Schwaben. Dankzij de middeleeuwse stadskern is het een heerlijk stadje om doorheen te dwalen. Goed startpunt is de Marktplatz. Het witte **Rathaus** is van oorsprong middeleeuws, maar kreeg in 1589 de vormen van de toen populaire renaissance. Bij de opkomst van de rococo in de 18e eeuw werden de sierlijke stucdecoraties toegevoegd. Het okergele gebouw is het **Steuerhaus**,

dat eind 15e eeuw werd gebouwd voor de schoenmakers. De gevelschilderingen zijn van begin 20e eeuw.

Vanaf het plein gaat de Zangmeisterstraße naar het voorname, roze pand uit 1766 van het **Stadtmuseum Memmingen** (ingang aan de Hermansgasse, tel. 08331 850-134, www.memmingen.de, eind apr.-okt. di.-za. 10-12 en 14-16, zo. 10-16 uur, entree € 3,30). Hoofdthema's zijn de stadsgeschiedenis en barokke kunst. Tegenover het museum staat de **St. Martinkirche**. Trots zijn ze op de fresco's uit de 15e en 16e eeuw en zeker op de koorbanken, waar de plaatselijke houtsnijwerkers al hun kennis en kunde in hebben gestopt.

Vlakbij bewaakt de **Westertor** (herbouwd in 1648) nog altijd de toegang tot de oude stad. Hiervandaan kunt u een flink stuk langs de middeleeuwse stadsmuur wandelen. Aan de zuidkant wacht dan een andere stadspoort, de **Kempter Tor** (1383).

De grijze kerktoren een paar straten achter de Kempter Tor is van de **Frauenkirche**. Let vooral op de 15e-eeuwse muurschilderingen: de middeleeuwse schilders maakten een soort stripboek van gebeurtenissen uit het leven van Maria. Alles werd met een laag kalk bedekt toen het katholicisme tijdens de Reformatie plaatsmaakte voor het protestantisme. Pas in 1890 werden de fresco's weer ontdekt.

Het **Siebendächerhaus** (zevendakenhuis) aan de Gerberplatz roept vooral vragen op: waarom is het dak zo hoog en welke functie hadden de op elkaar gestapelde 'dakkapellen'? Het antwoord ligt in de geschiedenis: het huis werd in 1601 gebouwd voor de leerlooiers. Bewerkte huiden werden te drogen gehangen aan balken onder het dak. Via de gaten in het dak konden de huiden goed drogen.

Rathaus en Steuerhaus in Memmingen

Terugwandelend naar de Marktplatz duikt de witte toren met bronsgroene spits van de **Kreuzherrenkirche** (Hallhof 5) op, ook bekend als de St. Peter und Paul. De zeer uitbundige barokke stucversieringen en schilderingen zijn in 1709 aangebracht. De kerk wordt nu gebruikt voor tentoonstellingen.

Kunstliefhebbers wandelen verder naar het **Antonierhaus** (Martin-Luther-Platz 1, tel. 08331 85 02 45, www.memmingen.de, di.-za. 10-12 en 14-16, zo. 10-16 uur, entree € 3,30). Dit oude complex van de antonieter orde herbergt twee collecties. Het **Antoniter-Museum** gaat over de geschiedenis van de kloosterorde, die zich vooral bezighield met het verzorgen van zieken. het **Strigel-Museum** betoont eer aan de familie Strigel, die rond 1500 een groot aantal schilderijen en beeldhouwwerken produceerde.

## In de omgeving

Een van de best bewaarde kartuizerkloosters staat in **Buxheim** even ten westen van Memmingen: **Kloster Buxheim** (Buxheim, An der Kartause 15, www.kartause-buxheim.de, apr.-okt. dag. 10-17 uur, entree € 5). De kartuizers leefden teruggetrokken en vulden hun dagen voornamelijk met God en gebed. De cellen zijn dan ook zeer spartaans ingericht. Bijzonder is dat de kruisgang dwars door de kloosterkerk loopt, waardoor priesters en broeders van elkaar gescheiden waren. Toch was er ook ruimte voor pracht en praal. Zoals bij het **koorgestoelte**, een pronkstuk van eikenhout waar houtsnijder Ignaz Waibel eind 17e eeuw vier jaar aan werkte. Een halve eeuw later kregen de broers Dominikus en Johann Baptist Zimmermann de opdracht om de **Annakapelle** een restyling te geven in de toen populaire rococostijl. Het is een waar juweeltje geworden.

Nog meer religieuze pronkzucht vertoont de bedevaartkerk in **Maria Steinbach**, 14 km ten zuidwesten van Memmingen. Bron van aanbidding in de kerk, die officieel **Zur Schmerzhaften Muttergottes und St. Ulrich** heet, is een Mariabeeldje dat wonderen zou kunnen verrichten. Niet-gelovigen komen vooral voor de zeer uitbundige schilderingen op muren en plafonds.

Van een heel andere categorie is het **Skyline Park** bij **Bad Wörishofen** (Im Hartfeld 1, www.skylinepark.de, eind mrt.-begin nov. dag., entree € 28): een attractiepark voor jong en oud met meer dan zestig attracties.

## Eten en drinken

Bij het theater – **Breckel's Brasserie:** Theaterplatz 2, tel. 08331 961 40 46, www.breckels-brasserie.de, di.-za. 11-15 en 17.30-24, zo. 17.30-24 uur, hoofdgerecht vanaf € 12. In een moderne, stijlvolle setting draait alles om de kwaliteit van de gerechten, ook bij de typische brasserieklassiekers.
Iedereen is welkom – **Moritz:** Weinmarkt 6-8, tel. 08331 929 92 24, www.moritz-memmingen.de, ma.-vr. en zo. vanaf 11.30, za. vanaf 9 uur, hoofdgerecht vanaf € 11. De hele dag kunt u aanschuiven voor een ontbijt, brunch, lunch of diner. Tijdloos interieur en prettig personeel: hier voelt iedereen zich thuis.

## Info en festiviteiten

**Stadtinformation:** Marktplatz 3, tel. 08331 85 01 72, www.memmingen.de. **Wallensteinfestspiele:** het grootste historische spektakel van Europa, waarbij Memmingen teruggaat naar het jaar 1630, vindt eens in de vier jaar plaats in juli (2020, 2024).

# Kloster Ottobeuren ▶ G 10

Ottobeuren, www.abtei-ottobeuren.de, Basilika: dag. vanaf 9 uur (behalve tijdens diensten), museum: zondag voor Pasen-okt. dag. 10-12 en 14-17 uur, daarbuiten beperkte openingstijden, entree € 2

Het kuurstadje **Ottobeuren** wordt gedomineerd door een majestueus klooster van de benedictijner orde. Al in het jaar 764 bouwden de monniken een eerste klooster op deze plek, maar wat er nu staat is het resultaat van nieuwbouw in de 18e eeuw. Op geld werd blijkbaar niet gekeken, want de beste bouwmeesters en kunstenaars werden ingeschakeld om een gigantisch maar vooral schitterend barokjuweel neer te zetten (zie Op ontdekkingsreis blz. 150).

# Kempten ▶ G 10

Kempten is met bijna 70.000 inwoners na Augsburg de grootste stad van Schwaben. Het is bovendien een gezellige, bruisende stad, waar talrijke mensen uit de regio naartoe komen om te werken, te studeren en te winkelen.

Maar gezellig was het hier niet altijd: door de stad liep lange tijd een 'geloofsmuur' die het katholieke deel rond het klooster scheidde van de protestantse vrije rijksstad. Tijdens de Dertigjarige Oorlog (1618-1648) vielen daarbij zelfs slachtoffers: eerst werd het klooster verwoest, een jaar later onderging het stadje hetzelfde lot. In een kelder onder de **Erasmuskapelle** worden met de modernste technieken deze en andere bladzijden uit de stadsgeschiedenis geïllustreerd (St.-Mang-Platz, tel. 0831 960 22 02, www.kempten.de, do.-di. 11-17 uur, start multimediashow elk heel uur, entree € 4).

Na de Dertigjarige Oorlog verrees een nieuw kloostercomplex, met als blikvanger de **Basilika St. Lorenz** (Stiftsplatz, www.stlorenz.de). Wit en goud zijn binnen de hoofdkleuren, aangevuld met rood marmer, fresco's en kunstig gesneden koorbanken.

In diezelfde periode werd ook de **Residenz** achter de kerk gebouwd. Die fungeerde als klooster en als woning van de vorst-abt. Geld was blijkbaar geen probleem, want de pronkzalen behoren tot de mooiste voorbeelden van barok en rococo in Duitsland. Deze katholieke weelde bekijken kan tijdens een rondleiding (vertrek aan de westzijde van het gebouw, www.kempten-tourismus.de, apr.-okt. di.-zo. elke 45 min., nov. en jan.-mrt. za. en zo., entree € 3,50). De **Hofgarten** achter de Residenz is vrij toegankelijk en leidt naar de Orangerie. Waar vroeger kuipplanten werden opgeslagen, staan nu de boeken van de stadsbibliotheek.

Hart van het burgerlijke deel van Kempten was de Rathausplatz, die ook nu nog wordt gedomineerd door het **Rathaus** (1474). De schildering (1938) van een naakte man op de zuidmuur hoort bij een middeleeuwse vertelling over Heinrich von Kempten. Deze ridder werd na een gevecht aan het hof door keizer Otto verbannen, maar later redde hij het leven van de keizer door naakt uit bad te springen en enkele kwaadwillende belagers te verslaan.

Aan de andere kant van de rivier de Iller zijn resten gevonden van de Romeinse stad Cambodunum. Tempels, badhuizen en een forum met daaromheen een serie belangrijke gebouwen onderstrepen het belang van deze stad. Het opgravingsterrein wordt als **Archäologischer Park Cambodunum** opengesteld voor bezoekers (Cambodunumweg 3, tel. 0831 797 31, www.kempten-tourismus.de, mrt.-nov. di.-zo. 10-17 uur, entree € 4).

## Overnachten

Traditioneel in hartje stad – **Fürstenhof**: Rathausplatz 8, tel. 0831 25 36-0, www.fuerstenhof-kempten.de, 2 pk vanaf € 79. Hotel in een eeuwenoud pand aan de Rathausplatz. Traditionele inrichting met moderne accenten.

Vlak bij het centrum – **Bayerischer Hof**: Füssener Straße 96, tel. 0831 571 80, www.bayerischerhof-kempten.de, 2 pk vanaf € 95. Viersterrenhotel op enkele minuten lopen van het centrum, met eigen parkeerplaats.

## Eten en drinken

Met terras op straat – **Schalander**: Fischersteige 9, tel. 0831 168 66, www.schalander-kempten.de, ma.-za. 11.30-23 uur, hoofdgerecht vanaf € 10. Klein maar gezellig restaurant, met in de zomer een terras halverwege een voetgangerstrap. Heerlijk gebak, maar ook complete menu's met verse producten.

Modern – **Starlet**: Konigstrasse 3, tel. 0831 960 60 66, www.starlet-kempten.de, di.-za. vanaf 11, zo. vanaf 14 uur, hoofdgerecht vanaf € 10. Uitstraling van een grand café. Brede menukaart en goede prijs-kwaliteitverhouding.

## Informatie

**Tourist-Information**: Rathausplatz 24, tel. 0831 96 09 55-0, www.kempten-tourismus.de.

# Lindau ✳  ▶ F 11

De **Bodensee** is een langgerekt meer op de grens van Duitsland, Oostenrijk en Zwitserland. Een van de grootste toeristentrekkers is Lindau, dat gedeeltelijk op een eiland ligt.   ▷ blz. 152

## Kerkelijke pracht en praal – Kloster Ottobeuren

Een abdij van enorme afmetingen vormt het hart van het kleine kuuroord Ottobeuren. Contemplatie en arbeid (ora et labora) zijn de kernwoorden van de benedictijner monniken die hier nog altijd wonen. Dat lijkt echter te botsen met de uitbundigheid van de barokke Kaisersaal en de rijke decoraties in de basiliek, waar bovendien feestelijke orgelconcerten worden georganiseerd.

**Kaart:** ▶ G 10
**Duur:** bezichtiging ca. 2 uur.
**Bereikbaarheid:** Ottobeuren ligt 11 km ten zuidoosten van Memmingen. Volg vanaf de A7 of de A96 de borden naar Ottobeuren.

**Klooster:** www.abtei-ottobeuren.de.
**Poorten:** ma.-za. 7.30-12 en 13.30-18 uur, zo. 9-12 en 13.30-17 uur.
**Basilika:** dag. vanaf 9 uur (do. 13-15 uur).
**Museum:** zondag voor Pasen-okt. dag. 10-12 en 14-17 uur, daarbuiten beperkte openingstijden, entree € 2.
**Winkel:** ma. 13.30-17, di.-za. 9-12.30 en 13.10-17.30 uur.
**Kloostercafé:** dag. 9-18 uur.

Om exact 5.05 uur luidt de klok die de vijfien broeders oproept voor het ochtendgebed van 5.30 uur. Daarna komen de monniken gedurende de dag nog zes keer bij elkaar om te bidden en God te eren. Want het getal zeven is heilig voor de volgelingen van de

Italiaanse kluizenaar Benedictus van Nursia, net als de dagindeling die is gebaseerd op *ora et labora*: bid en werk. Dat werk speelt zich vooral af in en rond het klooster, maar de broeders dragen ook zorg voor het zielenheil van de inwoners van Ottobeuren en voor de scholing van de plaatselijke jeugd.

## Barokke nieuwbouw

Voorgangers van de huidige monniken stichtten al in het jaar 764 een klooster op deze plek. Voorspoed en tegenslag, waaronder branden in 1153 en 1217, volgden elkaar op in de middeleeuwen. De belangrijkste bloeiperiode lag in de 18e eeuw, toen het klooster onder abt Rupert II (1710-1740) uitgroeide tot het religieuze en wereldlijke centrum van de regio. In 1711 begon de abt met het geleidelijk vervangen van de oude kloostergebouwen. Daarvoor werden de bekendste barokbouwmeester en kunstenaars uitgenodigd, waardoor er een majestueus kloostercomplex ontstond dat tot de meesterwerken van de Europese barok kan worden gerekend. Net als alle andere religieuze gebouwen werd het klooster begin 19e eeuw geseculariseerd, dat wil zeggen dat alle eigendommen aan de staat vervielen, maar sinds 1918 wonen, bidden en werken er weer benedictijner monniken in het klooster.

## Gesamtkunstwerk

Armoede, kuisheid en gehoorzaamheid aan de abt – dat zijn de drie geloftes die volgelingen van de heilige Benedictus van oudsher moeten afleggen. Van armoede en de daarbij behorende soberheid is echter niets terug te vinden in het pronkstuk van het klooster, de Basilika St. Alexander und St. Theodor (1737-1766). Het ontwerp is van de destijds zeer bekende architect Johann Michael Fischer. Doordat hij vanaf de grond iets nieuws mocht creëren, staat er nu een imposant *Gesamtkunstwerk*, waarbij marmeren zuilen, schilderingen, beelden, stucwerk, houten koorstoelen en altaren een samenhangend geheel vormen. Gezien alle pracht en praal is het thema van de belangrijkste plafondschildering in de voorhal erg verrassend: Jezus die met het nodige geweld handelaren en geldwisselaars uit de tempel verjaagt. Ook de twee andere fresco's tonen bijbelse scènes die met armoede te maken hebben.

De basiliek telt maar liefst drie orgels. Twee daarvan stammen uit 1766, het hoofdorgel is uit 1957. Ze klinken prachtig in de basiliek, die zo'n goede akoestiek heeft dat hier in de zomer elke zaterdagmiddag concerten worden gehouden.

## Rondgang door het klooster

Ook een deel van de kloostergebouwen achter de basiliek staat open voor bezoekers. Hier wandelt u door kloostergangen die drie binnenhoven omsluiten. Het **Klostermuseum** geeft een indruk van het dagelijks leven van de monniken in de 18e eeuw en toont kunst uit de bloeiperiodes van het klooster. Daarna volgen nog enkele imposante zalen, waaronder de **Bibliothek**. Hier staan zo'n 15.000 historische boeken, in varkensleer gebonden, ook alweer in een uitbundig decor.

In de barokke **Theatersaal** voerden de studenten leerzame stukken en composities op. Maar het toppunt van pronkzucht is de **Kaisersaal**, die is gewijd aan de keizers van het Heilige Roomse Rijk. Zestien levensgrote beelden stellen de verschillende keizers voor en op het plafond toont een schildering de kroning van Karel de Grote.

Al die indrukken even laten bezinken? Zoek dan een plekje onder de arcaden of in de binnentuin bij het kloostercafé. En voor een religieus souvenir stapt u binnen in de kloosterwinkel.

# Lindau

En al die toeristen hebben gelijk: de bedrijvige haven, de sfeervolle straten en de besneeuwde alpentoppen op de achtergrond zorgen voor een idyllisch plaatje.

De mooiste entree tot het eiland krijgt u via de haven aan de zuidkant, waar de hele dag excursieboten aanleggen. Maar ook met de trein of de auto is Lindau goed te bereiken. In dat laatste geval: parkeren op het eiland is lastig en duur, dus kies voor een van de grote parkeerplaatsen op het vasteland. Hiervandaan rijden pendelbussen naar het eiland – of ga te voet over de korte brug. Eenmaal op het eiland zijn wandelschoenen voldoende: het is slechts 1,2 km lang en 600 m breed.

In de 9e eeuw vulden een vissersdorp en een klooster het eiland. Daarna groeide dit uit tot een welvarend handelsstadje, waarvan een flink deel echter verloren ging bij een brand in 1728. Bij de herbouw koos men voor de barokstijl, die ook nu nog de straten en huizen tekent.

De **Münster Unserer Lieben Frau** 1 aan de Marktplatz, van oorsprong een kloosterkerk uit de 9e eeuw, was een van de gebouwen die bij de stadsbrand van 1728 verloren gingen. De nieuwe kerk kreeg een barokke aankleding met veel marmer, muurschilderingen en gestucte decoraties. Daarnaast staat de **St. Stephanskirche** 2, die is

getooid met een sierlijke barokgevel. Het godshuis daarachter is protestants en doet het dus zonder alle katholieke opsmuk.

Het statige **Haus zum Cavazzen** 3 aan de andere kant van het plein werd kort na de brand herbouwd en herbergt nu het **Stadtmuseum** (Marktplatz 6, www.kultur-lindau.de, dag. 10-18 uur, entree € 8). Naast de oude meubels en de kunst verrast vooral de verzameling mechanische muziekinstrumenten.

De meer dan duizend jaar oude **Peterskirche** 4 aan de Oberer Schrannenplatz staat midden in de voormalige visserswijk. Kerkdiensten worden er niet meer gehouden, maar de fresco's uit de 13e-16e eeuw zijn nog wel te bekijken. Enkele schilderingen aan de noordwand zouden zijn gemaakt door de bekende schilder Hans Holbein de Oude (ca. 1460-1524) uit Augsburg.

De ronde **Diebsturm** 5 naast de kerk hoorde in de 14e eeuw bij de stadsommuring. Daarna fungeerde hij als wachttoren en als gevangenis – vandaar de benaming 'Dieventoren'. Hiervandaan volgt een wandelpad de oever naar de **Pulverturm** 6. De naam komt van het buskruit (*Pulver*) dat later in de toren werd opgeslagen. In 1508 werd de stadsmuur tot hier uitgebreid.

Het oeverpad komt uiteindelijk uit bij de haven, die in de 19e eeuw in etappes is gegraven. Sinds 1856 wijst de 33 m

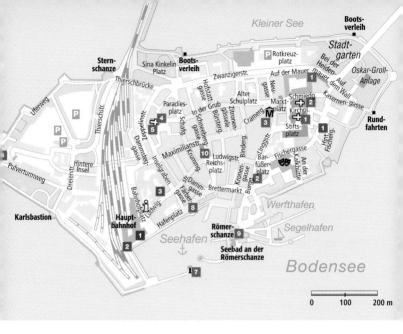

hoge **Neue Leuchtturm**  de weg naar de haveningang. Een trap met 139 treden leidt naar de top en naar een imposant uitzicht over het eiland (entree € 1,80). Tegelijk met de vuurtoren werd de trotse Beierse Leeuw aan de andere kant van de havenmonding geplaatst.

Vóór de bouw van de nieuwe vuurtoren vervulde de **Mangturm**  deze taak. De toren hoorde bij de middeleeuwse stadsverdediging en was destijds via een ophaalbrug te bereiken.

In het groene parkje aan de oostkant van de haven staat een versterking die – onterecht – ook wel **Römerschanze**  wordt genoemd: de schans is 13e-eeuws en zeker niet Romeins. Aan de waterkant komt het parkje uit bij het **Römerbad**, een van de mooiste plekken om een duik te nemen in de Bodensee. Daarvoor moet u echter wel eerst lid worden van de vereniging Römus (www.roemus.de).

De wandeling eindigt in het hart van het eiland: aan de Bismarckplatz.

Omringd door kronkelige kasseistraatjes staan hier het **Altes en Neues Rathaus** . Het oude stadhuis werd in 1422-1436 gebouwd, waarna talrijke verbouwingen volgden. Toch oogt het geheel door de gotische deuren, buitentrap, erker en gevelschilderingen nog erg middeleeuws. De lindeboom boven op de sierlijke gevel verwijst naar de stadsnaam, die Lindau ontleent aan de vele lindebomen die hier vroeger stonden. Het 'nieuwe' stadhuis ernaast is van begin 18e eeuw. Het klokkenspel aan de gevel speelt elke dag om 11.45 uur een vrolijk deuntje.

## In de omgeving

Tussen alle toeristische toppers aan de voet van de Alpen is **Wangen im Allgäu** (www.wangen.de) een minder bekende naam, maar juist dat maakt van Wangen een aantrekkelijk doel voor een uitstapje. Het ligt ruim 20 km ten noorden van Lindau te midden van de glooiende heuvels van de Voor-Alpen. Het oude stadshart van Wangen wordt nog altijd door muren, torens en poorten beschermd. Het huizenbestand daarbinnen loopt van de vroege middeleeuwen tot de late barok. Vakwerkgevels, muurschilderingen en fonteinen kleden de straten aan, terwijl een serie kleine musea de herinnering aan vroeger levend houdt. Uniek is de **Badstube**, een gewelfkelder waar de badgewoontes uit de middeleeuwen in geuren en kleuren worden uitgebeeld.

Een stuk dichter bij Lindau ligt **Scheidegg**, met als grootste trekker de **Skywalk Allgäu** (Oberschwenden 25, tel. 08381 896-18 00, www.skywalk-all gaeu.de, eind mrt.-begin nov. en kerstperiode dag., begin nov.-23 dec. en carnavalsperiode do.-zo., entree € 10). Dit boomkroonpad leidt naar een uitzichtplatform op 40 m hoogte. Beneden wachten een natuurspeelplaats, een kinderboerderij en een blotevoetenpad. Ten noordwesten van Scheidegg start een wandelroute naar de **Scheidegger**

**Wasserfälle**, (apr.-okt. dag., entree € 2), een waterval die zich in twee etappes 40 m naar beneden stort.

## Overnachten

Bij het oude centrum – **Hotel Garni Brugger** ❶: Bei der Heidenmauer 11, tel. 08382 934 10, www.hotel-garni-brugger.de, 2 pk vanaf € 94. Net hotel aan de rand van het oude centrum, nabij de brug. Schone, lichte kamers en voor koude dagen sauna en stoombad. Frisse aankleding – **Noris** ❷: Brettermarkt 13, tel. 08382 36 45, www.hotel-noris.de, 2 pk vanaf € 95. Veel licht en frisse kleuren kenmerken dit hotel in hartje Lindau. Maar grootste pluspunt is misschien wel de gastvrije ontvangst.

## Eten en drinken

Regionale gerechten – **Alte Post** ❶: Fischergasse 3, tel. 08382 934 60, www. alte-post-lindau.de, gesl. jan.-eind mrt.,

Het oude deel van Lindau ligt op een eiland in de Bodensee

hoofdgerecht vanaf € 12. Kies uit Duitse of Oostenrijkse streekgerechten of een internationale klassieker. De vis komt rechtstreeks uit de Bodensee. Met terras.

Kleurrijk – **37 Grad 2**: Bahnhofplatz 1e, tel. 08382 277 08 03, www.37grad.eu, di.-zo. 10-22 uur, hoofdgerecht vanaf € 6. Een heerlijke plek bij de haven voor een kopje koffie of wat stevigers. Kleurrijke, gezellige aankleding.

Klein maar fijn – **Zur Fischerin 3**: Ludwigstraße 50, tel. 08382 54 28, www.fischerin.com, wo.-zo. vanaf 17 uur, hoofdgerecht vanaf € 10. De kaart is beperkt, maar alles wordt met liefde bereid.

## Actief

Rondvaarten – **Bodensee-Schiffsbetriebe GmbH 1**: Lindau Hafen, tel. 07541 923 81 69, www.bsb.de. Veerboten varen via een vaste dienstregeling over de Bodensee, waarbij ook Lindau wordt aangedaan.

Boothuur – Met kano, kajak, surfplank, motorboot of waterfiets de Bodensee op? Bij verschillende verhuurders op en rond het eiland zijn vaartuigen te huur. Alle adressen staan op www.lindau-tourismus.de.

## Informatie

**Lindau Tourismus:** Alfred-Nobel-Platz 1, tel. 08382 26 00 30, www.lindau-tourismus.de.

# Oberstdorf ▶ G 11

Zomer of winter, toeristen weten de weg naar Oberstdorf altijd te vinden. Dat komt niet zozeer door het cultureel erfgoed – bij een brand in 1865 ging veel verloren – maar wel door het schitterende berglandschap. Wandelaars

hebben de beschikking over meer dan 200 km aan bergpaden en wintersporters kunnen kiezen uit een keur aan pistes voor alle niveaus.

De naam Oberstdorf is bovendien bekend van het schanssspringen. Hier begint kort voor de jaarwisseling het Vierschansentoernooi en hier staat een van de vijf skivliegschansen ter wereld.

## In de zomer

De entree tot Oberstdorf mag er zijn. Het vakantiedorp ligt op 815 m hoogte in een breed, zonnig dal met op de achtergrond machtige alpentoppen die tot boven de 2600 m reiken. Drie kabelbanen pendelen heen en weer tussen het dal en de bergen. De cabines van de **Nebelhornbahn** (www.ok-bergbahnen.com, half mei-begin nov., retour € 35,50) gaan in drie etappes omhoog naar de **Nebelhorn** (2224 m). Hier wacht een uitzicht over vierhonderd alpentoppen. Ook start hier de populaire Hindelanger Klettersteig, die de nodige ervaring vereist. Gemakkelijker is de wandeltocht naar het bergmeer **Seealpsee** (zie blz. 159). Hiervoor stapt u uit bij station Höfatsblick, het tweede station van de kabelbaan.

Ideaal voor gezinnen is de **Söllereckbahn** (www.ok-bergbahnen.com, eind apr.-half nov., retour € 17,50). Op de top wachten onder meer een klimbos, een speeltuin en een rodelbaan. Op 1400 m hoogte starten enkele wandelingen, die doorgaans niet al te zwaar zijn. Op sommige routes kunnen zelfs kinderwagens mee.

Ten zuiden van Oberstdorf kunnen liefhebbers van wilde bloemen en alpenweides met de **Fellhorn-/Kanzelwandbahn** (www.ok-bergbahnen.com, half mei-begin nov., retour € 26) omhoog naar de **Fellhorn** (2038 m). De wandelingen gaan door het grensgebied van

Duitsland en Oostenrijk. Een van de bestemmingen is het **Kleinwalsertal**, een schitterend gebiedje in Oostenrijk dat alleen vanuit Duitsland te bereiken is. Ook hebt u uitzicht op de Oostenrijkse **Mädelegabel** (2645 m).

Geen last van hoogtevrees? Echt niet? Een klim naar de top van de **Heini-Klopfer-Skiflugschanze** zal definitief uitsluitsel geven (www.skiflugschanze-oberstdorf.de, dag. 9.30-16.30/17.30 uur, stoeltjeslift en toegang € 11). De schans is 207 m hoog en zweeft 'vrij' in de lucht – een steunpilaar aan de achterkant ontbreekt, wat zorgt voor een gracieuze maar ook beangstigende aanblik.

## In de winter

Verschillende kabelbanen en stoeltjesliften brengen in de winter skiërs en snowboarders omhoog naar de **skigebieden van Oberstdorf/Kleinwalsertal**. In totaal ligt hier voor meer dan 120 km aan pistes, die bovendien redelijk sneeuwzeker zijn. Het grootste en modernste deel is het **skigebied Fellhorn/Kanzelwand**. Hier zijn pistes voor wintersporters van elk niveau. Ervaren skiërs vinden op de **Nebelhorn** een afdaling van maar liefst 7,5 km lang. Voor gezinnen met kleine kinderen zijn er tal van voorzieningen rond **Söllereck**.

## In de omgeving

Bij **Tiefenbach** wijzen bordjes de weg naar de **Breitachklamm** (www.breitachklamm.com, dag. afhankelijk van het weer en eventueel onderhoud, entree € 4,50). Smeltwater van de gletsjers heeft zich diep in de rotsen ingesneden, waardoor een 2 km lange, sprookjesachtige kloof met scherpe rotsen en watervallen is ontstaan. Een vlonderpad met leuningen maakt dat

wandelaars op een veilige manier van het natuurspektakel kunnen genieten.

Steenbokken, gemzen en andere bergdieren bekijken kan in het **Alpenwildpark** even ten zuiden van **Obermaiselstein** (Königsweg 4, tel. 08326 81 63, www.alpenwildpark.de, entree € 5). Een kijkje onder de grond biedt de vlakbij gelegen **Sturmannshöhle** (Haubenegg, www.hoernerdoerfer.de, rondleidingen zomer dag., winter buiten schoolvakanties ma. en di. gesl., entree € 5). De 450 m lange grot is via trappen en vlonders toegankelijk.

## Informatie

**Tourismus Oberstdorf:** Prinzregenten-Platz 1 en Bahnhofplatz, tel. 08322 700-0, www.oberstdorf.de.

# Bad Hindelang  ▶ G 11

Bad Hindelang is de hoofdplaats van een populaire vakantieregio, maar oogt nog altijd als een authentiek boerendorp. Het is vastgegroeid aan **Bad Oberdorf**, waar oude boerenhuizen en fleurige bloembakken de aanblik bepalen. Vanuit deze daldorpen kronkelt de **Jochpass** met 105 bochten naar de 300 m hoger gelegen dorpen **Oberjoch** en **Unterjoch**. Door de hoge ligging is dit een sneeuwzekere bestemming voor een brede groep wintersporters, van oud tot jong en van skiërs en snowboarders tot telemarkers en freestylers.

De gondels van de **Iselerbahn** (www.bergbahnen-hindelang.de) brengen de wintersporters naar een hoogte van 1886 m. In de zomer is dit bovendien de perfecte manier om een bergwandeling te beginnen. Eenmaal boven kunt u kiezen uit eenvoudige rondwandelingen of uitdagende tochten met gezekerde trajecten.

Avontuurlijke klimtocht bij Bad Hindelang

De **Hornbahn Hindelang** (www.hornbahn-hindelang.de) gaat naar de top van de **Imberger Horn**, een paradijs voor wandelaars en mountainbikers. In de winter starten hier drie rodelbanen van 3,5 km lang, waarvan één met sneeuwmachines wordt onderhouden.

Rustiger is het in het dorp **Hinterstein**, waar de hoofdweg door het dal ophoudt. Verken de omliggende bergen te voet of ga met de bus verder het dal in tot aan Gasthaus Giebelhaus. Ook hier starten verschillende wandelroutes, zoals een eenvoudige tocht van een halfuur naar de **Alpe Laufbich**.

## Informatie

**Tourist-Information Bad-Hindelang:** Unterer Buigenweg 2, tel. 08324 89 20, www.badhindelang.de.
**Gästeinformation Hinterstein:** Talstraße 97, tel. 08324 438 98 80 www.hinterstein.de.

# Füssen ▶ H 11

Füssen is een waardig eindpunt van de **Romantische Straße**: gelegen aan de voet van machtige alpentoppen, een levendig historisch centrum en in de nabije omgeving twee beroemde fantasiekastelen: Hohenschwangau en Neuschwanstein. Bovendien is Füssen een van de populairste etappeplaatsen aan de **Deutsche Alpenstraße** (www.deutsche-alpenstrasse.de), die aan de Duitse kant van de grens de Alpen volgt. Niet verwonderlijk dus dat het op zomerse vakantiedagen kan zijn binnen de oude muren van het stadje.

Het centrum van Füssen ligt aan de rivier de Lech, die even verderop uitmondt in de **Forggensee**. Vanwege de strategische ligging bouwden de Romeinen hier in de 3e eeuw een fort dat de handelsroute van Italië naar Augsburg moest bewaken. Eind 13e eeuw kozen de bisschoppen van Augsburg diezelfde locatie uit voor ▷ blz. 160

## Favoriet

### Wandelen naar de Seealpsee

In drie tot vier uur wandelt u heen en
weer naar de **Seealpsee,** een bergmeer
dat op 1700 m hoogte spiegelt in een
wonderlijk mooi panorama van eindeloze bergtoppen. Startpunt is het
station Höfatsblick van de **Nebelhornbahn** (zie blz. 155) bij **Oberstdorf.**
Eerste doel is het uitzichtpunt bij de
Zeigersattel. Vervolgens daalt een pad
steil af naar het 42 m diepe bergmeer,
met daaromheen de mooist denk-
bare picknickplekken. Ter geruststel-
ling voor de terugtocht: de klim naar
boven is vaak minder belastend voor
de knieën dan de afdaling.

de bouw van een zomerverblijf, het **Hohe Schloss** (www.stadt-fuessen.de, apr.-okt. di.-zo. 11-17, nov.-mrt. vr.-zo. 13-16 uur, entree € 6). De binnenplaats van het kasteel, dat rond 1500 het huidige uiterlijk kreeg, herbergt een verrassing: de erkers en raamversieringen lijken echt, maar zijn muurschilderingen. Binnen zijn onder meer de ridderzaal en een schilderijencollectie te bekijken.

Aan de voet van de kasteelrots verrees in de 8e eeuw een kapel, een eeuw later gevolgd door **Kloster St. Mang**. Het Italiaans aandoende uiterlijk dateert van begin 18e eeuw. De barokke pracht van de vertrekken weerspiegelt de macht van het klooster. Blikvanger tijdens een rondgang is de Kaisersaal, een rijkversierde feestzaal die een beetje misplaatst lijkt in een klooster. Enkele andere vertrekken zijn gevuld met de collecties van het **Museum der Stadt Füssen** (www.stadt-fuessen.de, apr.-okt. di.-zo. 11-17, nov.-mrt. vr.-zo. 13-16 uur, entree € 6). Veel aandacht is er voor de bouw van violen en luiten. Ga zeker ook kijken bij de **Annakapelle**, de oerkerk van het klooster, waar de dood alom aanwezig is (zie Tip).

De toren achter het kloostercomplex hoort bij de **Pfarrkirche St. Mang**, de vroegere kloosterkerk die nu door de parochie van Füssen wordt gebruikt. Ook deze kerk kreeg in de 18e eeuw een barokke aankleding met marmeren zuilen, fijnzinnig stucwerk en schilderingen op de muren en het plafond.

Steek dan achter het klooster via een brug de rivier de Lech over. Ga rechtsaf de Tiroler Straße in en na een paar honderd meter komt u bij de **Lechfall**, een smalle kloof met brug waar de rivier zich met het nodige geweld naar beneden stort.

Onderweg naar de waterval, ook aan de Tiroler Straße, gaat links bij een kleine kerk een pad omhoog naar de **Kalvarienberg**. Het pad passeert verschillende stations die herinneren aan de lijdensweg van Christus. Ook Ludwig II deed regelmatig mee aan processies naar de top. Boven wacht een prachtig uitzicht op Füssen, de Lech en de twee kastelen die Ludwig en zijn vader lieten bouwen.

## Tip

### De dansende dood

In de **Annakapelle** in het **Kloster St. Mang** vonden talrijke ridders en abten hun laatste rustplaats. De dood is ook prominent aanwezig op de muur: in twintig afbeeldingen – bijna als een stripboek – danst de dood met allerlei verschillende mensen, van paus tot boer en van koning tot dokter. Deze *Totentanz* of *danse macabre* dateert van 1601, maar al in de 14e eeuw werden vergelijkbare taferelen geschilderd. Ze laten zien hoe belangrijk de dood was in het dagelijks leven en vooral dat de dood geen onderscheid maakt tussen arm en rijk. Het motto boven de dodendans vat het goed samen: *'Sagt Ja Sagt Nein, Getanzt Muess sein'*.

## Overnachten

Kleurrijk design – **Sonne**: Prinzregentenplatz 1, tel. 08362 90 80, www.hotel-fuessen.de, 2 pk vanaf € 109. Achter de toch al kleurrijke gevel gaat een verrassend hotel schuil, met themakamers in allerlei stijlen, van ouderwets Frans tot gedurfd design. Midden in de stad, met ondergrondse parking.

Budgetkeuze – **Bavaria City Hostel**: Reichenstraße 15, tel. 08362 926 69 80, www.hostelfuessen.com, 2 pk vanaf € 30. Voor budgetreizigers: kleurrijk hostel in het hart van Füssen.

Bij het meer – **Geiger:** Uferstraße 18 , tel. 08362 70 74, www.hotel-geiger.de, 2 pk vanaf € 70. Hotels in het centrum kunnen snel volgeboekt zijn, dus kijk zeker ook naar alternatieven daarbuiten. De ruime kamers met balkon van dit hotel kijken uit over de Hopfensee en de bergen. Zeer behulpzaam personeel.

## Eten en drinken

Nostalgie alom – **Madame Plüsch:** Drehergasse 48, tel. 08362 930 09 49, www.madame-pluesch.de, dag. vanaf 17 uur, hoofdgerecht vanaf € 15. De jaren twintig herleven in dit bijzondere restaurant, waar alles draait om nostalgie en beleving. Ook de menukaart is uiteraard aangepast aan het thema.

Typisch Beiers – **Gasthof Krone:** Schrannengasse 17, tel. 08362 78 24, www.krone-fuessen.de, ma.-za. vanaf 12 uur, hoofdgerecht vanaf € 12. Laagdrempelig en betaalbaar eten in een typisch Duits decor met veel hout en middeleeuwse decoraties. De riddermaaltijden eet je hier uiteraard gewoon met de handen.

Gezellige drukte – **Chapeau!:** Brunnengasse 20, tel. 08362 819 77 77, www.chapeau-fuessen.de, ma.-za. 12-15 en vanaf 18 uur. Bar, café, restaurant en entertainment, verdeeld over drie etages. Het eten is verrassend goed.

## Actief

Wandelen – **Lechweg:** deze langeafstandsroute van circa 125 km volgt de rivier de Lech van de bron tot de Lechfall bij Füssen (www.lechweg.com).

Kabelbanen – Voor wandelaars en wintersporters gaan er aan de oostkant van Füssen verschillende kabelbanen en stoeltjesliften omhoog. De grootste is de **Tegelbergbahn** (www.tegelberg bahn.de), die ook als startpunt voor een wandeling naar Neuschwanstein kan dienen (zie blz. 162).

Boomkroonpad – **Walderlebniszentrum Ziegelwies:** Tiroler Straße 10, tel. 08362 938 75-50, www.walderlebnis zentrum.eu, mei-nov. dag. 10-16/17 uur, entree € 5. Een 480 m lang en 21 m hoog pad slingert zich tussen de boomtoppen door, met uitzicht op de Lech.

Rondvaart – **Forggenseeschifffahrt:** rondvaarten over de Forggensee, een 12 km lang stuwmeer. Juni-half okt., www.forggensee-schifffahrt.de.

Zwemmen – Füssen wordt omgeven door enkele grote meren. Zwemmen kan onder meer in de **Mittersee, Obersee, Hopfensee** en **Weißensee.**

## Informatie

**Füssen Tourismus und Marketing:** Kaiser-Maximilian-Platz 1, tel. 08362 93 85-0, www.fuessen.de.

# Schloss Hohen-schwangau ▶ H 11

Schwangau, www.hohenschwangau. de, alleen via rondleiding, eind mrt.-half okt. dag. 9-18 uur, half okt.-eind mrt. dag. 10-16 uur, entree € 13, toegangskaarten online reserveren via website of op de dag zelf (aantal beperkt) via Ticket Center, Alpseestraße 12, Hohenschwangau

De toenmalige kroonprins Maximilian kocht in 1832 de ruïne van een middeleeuws kasteel boven de Alpsee. Toen hij hier een nieuw zomerpaleis liet bouwen, koos hij voor de neogotische stijl, waarbij de vierkante torens en de muren met kantelen doen denken aan de riddertijd. Zijn zoon Ludwig II bracht hier een groot deel van ▷ blz. 165

## Rond Neuschwanstein – wandelen in de voetsporen van koning Ludwig II

**Koningin Marie, de moeder van Ludwig II, was een enthousiaste wandelaar. Vooral als de koninklijke familie in het zomerpaleis Hohenschwangau verbleef, mocht ze graag te voet de omgeving verkennen. Later zou Ludwig in deze omgeving het fantasievolle Schloss Neuschwanstein laten bouwen. Volg de koninklijke wandelroutes en verken de bergen rond de beide kastelen.**

**Kaart:** ▶ H 11
**Route en duur:** deze wandelroute start bij de Tegelbergbahn. Vanaf het eindpunt van de kabelbaan wandelt u in 2,5 uur naar berghut

Bleckenau. Hiervandaan gaat de route in 2-2,5 uur via Neuschwanstein en Hohenschwangau terug naar het dalstation van de kabelbaan. Vanaf de berghut rijdt eventueel ook een pendelbus, de Bleckenau-Hüttenbus (www.berggasthaus-bleckenau.de), naar Hohenschwangau en de Marienbrücke bij Schloss Neuschwanstein.
**Planning:** wie de wandeling wil combineren met een bezoek aan de beide kastelen, kan het best de toegangskaarten reserveren via www.hohenschwangau.de. Bij het Ticket Center zijn kaarten voor die dag te koop (Hohenschwangau, Alpseestraße 12). Zie verder op blz. 161 en 165.

## 'Voetreizen' van de koningin

Maximilian II, koning van Beieren tussen 1848 en 1864, bracht vanaf 1837 de zomervakanties graag met zijn familie door in **Schloss Hohenschwangau**. Zijn echtgenote Marie van Pruisen hield van de ruige natuur in de omgeving. 'Hier in de bergen ben ik helemaal weg van alles!', sprak ze enthousiast na haar eerste bezoek aan Hohenschwangau. Zo werd – wonderlijk genoeg – juist de prinses van Pruisen een van de eerste vrouwelijke alpinisten van Beieren. Daarna zou het overigens nog vele jaren duren voordat in 1869 de Deutsche Alpenverein werd opgericht.

Vanuit Schloss Hohenschwangau ondernam Marie talrijke 'voetreizen', onder andere naar de ruim 2000 m hoge Säuling, een tocht die ook nu nog de nodige ervaring vereist. Speciaal voor de bergwandelingen liet Marie zich sportieve kleding aanmeten: een zwarte loden rok met daaronder een broek van dezelfde stof.

Ook hun zonen Ludwig (1845, zie blz. 175) en Otto (1848), die van vader Maximilian een spartaanse opvoeding kregen, hielden van avontuurlijke zwerftochten door de natuur en de bergen. In 1857 schreef de toen twaalfjarige Ludwig aan zijn grootvader Ludwig I: 'Nadat gisteren het weer opklaarde, konden we tot onze grote vreugde de Säuling beklimmen. Met onze moeder verlieten we Hohenschwangau om 8.30 uur, waarna we tegen 13 uur aankwamen op de top, die een schitterend uitzicht biedt (...). Om 16 uur begaven we ons op de terugweg en om 19 uur waren we weer beneden, waarbij zelfs Otto zich niet al te moe voelde.'

Minder enthousiast over deze bergtochten waren de hofdames van Marie en het keukenpersoneel, die de koninklijke wandelaars onderweg van gepast proviand moesten voorzien, soms zelfs een compleet menu van tien gangen.

## De Tegelberg

Deze wandeling begint bij de kabelbaan van de **Tegelberg** en gaat dan via Bleckenau, Neuschwanstein en Hohenschwangau terug naar het dalstation van de kabelbaan. Onderweg passeert de route twee koninklijke jachthuizen en u kunt eventueel een bezoek brengen aan de twee beroemde kastelen.

Ambitieuze wandelaars starten bij het dalstation van de **Tegelbergbahn** (www.tegelbergbahn.de) en klimmen via het natuurleerpad Schutzengelweg in circa drie uur naar het bergstation. Wie het rustiger aan wil doen, laat zich door de kabelbaan naar boven brengen; hiervandaan hebt u een mooi uitzicht op de parapenters die hoog boven het berglandschap cirkelen. Mooi is ook het panorama met verschillende bergmeren, waaronder de **Bahnwaldsee, Forggensee, Hopfensee** en **Weißensee**, die als diepblauwe spiegels oplichten tussen het Allgäugroen. Vanaf het bergstation is het maar een klein stukje wandelen naar de eerste horecagelegenheid, de berghut **Tegelberghaus**.

## Tegelberghaus

Maximilian II was een fervent jager en had van zijn vader het gebied rond Hohenschwangau gekregen om zijn hobby uit te oefenen. Maar koninklijke jagers struinen niet door de natuur, dus werden er paden aangelegd, zodat de koning zich op gepaste wijze door het bergachtige terrein kon verplaatsen. Een van deze paden is de **Ahornreitweg**, die Maximilian rond 1850 liet aanleggen en die richting Bleckenau gaat. Nu is het een *Naturlehrpfad* met informatieborden die meer vertellen over de geologie, de ecologie en de bergbossen waar u al wandelend langskomt.

Daarnaast werden jachthutten gebouwd waar het gezelschap zich tijdens de jacht kon verpozen. Een daarvan is het Tegelberghaus, dat Maximilian in

1852 op 1707 m hoogte liet bouwen als uitvalsbasis voor tochten naar het hooggebergte. Ludwig, al op jonge leeftijd een geoefend ruiter, reed regelmatig naar de Tegelberghut en verder naar de top van de Brandnerschrofen. Later, toen regeringsaangelegenheden de koning veel tijd kostten, wist hij in augustus toch nog vaak drie dagen naar de jachthut te gaan. Nu is het Tegelberghaus een aangename berghut met een restaurant, een terras en overnachtingsmogelijkheden.

Wegwijzers brengen u verder over de Ahornreitweg, onder meer naar de Brandnerfleck met een mooi uitzichtpunt, en dan verder naar het dal. Voorbij de Ahornhütte komt u bij de geasfalteerde Bleckenaustraße. Hier gaat u linksaf naar Bleckenau (circa 10 min.).

## Bleckenau

Marie van Pruisen en haar familie ondernamen hun eerste bergtochten in het Reuzengebergte, gelegen op de grens van Tsjechië en Polen. Hier stond de Mariannen Cottage, waar Marie goede jeugdherinneringen aan bewaarde. Dit huis diende ook als voorbeeld voor de berghut **Bleckenau**, die Maximilian in 1850 in Zwitserse stijl voor zijn vrouw liet optrekken. Hier vond Marie rust en zelfs zou ze af en toe eigenhandig koffie en gebak hebben geserveerd. Nu wordt er in het *Berggasthaus* Beiers gekookt voor de passerende wandelaars (www.berggasthaus-bleckenau.de).

Voor de terugtocht volgt u de wegwijzers naar Neuschwanstein. Of u neemt de bus naar Hohenschwangau of naar de **Marienbrücke**, een spectaculaire brug over een kloof die een prachtig uitzicht biedt op **Schloss Neuschwanstein** – een voorganger van deze brug werd in 1842 door Maximilian en Marie ingewijd. Wie ruim van tevoren voor toegangskaartjes heeft gezorgd, kan het sprookjesslot van Ludwig ook van binnen bekijken. Daarna daalt u verder af naar Hohenschwangau. Hiervandaan is de route naar de kabelbaan met bordjes aangegeven.

Neuschwanstein, het suikerzoete sprookjeskasteel van Ludwig II

zijn jeugd door, dromend over de avonturen van de Germaanse helden die op de muren zijn geschilderd. Tijdens een rondleiding wordt duidelijk dat er sinds de tijd van Ludwig nauwelijks iets is veranderd.

Nieuwsgierig naar het wonderlijke leven van Ludwig II (zie blz. 47) en de andere Beierse koningen? Bezoek dan het **Museum der Bayerischen Könige** aan de voet van het slot bij de Alpsee (Alpseestraße 27, tel. 0 8362 88 72 50, www.hohenschwangau.de, dag. 9-17 uur, entree € 11). In dit voormalige hotel wordt de geschiedenis van het Huis Wittelsbach met voorwerpen en heel veel informatie geïllustreerd.

# Schloss Neuschwanstein ✳ ▶ H 11

Schwangau, www.neuschwanstein. de, alleen via rondleiding, apr.-half okt. dag. 9-18 uur, half okt.-apr. dag. 10-16 uur, entree € 13, toegangskaarten online reserveren via website of op de dag zelf (aantal beperkt) via Ticket Center, Alpseestraße 12, Hohenschwangau

Legpuzzels, reisgidsen, brochures – het sierlijke silhouet van Schloss Neuschwanstein is uitgegroeid tot een van de bekendste beeldmerken van Duitsland. Hoewel ook Walt Disney hiermee te maken kan hebben: hij heeft hier duidelijk inspiratie opgedaan toen hij het kasteel voor Doornroosje tekende.

Het was de wat wereldvreemde koning Ludwig II (zie blz. 47) die opdracht gaf tot de bouw van het kasteel. Zijn fantasie kende daarbij geen grenzen: samen met zijn hoofdarchitect annex theaterontwerper Christian Jank verzon hij een middeleeuws sprookjeskasteel waarin hij al zijn idealen verwezenlijkte. De bouw startte in 1869, maar helaas was het kasteel nog niet klaar toen Ludwig in 1886 overleed. Hij had hier in alle eenzaamheid oud willen worden, maar dat mocht niet zo zijn. Al zeven weken na zijn dood kwamen de eerste toeristen en sindsdien zijn de aantallen alleen maar gegroeid.

Die drukte betekent dat er strenge regels zijn voor een bezoek aan Neuschwanstein. Reserveer ruim van tevoren online of probeer een kaartje voor die dag te krijgen bij het Ticket Center in het dorp. Hiervandaan kunt u te voet (30-40 min., steil pad), met een koets of met een pendelbusje omhoog. Daarna neemt een gids u mee door de droomwereld van Ludwig.

Het mooist is het kasteel als u het van een afstandje bekijkt: felwitte torens, muren en woongebouwen pronken op een ongenaakbare rots, omgeven door bossen, bergen en meren. Maar eenmaal dichterbij doet het door de niet-middeleeuwse bouwmaterialen eerder denken aan een verlaten filmdecor. En binnen is het weer een heel ander verhaal: de zalen, kamers en gangen blijken van onder tot boven gevuld met lambriseringen, schilderingen en decoraties. Inspiratie daarvoor haalde Ludwig onder andere bij de door hem bewonderde componist Richard Wagner (zie blz. 220), die zijn opera's vaak opbouwde rond oude verhalen en legendes. Hoogtepunten zijn de bizarre grot bij de werkkamer van Ludwig, de bontgekleurde troonzaal en de Sängerzaal, die uitbundig is versierd met taferelen uit opera's van Wagner.

Maar Ludwig was niet alleen romantisch, ook comfort was belangrijk: het kasteel was van alle moderne gemakken voorzien, zoals elektriciteit, liften, telefoon en zelfs centrale vloerverwarming.

Om een bezoek af te sluiten wandelt u in tien minuten naar een favoriete plek van Ludwig: de **Marienbrücke**, een spectaculaire brug boven een diepe kloof met uitzicht op het droomkasteel.

# Ostbayern

## Hoogtepunt ✳

**Regensburg:** de hoofdstad van Ostbayern is pas laat door toeristen ontdekt. En dat terwijl het wel een van de mooiste oude binnensteden heeft, mét het predicaat Werelderfgoed. De vele studenten zorgen bovendien voor volop leven in de brouwerij. Zie blz. 168.

## Op ontdekkingsreis

**In één dag over acht duizenders – bergwandelen in het Bayerischer Wald:** op één dag acht toppen van meer dan duizend meter overwinnen – het klinkt als een bijna onmogelijke uitdaging, maar voor geoefende wandelaars is deze kammenroute door het Bayerischer Wald goed te doen. Zie blz. 182.

OBERPFALZ

Bergwandelen in het Bayerische Wald

Regensburg  Walhalla

Kloster
Weltenburg

Nationalpark
Bayerischer Wald

NIEDERBAYERN

• Landshut   Passau

Passau

## Bezienswaardigheden

**Walhalla:** een verdwaalde Griekse tempel op de oever van de Donau, gebouwd in opdracht van koning Ludwig I. In het enorme bouwwerk staan bustes van bekende 'Duitsers'. Zie blz. 173.

**National Park Bayerischer Wald:** tegen de grens met Tsjechië heeft een deel van het enorme Bayerische Wald de status van nationaal park. Zie blz. 179.

**Passau:** een juweel van Italiaanse 17e-eeuwse barok, maar ook een stad van water: hier komen drie grote rivieren bij elkaar. Zie blz. 193.

## Actief

**Donaucruise:** stap in Kelheim op de boot en maak een tocht door de spectaculaire Donaudurchbruch naar het prachtig gelegen Kloster Weltenburg. Zie blz. 175.

## Sfeervol genieten

**Anno 1475:** een taveerne in Landshut neemt u mee terug naar het jaar 1475, toen hier een groots vorstelijk huwelijk plaatsvond. Zowel de menukaart als het interieur zijn historisch verantwoord. Zie blz. 192.

## Winkelen

**Passau:** de smalle steegjes van Passau lenen zich uitstekend voor een paar uurtjes shoppen langs ateliers van kunstenaars en designwinkels. Wandel dan ook zeker door de Höllgasse. Zie blz. 197.

# Langs de traag stromende Donau

Fietsen langs de Donau, wandelen in het Bayerischer Wald – sportieve vakantiegangers zullen Ostbayern (Oost-Beieren) wellicht op hun lijstje hebben staan, maar verder blijft het voor velen een onbekende regio. Het is dan ook een dunbevolkt gebied, met van oudsher weinig toeristische trekkers. De bekendste namen zijn Regensburg en Passau, beide gelegen aan de traag stromende Donau en beide gezegend met een prachtig oud centrum. Toch zijn er ook verschillen: Regensburg toont de rijkdom van de late middeleeuwen, toen de gotische gebouwen hoog naar de hemel reikten, terwijl Passau met zijn bronsgroene koepels en pastelkleurige huizen aan het 17e-eeuwse Italië doet denken. Verrassingen zijn er ook, bijvoorbeeld in de vorm van het Walhalla en de Befreiungshalle – merkwaardige, megalomane bouwsels die de koning begin 19e eeuw op hellingen boven de Donau liet neerzetten. Het geeft zonder meer een inkijkje in het brein van Ludwig I. Natuurliefhebbers rijden door naar het Nationalpark Bayerischer Wald, waar de toppen het hoogst zijn en de uitgestrekte wouden nog worden bevolkt door echt wilde dieren. Spectaculair zijn ook twee hoge boomkroonpaden.

## INFO

### Internet

www.ostbayern-tourismus.de
www.beieren.nu

### Toeristenbureaus

**Tourismusverband Ostbayern e.V.** is de verzamelnaam voor de toeristenbureaus in de regio Ostbayern. De adressen van de toeristenbureaus staan vermeld bij de plaatsbeschrijvingen.

### Vervoer

Vanuit Amsterdam en Brussel gaan er vluchten naar het vliegveld ten noordoosten van München (www.munich-airport.de). Hiervandaan gaan er regelmatig treinen naar Regensburg en iets minder vaak naar Passau. Vanuit Frankfurt gaan er bovendien ICE-treinen naar Regensburg en Passau (zie ook www.nsinternational.nl/ www.b-europe.com). Een autorit van Utrecht of Brussel naar Regensburg duurt een kleine zeven uur.

## Regensburg ✳ ▶ K 7

Tweeduizend jaar geschiedenis ligt in Regensburg (151.000 inw.) voor het oprapen. De hoofdstad van Ostbayern heeft dan ook een van de mooiste binnensteden van Beieren, met als beloning de kwalificatie van UNESCO Werelderfgoed. Toch is het geen stoffige stad, want rond de 20 duizend studenten bevolken Regensburg en zorgen voor een ongekende dichtheid aan kroegen.

Die lange geschiedenis begon toen de Romeinen een nederzetting bouwden op de plek waar de rivier de Regen uitmondt in de Donau. De handel via de Donau zorgde voor economische voorspoed, zeker in de 13e en 14e eeuw. In die bloeitijd kende de bouwlust van de kooplieden nauwelijks grenzen: torens in Italiaanse stijl, pronkpaleisjes, een Rathaus en gotische gebouwen verrijkten de stad – en doen dat voor een deel nog steeds, ook al doordat Regensburg in de Tweede Wereldoorlog gespaard bleef van geallieerde bombardementen.

Winters rivierfront van Regensburg: links de dom, rechts de stadspoort

## Door het middeleeuwse stadshart

Het oude Regensburg ligt op de zuid-oever van de Donau. Eenmaal de brug overgestoken kunt u kiezen voor een flaneertocht langs de rivier of een verkenning van de eeuwenoude straten. De twee ranke torens van de dom dienen daarbij als baken.

### Steinerne Brücke 1

Brückturmmuseum: Weiße-Lamm-Gasse 1, www.regenburg.de, apr.-okt. dag. 10-19 uur, entree € 2

Tussen 1135 en 1146 – in slechts elf jaar tijd dus – wisten de Regensburgers de 310 m lange brug over de Donau te bouwen. De brug leidt naar een van de drie stadspoorten die nog overeind staan. Het **Brückenturmmuseum** in de poort gaat dieper in op de geschiedenis van de brug en de scheepvaart op de rivier. Het gebouw met het hoge dak naast de poort is de 17e-eeuwse **Salzstadel**, waarin zout werd opgeslagen.

### Dom St. Peter 2

Domplatz, dag. 6.30-17/19 uur, Dom-schatz Museum: Krauterermarkt 3, www.domschatz-regensburg.de, dag. 11/12-17 uur, entree € 3

In de middeleeuwen duurde de bouw van een kathedraal vaak eeuwen, maar de St. Peter maakt het wel heel bont: de eerste steen werd in 1273 gelegd, waarna pas in de 19e eeuw de twee torenspitsen werden toegevoegd. De verticale lijnen horen bij de gotiek: alles wijst naar de hemel. De steenhouwers mochten zich uitleven in een overdaad aan beelden en beeldengroepen, van hellemonsters tot apostelen en heiligen. Ook de glas-in-loodramen vertellen kleurrijke verhalen. Staat u in het koor achter in de kerk, bedenk dan dat u naar dezelfde ramen kijkt als de kerkgangers in de 14e eeuw. Voor liefhebbers van kerkmuziek: op www.domspatzen.de staat welke missen worden opgeluisterd door het beroemde jongenskoor de **Regensburger Domspatzen**. De kerkschatten kregen een plekje in het **Domschatz Museum**.

169

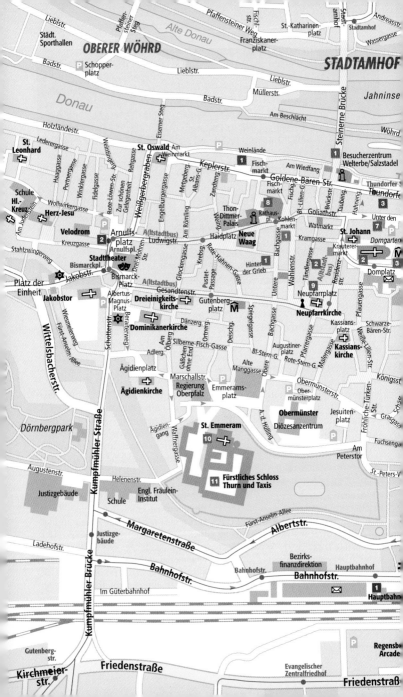

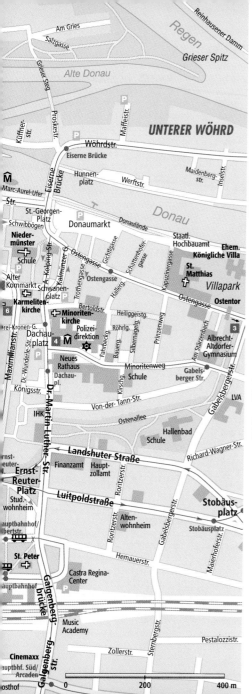

# Regensburg

## Bezienswaardigheden
1. Steinerne Brücke
2. Dom St. Peter
3. Diözesanmuseum St. Ulrich
4. Historisches Museum
5. Herzogshof
6. Alte Kapelle
7. Porta Praetoria
8. Altes Rathaus
9. Neupfarrplatz
10. Basilika St. Emmeram
11. Schloss Thurn und Taxis

## Overnachten
1. Orphée
2. Münchner Hof
3. Dock1

## Eten en drinken
1. Gänsbauer
2. Kneitinger
3. Wurstkuchl

## Winkelen
1. Café Prinzess

## Actief
1. Rent a Bike

### Diözesanmuseum St. Ulrich [3]

Domplatz 2, www.bistumsmuseen-
regensburg.de, heropening in 2019,
zie website voor details

Zo uitbundig als de dom is, zo bescheiden oogt de St. Ulrich er vlak achter. De kerk verrast met eeuwenoude
muurschilderingen en ongewone galerijen: bij de de start van de bouw in de
13e eeuw waren twee verdiepingen gepland, maar men besloot het toch zonder tussenvloer te doen. De kerk herbergt nu een religieus museum.

### Historisches Museum [4]

Dachauplatz 2-4, tel. 0941 507 24 48,
www.regensburg.de, di.-zo. 10-16 uur,
entree € 5

Het vroegere **Minoritenkloster** (13e-
16e eeuw) vormt met zijn kruisgangen
en binnenhof een toepasselijk decor
voor een museum over de geschiedenis
van Regensburg. Vooral de afdelingen
over de Romeinse tijd en de middeleeuwen zijn levendig genoeg om ook (oudere) kinderen te kunnen boeien.

Tussen het historisch museum en de
Domplatz ligt de Alter Kornmarkt. De
robuuste toren op de hoek heet **Römer-
turm** – onterecht, want de toren werd
pas na de Romeinse tijd gebouwd. Een
boog verbindt de toren met de **Herzogshof** [5]. Deze naam klopt wel: hier
woonden de hertogen van Beieren
vanaf de 12e eeuw. Daar weer naast zorgt
de **Alte Kapelle** [6] voor een verrassing:
de buitenkant is middeleeuws, maar het
interieur kreeg in de 18e eeuw een uitbundige rococostyling. Gouden omlijstingen bekronen sindsdien de schilderingen op de plafonds en de muren.

In een straat tussen de Domplatz en
de rivier is nog een stukje van het Romeinse Regensburg te zien: de **Porta
Praetoria** [7] maakte deel uit van de Romeinse versterking die in 179 n.Chr. op
de oever van de Donau werd gebouwd.

Aan het einde van diezelfde straat
wijst een toren de weg naar het **Altes
Rathaus** [8]. Het oudste deel dateert van
rond 1250 – bezoekers worden sinds die
tijd gadegeslagen door twee zeer trouwe
stenen bewakers. Achter de gele muren
is geschiedenis geschreven: tussen 1663
en 1806 kwam hier de Rijksdag van het
Heilige Roomse Rijk bijeen. Dat wil
zeggen dat honderden vorsten uit heel
Europa vergaderden in de prachtige
**Reichssaal,** die via een rondleiding te
bezoeken is (entree € 7,50).

De **Neupfarrplatz** [9] was tot 1519 het
hart van de joodse wijk. In dat jaar werden alle joden uit de stad verdreven en
werd hun wijk afgebroken. Een kunstwerk markeert de plek waar de synagoge stond. Kort daarna werd gestart
met de bouw van een bedevaartkerk.
Deze moest indrukwekkende proporties krijgen, maar de pelgrims bleven
weg en de huidige **Neupfarrkirche**
oogt duidelijk onaf.

Een trap naast de kerk gaat naar
een ondergronds museum, **document
Neupfarrplatz** (rondleidingen do.-za.
14.30 uur, juli-aug. ook zo.-ma., entree
€ 5). Te zien zijn teruggevonden resten
van het Romeinse en joodse Regensburg, maar nog spannender is een 14e-
eeuwse goudschat.

## Rond de Emmeramsplatz

Aan de zuidkant van het centrum stond
vanaf de 8e eeuw een belangrijk klooster, gebouwd rond het graf van de heilige Emmeram. Boven de crypte verrees
de **Basilika St. Emmeram** [10]. Het romaanse portaal en enkele wandschilderingen doen nog aan de oorspronkelijke kerk denken. Van het vroegere
interieur is niet veel over; dat maakte
in de 18e eeuw plaats voor de ietwat
pompeuze barokke decoraties van de
gebroeders Asam (zie blz. 81).

De rest van de kloostergebouwen kwam in 1812 in handen van de vorstenfamilie Thurn und Taxis (zie Tip). Het klooster veranderde daarop in een vorstelijke residentie, **Schloss Thurn und Taxis** , waarvan een deel nog altijd door de familie wordt bewoond. Een ander deel is ingericht als museum (Emmeramsplatz 5, tel. 0941 50 48-133, rondleidingen verschillende keren per dag, half nov.-half mrt. alleen za.-zo., entree € 10/13,50). Een gids neemt u mee langs pronkzalen en een kloostergang.

## In de omgeving

Vanaf de Steinerne Brücke vertrekken rondvaartboten (www.schifffahrtklin ger.de) voor tochten over de Donau. Een van de bestemmingen is het opmerkelijke **Walhalla** (www.walhalla-regensburg.de, dag., entree € 4) bij het dorp **Donaustauf**, circa 10 km ten oosten van Regensburg. Deze verdwaalde Griekse tempel werd tussen 1830 en 1841 gebouwd in opdracht van koning Ludwig I. Binnen staan de bustes van een groot aantal bekende namen uit de 'Duitstalige wereld'. Daarbij nam Ludwig de taalgrens niet zo nauw, want bijvoorbeeld ook Willem van Oranje, Hugo de Groot, Michiel de Ruyter en Peter Paul Rubens kregen een plekje.

## Overnachten

**Volop karakter** – **Orphée** 1: Untere Bachgasse 8, tel. 0941 59 60 20, www.hotel-orphee.de, 2 pk vanaf € 150. Kamers met antiek en soms een tikje jugendstil boven een authentieke bistro. Op enkele stappen verwijderd is er een kleinere dependance (2 pk vanaf € 80).
**Hartje centrum** – **Münchner Hof** 2: Tändlergasse 9, tel. 0941 58 44-0, www.muenchner-hof.de, 2 pk vanaf € 107.

Ideale uitvalsbasis voor een verkenning van de stad. Ruime kamers met (soms) levendige, frisse kleuren. Aan de overkant fungeert de historische Blauer Turm als dependance.
**Modern design** – **Dock1** 3: Alte Straubinger Straße 7, tel. 0941 600 90 90, www.hotel-dock1.de, 2 pk vanaf € 85. Modern gebouw tussen de haven en het centrum. Makkelijk en gratis parkeren, jonge uitstraling, grote bedden. Vier buslijnen verbinden het hotel met het centrum en het station.

## Eten en drinken

**Culinaire hoogstandjes** – **Gänsbauer** 1: Keplerstraße 10, tel. 0941 578 58, www.gaensbauer.de, di.-za. vanaf 17.30 uur, hoofdgerecht vanaf € 25.

In de duurdere prijsklasse, maar het extra geld zeker waard. Vooral biologische seizoensgerechten.

Beiers – **Kneitinger** 2: Arnulfsplatz 3, tel. 0941 524 55, www.knei.de, dag. 9-0.30 uur, hoofdgerecht vanaf € 10. Eten en drinken in de sfeervolle gelagkamer van een brouwerij. Stevige porties tegen een redelijke prijs.

Oudste worst ter wereld? – **Wurstkuchl** 3: Thundorferstraße 3, tel. 0941 466 21-0, www.wurstkuchl.de, dag. 9/10-17/19 uur, menu vanaf € 15. Al in de middeleeuwen haalden de brugbouwers en havenarbeiders hier hun worst. Nu kom je voor de worst met zuurkool.

## Winkelen

Koffie en chocola – **Café Prinzess** 1: Rathausplatz 2, tel. 0941 59 53 10, www.cafe-prinzess.de. In 1686 de eerste plek in Duitsland waar koffie werd geserveerd. Dat doen ze nog steeds, maar beroemd zijn ze vooral door de Confiserie met heerlijke pralines en gebak.

## Actief

Fietsverhuur in het station – **Rent a Bike** 1: Bahnhofstraße 17-18, tel. 0941 599 81 94, www.fahrradverleih-regensburg.de. Ook e-bikes. Vanaf € 15 per dag.

## Informatie

**Regensburg Tourismus:** Altes Rathaus, Rathausplatz 4, tel. 0941 507 44 10, www.regensburg.de.

Pronkzucht van de Beierse koning Ludwig I: borstbeelden van bekende 'Duitsers' in de 'Griekse' tempel Walhalla

# Kloster Weltenburg ▶ J 8

Kelheim, Asamstraße 32, www.kloster-weltenburg.de

De monniken kozen een prachtige plek uit voor hun klooster: in een bocht van de Donau, omringd door bossen en steile rotswanden. Het huidige complex is van de 18e eeuw, maar mogelijk stond hier al in de 7e eeuw een voorganger. Benedictijner monniken leven en werken hier nog altijd, daarnaast is een deel opengesteld voor bezoekers. Zoals de barokke **Klosterkirche St. Georg**, waar de gebroeders Asam (zie blz. 81) al hun vaardigheden in hebben gestopt. De grondvorm is ovaal, met als bekroning een plafondschildering van de Triomferende Kerk. In het altaar flonkert een beeld van de heilige Georg (St.-Joris) die de draak verslaat.

Het bezoekerscentrum in de **Felsenkeller** (half mrt.-okt. dag. 10-16.30/18 uur, daarbuiten wisselende tijden, entree € 2,50) is gevuld met een allegaartje aan onderwerpen: van fossielen tot eeuwenoude boeken en de kunst van het bierbrouwen. Want bier brouwen doen ze hier al sinds 1015. Proeven kan in de **Klosterschenke** (www.klosterschenke-weltenburg.de), waar bovendien kloosterworst en -kaas op tafel komen.

## In de omgeving

Het klooster is per auto bereikbaar, maar het wordt een complete dagtocht als u in **Kelheim** op de boot stapt (www.schiffahrt-kelheim.de, tel. 09441 58 58, eind mrt.-begin nov.). Onderweg passeert u dan de imposante **Donaudurchbruch**, een diepe kloof die een voorganger van de Donau zo'n 150.000 jaar geleden heeft uitgesleten.

Het is nu een beschermd natuurgebied met volop wandelmogelijkheden.

Als u toch in Kelheim bent: op de top van de Michelsberg (126 m boven de Donau) staat de **Befreiungshalle**, een reusachtig bouwwerk dat de horizon al van verre domineert (dag., entree € 3,50). Net als bij het Walhalla (zie blz. 173) was het koning Ludwig I die opdracht gaf tot de bouw van dit megalomane eerbetoon aan de Duitse overwinningen op Napoleon. Naast de kolossale beelden voelt elke bezoeker zich nietig – en dat was precies de bedoeling.

Enkele kilometers ten westen van Kelheim, richting **Essing**, markeert een toren op een helling de toegang tot een 420 m lange druipsteengrot: de **Schulerloch** (Oberau, tel. 09441 179 67 78, www.schulerloch.de, eind mrt.-begin nov. dag. 10-16 uur, entree € 5,50). De grot is via een rondleiding te bekijken – warme trui meenemen! Bijzonder zijn de projecties op de wanden die teruggaan naar de oertijd.

# Amberg ▶ J 6

Op oude gravures is te zien dat Amberg lange tijd werd beschermd door een middeleeuwse stadsmuur met maar liefst 97 torens. Die hebben lang niet allemaal de roerige stadsgeschiedenis overleefd, maar de aanblik is ook nu nog indrukwekkend. Dwars door het oude stadshart stroomt de rivier de **Vils**, die ook zorgde voor de welvaart: ijzererts uit de regio werd hier in schepen overgeladen.

## Binnen de stadsmuren

Stap voor meer details over de stadsgeschiedenis en tijdelijke tentoonstellingen binnen bij het **Stadtmuseum Amberg** (Zeughausstraße 18, tel. 09621 102 84, www.stadtmuseum.amberg.de, di.-vr. 11-16, za.-zo. 11-17 uur, entree € 4). Ook oude winkelinterieurs hebben hier een plekje gekregen.

Rond Kloster Weltenburg heeft de rivier een diepe kloof in de rotsen uitgesleten

Het centrale stadsplein, de Markt-platz, bevindt zich net ten oosten van de Vils. Het **Rathaus** is te herkennen aan de puntgevel met het klokkento-rentje. Binnen is de Grote Zaal uit de 14e eeuw helaas niet te bezoeken, maar de buitenkant is ook bijzonder: de okergele galerij en de buitentrap zijn 16e-eeuws en lijken zo uit Italië te komen.

Even verder staat de **Kirche St. Martin** met de achterkant naar het plein; de voorkant grenst aan de rivier. Het interieur is voornamelijk 19e-eeuws, maar veel ouder zijn de negentien kapellen waar rijke families een altaar en een familiegraf hadden. Het graf achter het hoogaltaar is van de in 1392 gestorven paltsgraaf Rupert Pipan. De reliëfs aan de zijkant tonen scènes rond de dood van Christus.

Van de verschillende bruggen is de **Stadtbrille** aan de zuidkant van de stad de bekendste; de naam komt van de in het water weerspiegelende bogen. Bij de brug in het stadshart begint de Georgenstraße, de hoofdstraat van Amberg. Rechts gaat een straat naar de **Schulkirche**, een kloosterkerk die in 1758 een bont rococo-interieur kreeg: gouden sierlijsten omkaderen de talrijke muur- en plafondschilderingen. Afgebeeld zijn heiligen en belangrijke momenten uit de ontstaansgeschiedenis van de orde van de salesianen.

De Georgenstraße eindigt bij alweer een kerk: de **St. Georg**. Ook deze middeleeuwse kerk kreeg in de 18e eeuw een nieuw interieur, dit keer een barokke variant. De gouden omlijstingen ontbreken, maar fresco's en sierstucwerk zijn er volop.

## Buiten de stadsmuren

Een groenstrook omringt de nog altijd aanwezige **stadsmuur**. Hier nodigt een circa 3 km lang pad uit tot een muur-

### Middeleeuws ooglapje

Aan de zuidkant van de Kirche St. Martin is een opvallende grafsteen in de muur gemetseld: het reliëf toont een redelijk doorvoed heerschap in middeleeuwse kleding, staande op een kanonsloop. De tekst vermeldt dat het gaat om Martin Merz (ca. 1425-1501), in de late middeleeuwen een van de bekendste *Büchsenmeisters*. Dat wil zeggen dat hij specialist was in het maken en afschieten van – toen nog zeer primitieve – vuurwapens. Maar een detail doet vermoeden dat dat toch niet altijd goed ging: voor zijn (verdwenen?) rechteroog zit een forse ooglap.

wandeling of zelfs een rondje joggen. Onderweg passeert u vijf stadspoorten die teruggaan tot de 14e eeuw en ook nu nog toegang tot de stad bieden.

Aan de oostkant van de oude stad, naast het station, klimt de Mariahilf-bergweg omhoog naar de **Wallfahrtskirche Mariahilf**. U kunt er met de auto heen, maar een wandeling is meer toepasselijk: de kruiswegstaties langs het pad maken het tot een 'echte' pelgrimstocht. De geschiedenis van de bedevaart begon in 1633/1634, toen Maria werd bedankt voor het beëindigen van een pestuitbraak. Een schilderij van Maria – een kopie van een beroemd schilderij van Lucas Cranach – werd eerst in een kapel opgehangen, overleefde op wonderbaarlijke wijze een brand in 1646 en kreeg rond 1700 een nieuwe behuizing die er nog altijd staat: een okergele kerk met een barok interieur waar de bekendste kunstenaars uit die tijd aan meewerkten. De schilderingen op de plafonds en de muren vertellen het verhaal van de pest, de bedevaart en de kerk.

## Overnachten

Klassiek en sfeervol – **Drahtham-mer Schlöß'l:** Drahthammerstraße 30, tel. 09621 70 30, www.drahthammer schloessl.de, 2 pk vanaf € 115. Gevestigd in een historisch pand met moderne vleugel ten zuiden van het oude centrum. Ruime, elegant ingerichte kamers, bar, restaurant en verschillende wellnessvoorzieningen.

Binnen de stadsmuren – **Brunner:** Batteriegasse 3, tel. 09621 49 70, www. hotel-brunner.de, 2 pk vanaf € 89. Ideale ligging op 100 m van het station en net binnen de stadsmuren. Nette kamers met houten meubels, rustige serre en eigen parkeergelegenheid.

## Eten en drinken

Eetcafé op z'n Beiers – **Schloderer Bräu:** Rathausstraße 4, tel. 09621 42 07 07, www.schlodererbraeu.de, dag. vanaf 8/10 uur, hoofdgerecht vanaf € 9. Sfeervol café en restaurant waar ter plekke gebrouwen bier wordt geschonken. Op tafel komen stevige Beierse gerechten. Bij mooi weer gaat ook de binnenplaats open.

Aan de oever van de Vils – **Rußwurm-haus:** Eichenforstgäßchen 14, tel. 09621 213 16, di.-zo. vanaf 11 uur, hoofdgerecht vanaf € 10. Midden in het centrum van Amberg, met groot terras en gezellige eetzaal. Voor de betere steaks en *Bayrischer Surbraten.*

## Actief

Rondvaart met platbodem – **Plätten-fahrten:** vertrek bij de houten Schiff-brücke, aanmelden bij Touristinfo, eind apr.-okt. za.-zo. 14-17 uur, € 3. Verken de stad vanaf het water in een historisch vaartuig.

## Informatie

**Tourist-Information:** Hallplatz 2, tel. 09621 10 12 39, www.tourismus.amberg. de.

# Weiden in der Oberpfalz ▶ K 6

Een langgerekt marktplein tekent het centrum van Weiden, met in het hart daarvan het vrijstaande **Alte Rathaus.** Achter de bontgekleurde gevels rond het plein gaan vaak nog middeleeuwse panden schuil. De witte kerktoren aan de westkant hoort bij de **St. Michael,** die net als veel andere Beierse kerken een barokke aankleding kreeg. Bijna uniek is dan ook een andere kerk die opdoemt als u vanaf hier de Schulgasse volgt: de **St. Josef** werd kort na 1900 gebouwd en vervolgens met jugendstildetails gedecoreerd.

De beroemdste zoon van Weiden is de componist Max Reger (1873-1916), naar wie verschillende muziekfestivals zijn vernoemd. Ook is in het **Stadtmuseum** (Schulgasse 3, tel. 0961 81 41 01, ma.-vr. 9-12 en 14-16.30 uur, entree gratis) een muziekkamer aan hem gewijd. Daarnaast telt Weiden verschillende bekende porseleinfabrieken, zoals Seltmann Weiden en Bauscher. Mooie voorbeelden zijn te zien in het **Internationales Keramik-Museum** (Luitpoldstraße 25, tel. 0961 320 30, di.-zo. 11-17 uur, entree € 4).

## In de omgeving

De merkwaardige puist bij **Parkstein,** 14 km ten noordwesten van Weiden, is een basaltkegel die achterbleef na een vulkaanuitbarsting. Vanaf de bedevaartkerk op de top reikt het uitzicht tot ver over de grens. Het geologische geweld staat ook centraal in het museum van

Vulkanerlebnis Parkstein (Schlossgasse 5, tel. 09602 616 39 10, www.vulkanerleb nis-parkstein.de, eind mrt.-begin nov. di.-zo. 10-17, begin nov.-eind mrt. di.-zo. 13-17 uur, entree € 4,50).

## Informatie

**Tourist-Information:** Oberer Markt 1, tel. 0961 814 13-1, www.weiden-touris mus.info.

## Waldsassen ▶ K 5

Waldsassen ligt in de noordpunt van Ostbayern, op enkele kilometers van de grens met Tsjechië. De geschiedenis van het stadje begon toen omstreeks het jaar 1133 een klooster werd gesticht. In de 17e eeuw groeide het complex uit tot een dorpje.

De gebouwen van **Abtei Waldsassen,** en dan met name de basiliek, domine ren nog altijd het stadsbeeld. Het kloos ter wordt sinds 1863 gebruikt door nonnen van de cisterciënzers, maar in sommige delen zijn ook bezoekers wel kom. Zoals in de schitterende **Stifts bibliotheek,** de kloosterbibliotheek die in 1724-1725 werd versierd met kunstig houtsnijwerk en plafondschilderingen (www.abtei-waldsassen.de, Palmzon dag-okt. di.-zo. 10/11-16 uur, winter wo.-zo. 13-16 uur, entree € 3,50).

De **Stiftsbasilika** is al even indruk wekkend (www.pfarrei-waldsassen.de, dag. 7.30 uur-zonsondergang). De bouw duurde van 1685 tot 1704, waarna ieder een zich kon vergapen aan een van de grootste en mooiste barokkerken van Beieren. Let vooral op de details van het sierstucwerk, het houtsnijwerk van de koorbanken en de plafondschil deringen. Ietwat macaber zijn de ske letten die achter glas staan tentoon gesteld. Deze **Heilige Leiber,** gehuld

in historische kleding, dateren van de begintijd van het christendom en zijn rond 1700 vanuit de catacomben van Rome naar Beieren gebracht.

Vanaf het klooster kunt u met de auto naar de 4 km noordelijker gele gen **Wallfahrtskirche Kappl** (www. kapplkirche.de). Mooier is echter de wandelroute, met daarlangs vijftien stations die de lijdensweg van Christus verbeelden. Volgens de legende lieten broeders van het klooster op deze plek hun vee grazen. Bidden deden ze bij een schilderij van de Heilige Drievul digheid, dat ze aan een boom hadden gebonden. Toen er rond het schilderij wonderen gebeurden, werd eerst een eenvoudige kapel gebouwd en tussen 1685 en 1689 het huidige, zeer opval lende bouwwerk. De drie torens sym boliseren de drie-eenheid van Vader, Zoon en Heilige Geest. Ook binnen is alles in drievoud uitgevoerd. De pla fondfresco's zijn in 1934-1940 aange bracht, nadat een brand het oorspron kelijke dak had vernield.

## Informatie

**Tourist-Information:** Johannisplatz, tel. 09632 881 60, www.waldsassen.de.

## Bayerischer Wald ▶ L 7-M 8

Het Bayerischer Wald (Beierse Woud) beslaat een enorm gebied dat zich uit strekt tussen Regensburg, Passau en de grens met Tsjechië. Bij elkaar is dat zo'n 100 km aan middelgebergte, bos sen en cultuurlandschappen, met als hoogste top de **Große Arber** (1456 m, zie blz. 183). Een smalle strook langs de Tsjechische grens kreeg in 1970 als eerste gebied in Duitsland de sta tus van nationaal park. Wandelen is uiteraard de beste manier om dit vaak stille, dunbevolkte gebied te verkennen. Goede uitvalsbases hiervoor zijn de plaatsen **Cham, Deggendorf, Spiegelau, Finsterau** en **Neuschönau**.

Geologisch behoort het middelgebergte tot de oudste landschappen van Europa. Van oudsher vullen dichte bossen de hellingen. In de 9e eeuw waren kloosters de eerste echte nederzettingen en geleidelijk kwamen handelsroutes tot ontwikkeling. Vanaf de 14e eeuw werd er glas gemaakt: de belangrijkste grondstof, kwartszand, was volop aanwezig en met het hout konden de smeltvuren worden gestookt.

De middeleeuwse boeren kapten op kleine schaal bos om er akkers en weidegrond van te maken. Vanaf de 19e eeuw maakten de oerbossen plaats voor productiebos van naaldhout. Pas met de instelling van een nationaal park kregen de waardevolste bossen bescherming. Een groot deel van de rest van het Bayerischer Wald heeft de status van *Naturpark*.

Vooral bergwandelaars moeten rekening houden met wisselende en soms extreme weersomstandigheden. Houdt daarom altijd warme kleding en regenbescherming bij de hand. Boven de 1000 m kan de winter een half jaar duren en in de dalen kan het door aanhoudende regen erg vochtig zijn. Toch zijn juist de ruigheid en de relatieve leegheid de grootste pluspunten voor wandelaars en andere sporters – met daarbij de aantekening dat het op de populairste plekken en bergtoppen in de zomer en in de winter toch nog behoorlijk druk kan worden.

## Nationalpark Bayerischer Wald

Het als nationaal park beschermde deel is met 240 km² relatief klein en ligt tegen de Tsjechische grens aan. Doel is de natuur zoveel mogelijk haar eigen gang te laten gaan. Die natuur bestaat vooral

Het spectaculaire boomkroonpad bij het Nationalparkzentrum in Lusen

uit gemengde bossen, venen en heidevelden, waarbij een flink deel boven de grens van 1000 m uitstijgt. Ook de dieren weten het park te waarderen: soorten als lynx, otter, oehoe en zelfs de wolf komen hier voor.

Het nationale park beschikt over verschillende bezoekerscentra en informatiepunten. Aan de zuidkant, bij **Lusen** en **Neuschönau**, ligt het **Nationalparkzentrum**. Hart van het uitgestrekte terrein is het **Hans-Eisenmann-Haus** (Böhmstraße 35, www.nationalpark-bayerischer-wald.de, mei-begin nov. dag. 9-18 uur, 26 dec.-apr. dag. 9-17 uur, entree gratis). U leert er alles over de geschiedenis en de flora en fauna, er zijn wandelkaarten en -gidsen te koop en in het café kunt u een route uitzoeken.

Levende dieren bekijken kan in de **Tier-Freigelände** (dag., entree gratis). Routes van 3 of 7 km leiden langs onder andere wolven, beren, otters, wisenten, lynxen en elanden. Liefhebbers van planten en stenen kunnen in de **Pflanzen- und Gesteinsfreigelände** een miniatuurversie van het landschap van het nationale park bekijken. Spectaculair is het **Baumwipfelpfad** (Böhmstraße 43, dag., entree € 9,50), een boomkroonpad van 1300 m lengte dat langzaam naar boven spiraalt en uitkomt bij een uitkijktoren op 44 m hoogte.

Bij **Ludwigsthal** aan de noordkant van het natuurgebied ligt **Nationalparkzentrum Falkenstein**. Het bezoekerscentrum heet hier **Haus zur Wildnis** (www.nationalpark-bayerischer-wald.de, dag. 9-17/18 uur, entree gratis). Vanaf de (betaalde) parkeerplaats aan de B11 start een wandelpad door de **Tier-Freigelände** (dag., entree gratis). De wandeling langs onder meer wolven, oerossen en wilde paarden duurt ongeveer een uur. Extra verrassingen zijn een uitzichttoren en een **Steinzeithöhle**, een nagebouwde grot met 'prehistorische' tekeningen.

## Tip

### De grens over

Het Nationalpark Bayerischer Wald gaat aan de andere kant van de grens naadloos over in het Tsjechische **nationale park Šumava**, dat een stuk groter is dan de Duitse buurman. Doordat tot 1990 alleen grenswachten toegang hadden tot het gebied, kreeg de natuur alle kansen. Het grootste deel bestaat uit bos: soms eeuwenoud gemengd bos, soms aangeplant naaldbos. De lynx is een van de diersoorten die optimaal van de rust wisten te profiteren.

## Overnachten

Rond de grenzen van het nationale park zijn volop mogelijkheden om te overnachten. De accommodaties dicht bij het park zijn daarbij duurder dan de logeeradressen die wat verder weg liggen. Binnen de grenzen kunt u alleen terecht in enkele *Schutzhütten* (berghutten), die vaak langs wandelroutes liggen. De meeste van deze berghutten hebben echter alleen een restaurant en geen overnachtingsmogelijkheid. Overnachten kan wel in het **Falkenstein Schutzhaus** (www.1315m.de, tel. 09925 90 33 66) en het **Lusenschutzhaus** (www.lusenschutzhaus.de). Reserveren is noodzakelijk!

## Eten en drinken

Wie een uitstapje plant in het nationale park, zal zelf voldoende eten en drinken mee moeten nemen. Een hapje eten kan bij de verschillende bezoekerscentra aan de rand en in een handvol *Schutzhütten* in het natuurgebied. Kijk van tevoren goed op de overzichtskaarten of u langs zo'n hut komt.      ▷ blz. 185

# In één dag over acht duizenders – bergwandelen in het Bayerischer Wald

Op één dag acht toppen van meer dan duizend meter overwinnen – het klinkt als een bijna onmogelijke uitdaging, maar voor geoefende wandelaars is deze kammenroute door het Bayerischer Wald goed te doen. De beloning: steeds weer nieuwe bergpanorama's.

**Kaart:** ▶ L 7
**Duur:** 7-8 uur.
**Lengte:** 18 km.
**Route:** Eck (850 m) – Mühlriegel (1080 m) – Ödriegel (1156 m) – Schwarzeck (1238 m) – Reischfleck-sattel (1118 m) – Heugstatt (1261 m) – Enzian (1285 m) – Kleine Arber (1384 m) – Große Arber (1456 m).

**Markering:** volg vanaf de berg de Eck de markering van de Goldsteig, die hier over hetzelfde traject gaat als de Europese langeafstandsroute E6.
**Heenreis:** haal bij de toeristeninfo in Lam een wandelkaart, ga dan met de auto of buslijn 618 (half mei-okt.) naar Berggasthof Eck, Eck 1, Arrach-Eck (overnachten kan na reservering, www.berggasthof-eck.de).
**Terugreis:** vanaf het dalstation van de Arberbergbahn of vanaf Brennes met buslijn 590 terug naar Lam.

'Liever acht duizenders dan één acht-duizender' – zo maken de toeristen-bureaus in dit deel van het Bayerischer Wald reclame voor deze toppentocht.

De wandeling over de kammen van het middelgebergte is pittig, maar er zitten geen gevaarlijke of technisch lastige stukken in. Touwen of ander klimmateriaal zijn zeker niet nodig. Een wandelaar met enige ervaring in de bergen kan hier goed uit de voeten, zolang de conditie voldoende is om een hele dag te lopen. Neem wel de juiste kleding en genoeg water en voedsel mee, want pas in het laatste deel van de route hebt u de kans om in een berghut wat te eten.

Vanaf de **Eck** gaat het eerst redelijk gelijkmatig omhoog naar de **Mühlriegel** (1080 m); het hoogteverschil van 230 m overbrugt u in zo'n drie kwartier. Het bos zorgt aanvankelijk nog voor een aangename schaduw, daarna beloont de met rotsblokken bedekte top met een eerste uitzicht op het Zellertal. Nog een krabbel in het *Gipfelbuch*, het gastenboekje op de top, en dan op naar de volgende duizender!

## Scherpe kammen

Slechts tachtig hoogtemeters is het verschil met de **Ödriegel** (1156 m), maar het pad is steil en dat betekent flink zweten. Onderweg heeft het landschap iets van een moerassige hoogvlakte. Vanaf de Ödriegel gaat het via een redelijk gelijkmatig verlopende graat naar de Rastplatz Waldwiesenmarterl (1139 m), waar het tijd is voor een korte pauze.

Alle energie is nodig voor de steile klim naar de puntige rotstop van de **Schwarzeck** (1238 m); de berg aan de noordkant van het panorama is de Große Osser. Via de oostflank daalt u steil af naar **Reischflecksattel** (1118 m) – niet meer dan een open plek in het bos – om vervolgens weer te klimmen naar de **Heugstatt** (1261 m). Ook hier oogt het landschap als een Schots hoogvlaktemoeras, met blauwe bosbessen die in de zomer duidelijk afsteken tegen het sappige groen (let op: er kan vossenlintworm in de bessen zitten!).

## Richting de Arber

Vanaf nu gaat het steil omhoog naar de volgende duizender – de 1285 m hoge, kale top van de **Enzian** is weer voorzien van een *Gipfelbuch*. Vanaf hier is het eerstvolgende doel, de top van de Kleine Arber, al duidelijk zichtbaar.

Weer gaat het pad door een moerassig gebied, waarbij houtvlonders soms helpen de schoenen droog te houden. Bos, bessenstruiken en taai gras vormen het decor. Eenmaal op de top van de **Kleine Arber** (1384 m), gemarkeerd door een groot kruis, opent zich een nieuw panorama. Dan blijkt dat de grote broer, de hoogste top van het massief, al heel dichtbij is.

Na een naamsvermelding en eventueel een verhaaltje in het *Gipfelbuch* daalt het pad naar de op 1300 m gelegen jeugdherberg Chamer Hütte. Hier zult u moeten kiezen: of via de rotsige, steile traptreden van de *Himmelsleiter* ('Jakobsladder naar de hemel') direct naar de Große Arber, of via de minder inspannende route door de Bodenmaiser Mulde.

## De koning van het Bayerischer Wald

De **Große Arber** (1456 m) heeft vier toppen. De hoofdtop, herkenbaar aan het *Gipfelkreuz*, torent uit boven de berghut; de rotspunt bij de kleine kapel heet Große Seeriegel. De markante top aan de zuidwestkant kreeg de naam Richard-Wagner-Kopf vanwege de treffende gelijkenis met het hoofd van de componist. Ten westen daarvan pronkt de Kleine Seeriegel. Het uitzicht is in alle gevallen indrukwekkend: van het Bayerischer Wald tot ver over de Tsjechische grens in het Bohemer Woud.

De Große Arber is de enige berg in het Bayerischer Wald die tot boven de boomgrens reikt. Dat is echter niet de reden dat de top behoorlijk kaal is: het bos rondom is gekapt voor weidegrond voor de grazende koeien. In de winter heeft de ijskoude wind vrij spel, waardoor de resterende bomen en struiken kunnen veranderen in bizar gevormde kunstwerken van sneeuw en ijs, ook wel *Arbermandl* genoemd. Helaas doen de antennes en radarkoepels wel afbreuk aan het plaatje. Het zijn relicten uit de Koude Oorlog, toen vanaf de Große Arber het vliegverkeer in het Oostblok in de gaten werd gehouden.

### Verlate lunch en terugtocht

Zo'n vijf tot zes uur wandelen zitten al in de benen als het **Arberschutzhaus** (1358 m) in beeld komt. Hierna wacht alleen nog de afdaling naar Brennes. De berghut is een modern ingericht onderkomen met een restaurant en kamers voor wie wil overnachten. De Beierse gerechten die op tafel komen zijn prima en ook de kamers bieden voldoende

comfort. Er is zelfs een 'bruidssuite' met hemelbed. Dus wie de wandeling tot hier wel genoeg vindt, of 's morgens vroeg de zon boven de bergkammen wil zien opkomen, boekt tijdig een kamer in deze typisch Beierse berghut (www. arberschutzhaus.de, overnachting per persoon € 40, reserveren tot 16 uur via tel. 09925 94 14-0, gesl. tijdens onderhoud van de kabelbaan in apr. en nov., zie www.arber.de).

Voor de afdaling wacht opnieuw een keuze. De Arberbergbahn is een kabelbaan die direct naar het dal gaat (www. arber.de, zomer 9-16.30, winter 8.30-16 uur). Wandelaars nemen het 'smokkelaarspad' dat via de noordflank van de Arber afdaalt langs de Lamer Bergwachthütte en Berghaus Sonnenfels. Na ongeveer een uur bent u beneden in **Brennes**. Hier vertrekt de bus terug naar **Lam**.

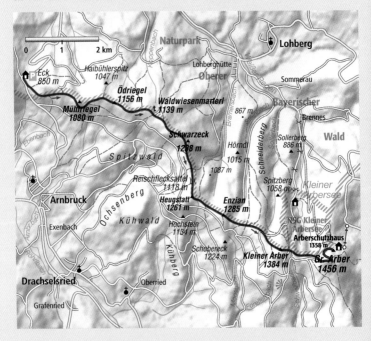

## Actief

Wandelen – Circa 300 km aan goed ge-markeerde wandelpaden doorkruisen het park. Routebordjes met een plant-symbool op een witte achtergrond staan langs routes die parkeerplaatsen of be-zienswaardigheden met elkaar verbin-den; diersymbolen op een gele achter-grond markeren rondgaande paden. Langeafstandspaden hebben een ei-gen symbool en gaan buiten het natio-nale park vaak verder. Daarnaast zijn er *Erlebniswege*: meestal korte routes met informatieborden over flora, fauna en geologie. In de informatiecentra vindt u volop wandelkaarten en brochures.

Fietsen – Voor fietsers is meer dan 200 km aan fietspaden uitgezet over meestal halfverharde paden. Een ste-vige toerfiets is voldoende. Houd wel rekening met af en toe flink klimmen en dalen.

Wintersporten – Sneeuw, ijs en rust kenmerken het park in de winter. Lang-laufen, (sneeuwschoen)wandelen en sleerijden zijn mogelijk, maar met res-pect voor de rust en de natuur.

## Informatie

Bezoekerscentra: zie blz. 181, www.nationalpark-bayerischer-wald.bayern.de.
Vervoer: (betaald) parkeren kan bij de twee grote bezoekerscentra en bij en-kele centrale parkeerplaatsen. Hiervan-daan rijden milieuvriendelijke bussen naar de startplaatsen van verschillende wandelroutes. Bij het Nationalpark-zentrum in Ludwigsthal is bovendien een treinstation. De bussen zijn gratis met een kaart van GUTi (Gästeservice-Umwelt-Ticket). Gasten die in een van de gemeenten in de omgeving verblij-ven, krijgen deze kaart bij aankomst (www.bayerwald-ticket.com/guti/).

# Tussen Nationalpark en Donau ▶ L 7-M 8

Tussen het nationale park en de rivier de Donau liggen enkele bezienswaar-digheden die om verschillende redenen een uitstapje waard zijn – ook voor kin-deren. Glas, geschiedenis en natuur zijn hier de belangrijkste trekkers.

### Gläserne Scheune

Viechtach, Rauhbühl 3, tel. 09942 81 47, www.glaeserne-scheune.de, apr.-okt. dag. 10-16/17 uur, entree € 6
In een 'schuur' ten noordoosten van **Viechtach** heeft de glaskunstenaar Ru-dolf Schmid zijn droom verwezenlijkt en een *Gesamtkunstwerk* gemaakt. Grote ramen met kleurrijke schilderingen en glazen objecten vullen de verschil-lende ruimtes. Inspiratie haalde hij onder meer uit oude Beierse legendes en verhalen, zoals de dood van Agnes Bernauer (zie blz. 187).

### WaldWipfelWeg

St. Englmar, Maibrunn 2a, tel. 09965 800 87, www.waldwipfelweg.de, apr.-okt. dag. 9-18/19, nov.-mrt. 9-16 uur, entree € 7,50
Dit boomkroonpad in de buurt van **St. Englmar** is niet voor mensen met hoogtevrees: het staat op dunne palen en reikt tot 30 m hoogte. Verschillende uitzichtplatforms maken deel uit van de route. Ook rolstoelen en kinderwa-gens kunnen mee, want het pad is 2,5 m breed en kent geen steile stukken. Aan de voet van de spectaculaire constructie is een *Naturerlebnispfad* aangelegd, een 2 km lang, leerzaam natuurpad.

### Glasmuseum Frauenau

Frauenau, Am Museumspark 1, tel. 09926 94 10 20, http://glasmuseum-frauenau.de, di.-zo. 9-17 uur, entree € 5

## *Tip*

### De Glasstraße

In het gebied tussen Waldsassen en Passau wordt van oudsher veel glas geproduceerd. Wie er alles over wil weten, volgt de 250 km lange **Glasstraße**. Deze toeristische route gaat via verschillende trajecten langs een groot aantal glasblazerijen, ateliers, musea en kunstwerken. Ook vinden er speciale evenementen en tentoonstellingen rond het thema glas plaats. Bruine borden met witte letters wijzen de weg. Kijk voor alle informatie en adressen op www.die-glasstrasse.de.

Van de eerste glazen objecten in het oude Egypte en Mesopotamië tot de modernste productietechnieken – het Glasmuseum in **Frauenau** geeft een compleet beeld van alles wat met glas te maken heeft. Ook talrijke bekende glaskunstenaars zijn vertegenwoordigd met een proeve van hun werk. Voor de kooplustigen is er een winkel met glassouvenirs. Buiten staat de **Gläserne Gärten** vol met grote glazen kunstobjecten.

### Keltendorf Gabreta

Ringelai, Lichtenau 1a, tel. 08555 40 73 10, www.keltendorf.com, apr.-half nov. di.-zo. 10-18, half nov.-mrt. do.-zo. 11-16 uur, entree € 6,50
Groot is het niet, maar het *archäologische Erlebnispark* (in **Ringelai**, 8 km ten zuidoosten van **Grafenau**) geeft toch een goede indruk van hoe de Kelten leefden in de periode voordat de Romeinen in Duitsland arriveerden. In een zestal gereconstrueerde huizen en werkplaatsen mogen de bezoekers proeven van het dagelijks leven zoals zich dat voor het begin van onze jaartelling afspeelde (zie blz. 189).

### Museumsdorf Bayerischer Wald

Tittling, Am Dreiburgensee, tel. 08504 84 82, www.museumsdorf. com, eind mrt. apr.-okt. dag. 9-17 uur, entree € 7; in de winter huizen gesloten, terrein wel open dag. 9-16 uur, entree € 2 (muntstukken)
Een van de grootste openluchtmusea van Europa ligt bij **Tittling** en illustreert het boerenleven in de periode 1580-1850. Meer dan 150 bouwwerken, waaronder boerderijen, kapellen, werkplaatsen en een watermolen, zijn elders afgebroken en hier zorgvuldig weer opgebouwd. Spullen van vroeger vullen nu de huizen en de tentoonstellingsruimten. Regelmatig zijn er demonstraties van oude ambachten en kinderen mogen zelf van alles uitproberen.

### Pullman City

Eging am See, Ruberting 30, tel. 08544 974 90 , www.pullmancity.de, zomerseizoen wisselende openingstijden, entree € 18
Welkom in het Wilde Westen! In en rond een 'authentiek' westernstadje bij **Eging am See** herleeft het Amerika van 1740-1880. In westernkleding gehulde acteurs, paarden, bizons, spectaculaire shows, een fort, een saloon, goudgravers, tipi's en livemuziek zorgen voor een complete tijdreis. Ideaal voor gezinnen met kinderen, ook al doordat er veel overnachtingsmogelijkheden zijn.

### Basilika St. Margaretha

Osterhofen-Altenmarkt, Hauptstraße, www.asambasilika.de, dag.
Een meesterwerk van de laatbarok – zo wordt de basiliek in **Osterhofen** door veel kenners beschouwd. Hij is dan ook gebouwd door de grootste namen uit de barokperiode: Johann Michael Fischer tekende het gebouw, de gebroeders Asam (zie blz. 81) zorgden voor het uitbundige interieur met fresco's en stucwerkdecoraties. De kerk hoort bij

een klooster dat begin 11e eeuw werd gesticht. Toen na een brand in 1710 de kloosterkerk beschadigd raakte, werd besloten een geheel nieuw godshuis te bouwen. De drie bouwmeesters kregen daardoor de kans hun ideeën tot in detail uit te voeren. Het werk was klaar in 1740. Cosmas Damian Asam, de schilder van de fresco's, verstopte ook in deze kerk weer enkele verrassingen, zoals een stel speelkaarten, een man met een bril en een zelfportret in de voorhal – zij het bescheiden als arme zondaar.

# Straubing ▶ L 8

De Kelten en daarna de Romeinen legden de basis voor deze stad, die door de Donau in tweeën wordt gedeeld. Rond 500 v.Chr. bouwden de Kelten hier een eerste versterking. In de loop van de 1e eeuw n.Chr. bouwden de Romeinen dit uit tot Castellum Sorviodurum, een belangrijk militair steunpunt langs de Donau. Toen in de 3e eeuw de Alemannen oprukten en de Romeinen dreigden te verslaan, werden de belangrijkste schatten en wapenuitrustingen onder de grond verstopt. Daar bleven ze liggen tot 1950, toen de **Straubinger Römerschatz** werd opgegraven. De schat vormt nu de basis van de collectie in het **Gäubodenmuseum** (Fraunhoferstraße 23, tel. 09421 97 41 10, www.gaeubodenmuseum.de, di.-zo. 10-16 uur, entree € 4).

Vanaf het museum is het niet ver naar het langgerekte marktplein. De **Stadtturm** in het midden dateert van 1316 en kreeg in de 16e eeuw een woning voor de torenwachter en vijf extra spitsen. Kleurige huizen en twee fonteinen, één voorzien van een gouden **Dreifaltigkeitssäule** (1709), sieren de brede straat.

Liefhebbers van barokke kerken wandelen door naar de Burggasse, bij de brug over de Donau. De **Ursulinenkirche** hoort bij een klooster en draagt de handtekening van de gebroeders Asam (zie blz. 81). Kenmerkend voor hun ontwerpen zijn de ovale vormen en de nissen, die met elkaar een theatraal effect opleveren. Uiteraard ontbreken ook de stucversiering en de fresco's niet.

## Oostelijk van het centrum

De nederzetting van de Kelten en Romeinen lag een stukje ten oosten van wat nu het centrum is. Hier staat ook de oudste kerk van Straubing, de **Kirche St. Peter**, omringd door een zeer sfeervol kerkhof. De kerk met de twee torens is van de 12e eeuw en heeft duidelijk romaanse trekjes: dikke muren en kleine rondboograampjes waren nodig om het gewicht van de muren te kunnen dragen. Het interieur is sober en plechtig – een groot contrast met veel andere Beierse kerken die in de 18e eeuw een modieus barok jasje kregen. Wandel zeker ook over het eeuwenoude kerkhof. Verweerde grafstenen en smeedijzeren kruizen zorgen voor een gewijde, nostalgische sfeer. Ook zijn er drie vrijstaande kapellen. Vanuit de **Totenkapelle** aan de zuidkant werden de doden naar de begraafplaats gedragen. De kapel is van eind 15e eeuw, de schilderingen zijn van de 18e eeuw en gaan allemaal over de dood.

De **Agnes-Bernauer-Kapelle** speelt een rol in een gruwelijk verhaal. Het is 1435 als hertog Ernst van Beieren ontdekt dat zijn zoon Albrecht stiekem is getrouwd met het burgermeisje Agnes Bernauer. De hertog is woest, want zo komt er later geen wettige erfopvolger. Als Albrecht weg is voor een jachtpartij, laat de hertog het meisje oppakken op verdenking van hekserij: met haar schoonheid zou ze zijn zoon hebben betoverd. Ze wordt schuldig bevonden en met een steen om haar ▷ blz. 190

## *Favoriet*

### Op bezoek bij de Kelten in Gabreta

'De Kelten' bestaan eigenlijk niet. Het is een verzamelnaam voor verschillende stammen en volken die vóór het begin van onze jaartelling in een groot deel van Europa woonden. De belangrijkste overeenkomst was dat ze allemaal een Keltische taal spraken. De Romeinen noemden deze volkeren ook wel de Galliërs – en inderdaad: ook Asterix en Obelix waren Kelten. Net als hun dorpsgenoten de smid, de bard en vooral de druïde, die een belangrijke rol speelde in het dagelijks leven van de Kelten. Een dorpje uit die tijd is nagebouwd in het Bayerischer Wald bij **Ringelai**. Bezoekers kunnen met hulp van 'Kelten' oefenen in traditionele vaardigheden als huizen bouwen, brood bakken, smeden of boogschieten. Kijk op de website voor het programma van die dag (zie blz. 186).

nek in de Donau verdronken. Als boetedoening laat de hertog daarna een kapel voor het meisje bouwen. Een reliëf van rood marmer toont haar met een rozenkrans en bij haar voeten twee honden als symbool voor eeuwige trouw.

Niet ver van de St. Peter, op een veldje ten noorden van de Schlesische Straße, zijn resten gevonden van het Romeinse castellum. Hier ligt nu het **Römerpark Sorviodurum**, een archeologisch themapark over de Romeinse tijd. Informatieborden illustreren het verhaal en vanaf een uitkijktoren hebt u zicht op de fundamenten van verschillende gebouwen. De nagebouwde houten poort hoort bij een 'Romeinse' speelplaats voor kinderen.

## Uitgaan

Biergarten en livemuziek – **Cairo**: Heerstraße 5, www.cairo-sr.de, wo.-za. vanaf 19, bij mooi weer vanaf 17 uur. Dé uitgaansplek in Straubing: een combinatie van kroeg, *Biergarten* en podium voor liveoptredens.

## Tip

### Landshuter Hochzeit

In 1475 trouwde de Beierse hertog Georg met de Poolse prinses Hedwig. De prinses kwam met een enorm gevolg van 642 man en vele paarden en wagens naar Landshut, waar een al even groots feest werd gegeven: er werden 200 varkens, 328 ossen, 490 kalveren, 1100 schapen en meer dan 30.000 kippen geslacht! Eens in de vier jaar (2021) wordt dit feest in Landshut zo historiegetrouw mogelijk nagespeeld, inclusief optocht, ridderspelen, dansen, muziek en heel veel eten en drinken aan lange tafels.

## Info en festiviteiten

**Tourismus und Stadtwerbung Straubing**: Fraunhoferstraße 27, tel. 09421 94 46 91 99, www.straubing.de.
**Gäubodenvolksfest**: elf dagen, half aug., www.ausstellungsgmbh.de. Het grootste volksfeest in de regio, met 1,3 miljoen bezoekers die zich op het feestterrein met kermis en in de zeven biertenten uitstekend vermaken.

## Landshut ▶ K 8/9

Dankzij de hertogen van Wittelsbach was Landshut ooit welvarender en belangrijker dan München. De stad lag dan ook heel strategisch aan de rivier de Isar, op een kruispunt van handelswegen. Ludwig der Kelheimer koos deze plek in de 13e eeuw uit voor het bouwen van een stad en een onneembare vesting op een heuvel daarnaast. De stad groeide en bloeide, met als hoogtepunt een spectaculair huwelijksfeest in 1475 tussen hertog Georg en een Poolse prinses (zie Tip). Maar vanaf 1503 veranderde alles: München werd de nieuwe hoofdstad van Beieren en later die eeuw verplaatsten ook de hertogen hun residentie naar die stad. Toch had de terugval ook een voordeel: er was geen geld meer voor vernieuwingen in het oude stadshart, waardoor veel monumentale panden bewaard zijn gebleven.

Tijdens een wandeling door het historische centrum is verdwalen nauwelijks mogelijk: de twee hoofdstraten, de Altstadt en de Neustadt, lopen bijna parallel aan elkaar én aan de rivier. Bovendien is de 131 m hoge toren van de **Pfarrkirche St. Martin** – de hoogste bakstenen toren ter wereld! – bijna altijd in beeld. De bouw van de kerk duurde van 1385 tot 1500. Daarna stond er een zeer hoog, naar de hemel reikend godshuis, typisch voor de

Italiaanse details op de binnenplaats van Burg Trausnitz

middeleeuwse gotiek. Rijkversierde portalen bieden toegang tot een imposant schip, waar de pijlers de hoogte van de kerk benadrukken. Het interieur is sober en lijkt ontsnapt aan de 18e-eeuwse mode om kerken een barok decor te geven. Daardoor valt het plafond extra op; bedenk dat middeleeuwse steenhouwers en metselaars deze sierlijke gewelven met de hand hebben gevormd. Enkele details zijn duidelijk van latere productiedatum: Hitler (met helm) figureert in een glas-in-loodraam in de Kastuluskapelle en in de buurt van het hoofdportaal sieren twee indianenkoppen een graf uit 1582.

In 1599 kreeg het **Landschaftshaus** tegenover de kerk een nieuwe gevelbeschildering. Afgebeeld zijn verschillende vorsten uit het Huis Wittelsbach. De gevels verderop langs de Altstadt zijn bontgekleurd en smal, omdat de breedte van de gevel de prijs van een huis bepaalde. Galerijen sieren veel gevels en de binnenplaatsen daarachter.

Het huis met de drie puntige gevels is het **Rathaus**. Veel strakker oogt de 18e eeuwse gevel van de **Stadtresidenz Landshut** (Altstadt 79, www.schloesser. bayern.de, apr.-sept. di.-zo. 9-18, okt.-mrt. di.-zo. 10-16 uur, entree € 3,50) hier schuin tegenover. Achter de gevel gaat een stadspaleis schuil dat hertog Ludwig X in de 16e eeuw liet bouwen. Na een reis naar Italië was hij zo onder de indruk van de mediterrane bouwstijl, dat hij Italiaanse architecten speciaal hiervoor naar Landshut liet komen. Het resultaat: pronkzalen vol met marmer, cassetteplafonds en schilderingen.

## Burg Trausnitz

Burgverwaltung Landshut, Burg Trausnitz 168, tel. 0871 92 41 10, www. schloesser.bayern.de, apr.-sept. dag. 9-18, okt.-mrt. dag. 10-16 uur, entree € 5,50

Het stamslot van de hertogen van het Huis Wittelsbach staat nog altijd op een heuvel boven de stad. Ludwig I gaf in

1204 opdracht tot de bouw. Zijn nazaten zouden er tot 1503 blijven wonen, gevolgd door een serie erfprinsen. Een wandeling naar de burcht toont dat de beveiliging van het complex prima in orde was: allerlei bruggen, poorten en andere obstakels konden bij gevaar worden afgesloten. De donjon (woontoren) is een restant van het oerkasteel, de andere gebouwen kregen in de 16e eeuw een opknapbeurt in renaissancestijl, compleet met Italiaanse details en wandschilderingen.

## Overnachten

Klassiek en stijlvol – **Goldene Sonne:** Neustadt 520, tel. 0871 92 53-0, www. goldenesonne.de, 2 pk vanaf € 100. Achter een sierlijke gevel in het centrum gaat een stijlvol, onberispelijk hotel schuil met onder meer eigen parkeerplaatsen en speelruimte voor kinderen. In het oude centrum – **Stadthotel Herzog Ludwig:** Neustadt 519, tel. 0871 974 05-0, www.stadthotel-herzog-ludwig. de, 2 pk vanaf € 95. Gastvrije ontvangst in een wat kleiner hotel met comfortabele kamers in het hartje van de oude stad. Geen eigen parkeergelegenheid.

## Eten en drinken

Middeleeuwse eetervaring – **Anno 1475:** Ländgasse 118, tel. 0871 965 70 22, www.anno1475.de, di.-zo. vanaf 17 uur, zo. ook 11.30-14.30 uur, hoofdgerecht vanaf € 12. Zowel het interieur als de gerechten nemen u mee terug naar een taveerne anno 1475, het jaar van de vorstelijke bruiloft in Landshut. Op vrijdag en zaterdag riddermaaltijd!

De groenkoperen koepels van de Dom St. Stephan tekenen het stadssilhouet van Passau

Traditioneel Beiers – **Augustiner an der Martinskirche:** Kirchgasse 251, tel. 0871 430 56 24, www.biergarten-landshut.de, dag. 10-24 uur, hoofdgerecht vanaf € 13. *Biergarten* annex *Gaststube*: eten en drinken in een typisch Beiers decor. En natuurlijk schenken ze daarbij het eigen Augustiner bier.

## In de omgeving

Bij **Reisbach,** 35 km ten oosten van Landshut, is een klein dierenpark uitgegroeid tot het **Bayern-Park** (Fellbach 1, tel. 08734 92 98-0, www.bayern-park.de, eind mrt.-half okt. wisselende openingstijden, entree € 22). Kies uit circa tachtig attracties, van speeltoestellen voor de jongste generatie tot spannende achtbanen, wildwaterbanen en een lange rodelbaan.

## Informatie

**Tourist-Information:** Rathaus, Altstadt 315, tel. 0871 92 20 50, www.landshut-tourismus.bayern.

# Passau ▶ M 8

De grensstad Passau is een van de toppers tijdens een bezoek aan Beieren. Waarom? Italiaanse architecten creeerden in de 17e eeuw een barok stadsjuweel met steegjes en pleinen die uitnodigen om te slenteren, winkelen en flaneren. De vele studenten zorgen er bovendien voor dat de monumentenstad altijd een levendige indruk maakt.

De strategische ligging bij de samenvloeiing van de rivieren Ilz, Inn en Donau was de reden dat de Kelten en later de Romeinen hier een versterking bouwden. De naam van het Romeinse kamp was Castra Batava (naar de Bataven die hier gelegerd waren), hetgeen later verbasterde tot Passau. Een belangrijke stap in de geschiedenis was de stichting van het bisdom Passau in de 8e eeuw. De bisschoppen werden rijk door tol te heffen, waarna ze met de opbrengst pompeuze kerken en barokke paleizen lieten bouwen.

## Op het schiereiland

Het barokke stadshart ligt op een smalle landtong tussen de Inn en de Donau. Hier maakt Passau een overweldigende indruk met zijn flaneerkades, kerken en kloosters. De Veste Oberhaus domineert een heuvel aan de noordkant, hetzelfde doet de Wallfahrtskirche Mariahilf aan de zuidkant.

### Dom St. Stephan  ▪1▪

Domplatz, www.bistum-passau.de/dom-st-stephan, dag.

# Passau

Na een brand in 1662 was er weinig over van de middeleeuwse bisschopskerk. Rond deze resten bouwde een Italiaanse architect een 100 m lang, barok kerkgebouw, waarin de invloeden van zijn vaderland duidelijk zichtbaar zijn. Ook binnen waren het vooral Italiaanse kunstenaars die het overweldigende stucwerk, de altaarstukken en de enorme plafondschilderingen creeerden. Trots zijn ze ook op het orgel, dat het grootste ter wereld zou zijn. Tijdens de concerten kunt u zelf het geluid en de akoestiek van de kerk beoordelen (kijk op de website voor data en tijden).

## Neue Residenz 2

Residenzplatz 8, Domschatzmuseum: www.bistum-passau.de/dom-st-stephan, mei-okt. ma.-za. 10-16 uur, entree € 2

Via een doorgang in de dom loopt u naar de **Neue Residenz**, een statig pand uit de 18e eeuw waar de vorst-bisschoppen woonden. Overal duiken barokke en rococoversieringen op, zowel binnen als buiten. Bijzonder is het trappenhuis, dat rijkelijk met gestucte guirlandes en engeltjes is gedecoreerd. Vanaf het plafond kijken de Olympische goden toe over de bisschoppen en over Passau. In een ander deel van het complex is de bisschoppelijke schatkamer met kerkelijke kunst gehuisvest.

## Altes Rathaus 3

Rathausplatz, eind mrt.-begin nov. en kerstperiode dag. 10-16 uur

Vanaf de dom leiden smalle steegjes naar de Rathausplatz en het vroegere raadhuis. Het gebouw dateert van de 14e-15e eeuw, de toren van de 19e eeuw. In de grote raadzaal worden de donkere gotische bogen spaarzaam verlicht door glas-in-loodramen. De wand- en plafondschilderingen tonen belangrijke momenten uit de stadsgeschiedenis.

## Glasmuseum Passau 4

Schrottgasse 2, tel. 0851 350 71, www.glasmuseum.de, dag. 9-17 uur, entree € 7

In vier oude panden naast de Rathausplatz is de grootste collectie Boheems glas en kristal ter wereld bijeengebracht. De verzameling beslaat de periode 1700-1950, van barok tot biedermeier en jugendstil.

## Museum Moderner Kunst 5

Bräugasse 17, tel. 0851 38 38 79-0, www.mmk-passau.de, di.-zo. 10-18, juni-sept. ook ma. 10-16 uur, entree € 6

Via de Donau wandelt u naar het museum voor moderne kunst (net voorbij de hangbrug). Het is een geslaagde combinatie van een 16e-eeuws huis en hedendaagse kunst. Na een rondje kunst kijken is het heerlijk om neer te

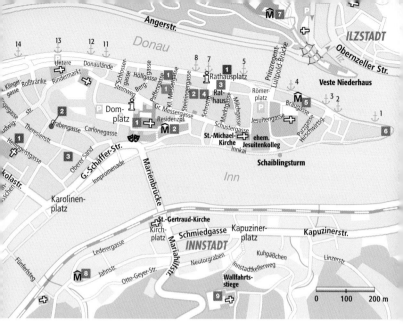

strijken op het Donauterras van het museumcafé.

### Dreiflüsseeck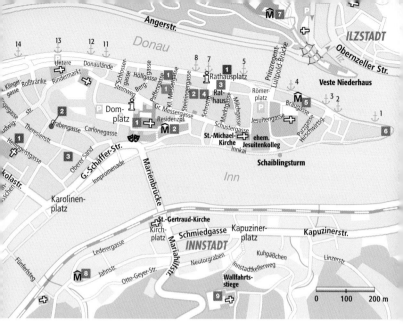

Nog een paar stappen verder eindigt de landtong bij een groen parkje met uitzicht op de Dreiflüsseeck, de hoek waar de drie rivieren samenvloeien. Let op de verschillen tussen de rivieren: helemaal links bij de burcht is het moerassige water van de Ilz bijna zwart, daarnaast stroomt de blauwe Donau en rechts is de Inn groengrijs door smeltwater uit de Alpen. Aan de andere kant van de landtong staat een rond torentje met een rood puntdak. Deze **Schaiblingsturm** hoorde bij de middeleeuwse ommuring en beschermde de haven waarin de zoutschepen aanlegden.

### Veste Oberhaus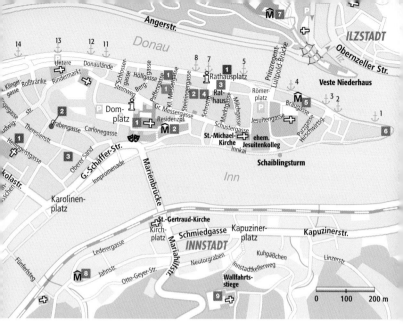

OberhausMuseum: tel. 0851 39 68 00, www.oberhausmuseum.de, 15 mrt.-15 nov. ma.-vr. 9-17, za.-zo. 10-18 uur, entree € 5

Het is een kwartier lopen naar de onaantastbare burcht op een heuvel aan de noordkant van de Donau. De kortste route gaat over de hangbrug en dan rechts via de kasteelmuren. Niet-wandelaars kunnen met de auto omhoog of op de Rathausplatz instappen in een pendelbusje. De bouw van de vesting startte in 1219. Daarna volgden talloze aanpassingen en uitbreidingen, waardoor er nu een burcht staat in een mengelmoes aan bouwstijlen. Een groot deel van de reusachtige vesting fungeert nu als museum over de geschiedenis van de stad en de burcht. Een steil, versterkt pad leidt terug naar beneden, waar de **Veste Niederhaus** de samenvloeiing van de Donau en de Ilz bewaakte.

### Römermuseum Kastell Boiotro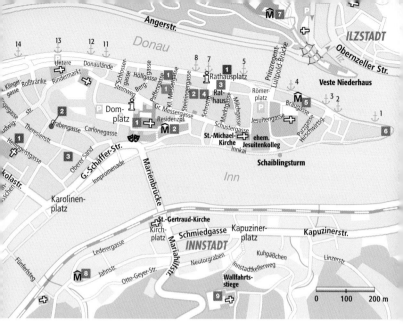

Ledererstraat 43, tel. 0851 347 69, www.stadtarchaeologie.de, mrt.-half nov. di.-zo. 10-16 uur, entree € 4

De stadsverkenning gaat verder via de zuidoever van de Inn, waar bij een middeleeuws huis de fundamenten van een Romeins castellum zijn gevonden. Nu fungeert het terrein als museum rond de vroegste geschiedenis van Passau, van de prehistorie tot de vroege middeleeuwen. Bekijk als opwarmer thuis al een filmpje op de website van het museum; het laat zien hoe verrassend groot de Romeinse versterking was.

## Wallfahrtskirche Mariahilf 9

Mariahilfberg 3, www.mariahilf-passau.de

Een echte bedevaart moet de nodige inspanning vergen. In dit geval eindigt het beklimmen van een trap met 321 treden bij een klooster op de Mariahilfberg. Vanaf hier is het uitzicht op de stad spectaculair, terwijl de bedevaartskerk (1624-1627) bij het klooster juist bescheidenheid uitstraalt. De gebeden worden gericht aan een schilderij van Maria met Kind. Het schilderij stond al bekend om de wonderen toen keizer Leopold I in 1683 naar Passau vluchtte omdat de Turken Wenen belegerden. Hij vroeg Maria om hulp en met de strijdkreet 'Maria Hilf' wisten

Majestueus interieur van de Dom St. Stephan in Passau

de christelijke troepen uiteindelijk de Turken te verslaan. Daarna steeg de populariteit van het Mariaschilderij.

## Overnachten

Logeren aan de Donau – **Residenz** 1: Fritz-Schäffer-Promenade 6, tel. 0851 989 02-0, www.residenz-passau.de, 2 pk vanaf € 100. Viersterrenhotel pal aan de Donau, in het barokke hart van Passau. De kamers en de service zijn tiptop in orde. In het hoogseizoen druk terras. Ideaal om te combineren met een riviercruise, want de schepen leggen aan aan de overkant.

Middeleeuws museumpand – **Wilder Mann** 2: Schrottgasse 2, tel. 0851 350 71, www.wilder-mann.com, 2 pk vanaf € 95. Dit eeuwenoude hotel zit in hetzelfde gebouwencomplex als het Glasmuseum en heeft veel bekende personen als gast gehad. De historische sfeer keert ook terug in de inrichting, bijvoorbeeld in de Franse bedden. Let op bij het boeken: er zijn grote en kleine kamers.

Rustige locatie – **Atrium** 3: Neue Rieser Straße 6, tel. 0851 98 86 68-8, www.atrium-passau.de, 2 pk vanaf € 79. Modern, net hotel op een rustige plek aan de noordkant van het oude centrum: het is 200 m lopen naar de Donau en 500 m naar het stadshart, maar wel via een wat steilere weg. Met sauna en andere wellnessvoorzieningen.

Modern overnachten – **Rotel Inn** 4: Haissengasse 10, tel. 0851 951 60, www.rotel-inn.de, per persoon € 25. Een uniek overnachtingsadres vlak bij de Donau en het station: het ultramoderne gebouw lijkt op een slapende man. Het concept is al net zo bijzonder, want de kleurrijke kamers zijn uiterst compact, dat wil zeggen dat de kamer weinig breder is dan het bed. Ideaal voor fietsers langs de Donauradweg.

## Eten en drinken

Streekgerechten – **Heilig-Geist-Stiftschenke** 1: Heiliggeistgasse 4, tel. 0851 26 07, www.stiftskeller-passau.de, do.-di. 10-1 uur, hoofdgerecht vanaf € 14. In overwelfde kelders of de gezellige binnentuin komen uitstekende streek- en seizoensgerechten op tafel.

Vis en meer – **Bouillabaisse** 2: Rosengasse 1, tel. 0851 377 95, di.-za. 11-22 uur, hoofdgerecht vanaf € 11. Wat verstopt op de eerste verdieping van een hoekhuis in een klein steegje ligt een pareltje voor visliefhebbers. Dagelijks staan er andere vissen op het menu, afhankelijk van het aanbod.

Binnen of buiten – **Weingut** 3: Theresienstraße 28, tel. 0851 37 93 05 00, www.weingut-passau.de, di.-wo. vanaf 17.30, do. vanaf 16.30, vr.-za. 11.30-14 en vanaf 17.30 uur, hoofdgerecht vanaf € 12. Kies voor het moderne interieur binnen of het terras buiten en geniet van uitstekende gerechten en meer dan tweehonderd wijnen.

## Winkelen

Slentersteeg – **Höllgasse** 1: in en rond deze smalle steeg hebben zich verschillende ateliers en winkels met glas, design enzovoort verzameld.

## Actief

Riviercruise – **Donauschiffahrt** 1: afvaart nabij Rathausplatz, tel. 0851 92 92 92, www.donauschiffahrt.de, mrt.-nov. dag. 10-17 uur.

## Informatie

**Tourist-Information:** Rathausplatz 3, tel. 0851 955 98-0, www.passau.de.

# Franken

## Hoogtepunt *

**Würzburg:** de Dom, de Festung Marienberg en de Residenz zijn de grote trekkers in de sfeervolle binnenstad van Würzburg. In talrijke *Weinstuben* wordt de regionale trots geserveerd: Frankenwijn. Zie blz. 205.

## Op ontdekkingsreis

**Romantische Straße:** meer dan 350 km lang slingert de Romantische Route langs eeuwenoude stadjes en sprookjeskastelen. Hoogtepunten in de regio Franken zijn Rothenburg ob der Tauber en Dinkelsbühl. Zie blz. 210.

## Bezienswaardigheden

**Nürnberg:** de bekende graveur en schilder Albrecht Dürer (1471-1528) werd in Nürnberg geboren en heeft hier veel sporen achtergelaten. Zijn werk is onder andere te zien in het schitterende Germanisches Nationalmuseum. Zie blz. 200 en blz. 203.

**Markgräfliche Opernhaus:** Bayreuth pronkt met een van de mooiste historische theaterzalen van de wereld: geheel in kleurrijk hout uitgevoerd, met drie rijen loges boven elkaar. Zie blz. 218.

## Actief

**Hochlandsteig:** een 26 km lange wandelroute verbindt Hersbruck en Altdorf met elkaar en passeert daarbij de 586 m hoge Deckersberg. Zie blz. 215.

## Sfeervol genieten

**Gondelrondvaart:** laat u door een echte gondelier rondvaren door de wateren van Bamberg. Zie blz. 215.

**Esszimmer:** klein maar fijn restaurant met een Michelinster in Coburg onder leiding van topchef Stefan Beiter. Zie blz. 221.

**Blaue Nacht:** op een avond begin mei wordt het historische stadshart van Nürnberg met lichtprojecties, dans en theater omgetoverd tot een sprookjesdecor. Zie blz. 205.

# Van middeleeuwen tot barok

De benaming Franken komt voor het eerst voor als verzamelnaam voor de Germaanse stammen die in de 3e eeuw n.Chr. de Romeinen uit het huidige Duitsland verdreven. In de middeleeuwen was Franken een van de vijf stamhertogdommen waarin Duitsland was verdeeld. Nu staat de naam Franken voor een regio in de deelstaat Beieren én voor een heerlijke wijn.

Naast glooiende wijngaarden kent de regio beboste heuvels, idyllische rivierdalen en opvallend veel historisch erfgoed in de vorm van vakwerkhuizen met felrode daken, barokke paleizen en middeleeuwse burchten. Enkele van de mooiste stadjes, waaronder Rothenburg ob der Tauber en Dinkelsbühl, zijn verplichte stopplaatsen langs de Romantische Straße, een toeristische autoroute die eindigt aan de voet van de Alpen. Grotere steden die wachten op ontdekking zijn Nürnberg, Würzburg, Bamberg en Bayreuth. Wandelaars en fietsers zullen eerder het Altmühltal en de Fränkische Schweiz opzoeken.

## INFO

### Internet
www.frankentourismus.de

### Toeristenbureau
Tourismusverband Franken e.V.: Wilhelminenstraße 6, 90461 Nürnberg, tel. 0911 941 51-0.

### Vervoer
Nürnberg beschikt over een vliegveld (www.airport-nuernberg.de). Alle grote plaatsen zijn per trein bereikbaar. ICE-treinen stoppen in Nürnberg en Würzburg.

## Nürnberg ▶ H 6

Nürnberg (Neurenberg, 511.000 inw.) is na München de grootste stad van Beieren. De stad vormt het levendige hart van een moderne metropoolregio, maar in het centrum is het decor nog altijd middeleeuws.

In de 15e en 16e eeuw bloeide de stad dankzij de metaalindustrie en de handel. De cultuur bleef niet achter: prominente kunstenaars en ambachtslieden vestigden zich in Nürnberg en Albrecht Dürer (1471-1528), een van de invloedrijkste kunstenaars van zijn tijd, werd hier geboren. In de 17e eeuw zakte de stad weg in vergetelheid, totdat in de loop van de 18e eeuw de industrie Nürnberg ontdekte.

De nazitijd bracht Nürnberg nog een keer terug in de geschiedenisboeken. Vóór de Tweede Wereldoorlog hield de nazipartij (NSDAP) hier enkele keren massabijeenkomsten en de antijoodse rassenwetten werden zelfs naar de stad vernoemd. Juist daarom werd na de oorlog Nürnberg uitgekozen als de plaats waar nazikopstukken zouden worden berecht.

Na de oorlog lag de stad grotendeels in puin. Daarna volgde herbouw, waarbij het middeleeuwse stratenpatroon werd gevolgd en historische gebouwen werden hersteld. De burcht, statige kerken en talrijke musea sieren nu de ommuurde stad, die zich uitstrekt aan beide zijden van de rivier de Pegnitz.

## Noordoever van de Pegnitz

Klinkerstraatjes leiden vanaf de rivier naar de **Hauptmarkt**, een groot plein waar al eeuwenlang markten worden gehouden. Druk is het vooral tijdens

Lichtprojecties tijdens de Blaue Nacht in Nürnberg

de beroemde kerstmarkt (**Christkind-lesmarkt**, vanaf 28 november).

De 'torenspits' met de naam **Schö-ner Brunnen** is maar liefst 19 m hoog. De 14e-eeuwse fontein is versierd met veertig kleurrijke beelden van profeten, evangelisten en vorsten. In het hek zit een 'gouden' ring: draai hem drie keer rond en uw wensen gaan in vervulling – claimen althans de Nürnbergers.

De **Frauenkirche** aan de oostkant van het plein werd rond 1350 gebouwd in opdracht van keizer Karel IV. Kom om 12 uur 's middags om het beroemde *Männleinlaufen* (1509) te zien: onder de klok op de voorgevel verschijnen zeven keurvorsten die hun keizer eer bewijzen. In de kerk pronken verschillende middeleeuwse kunstwerken, waaronder het met figuren versierde Tucher-altaar (1440-1450).

Ten noorden van het plein is de schade van de bombardementen vakkundig hersteld. Van het **Rathaus**, waarvan het oudste deel (1332-1340) aan de Hauptmarkt grenst, zijn de kerkers en een martelkamer te bezoeken.

Ook het oudste deel van de nabijgelegen **St. Sebalduskirche** is middeleeuws. Daarna werd de kerk in de gotische stijl hoger en lichter gemaakt. Blikvanger in het interieur is het grafmonument (1519) van Sebaldus, de patroonheilige van de stad.

## Stadtmuseum Fembohaus 1

Burgstraße 15, tel. 0911 231 25 95, www.museen.nuernberg.de, di.-vr. 10-17, za.-zo. 10-18 uur, entree € 6

Eind 16e eeuw werd er voor een Hollandse koopman een pand gebouwd met een Hollands aandoende trapgevel, maar dan versierd met talrijke krullen en tierelantijnen. Nu wordt hier de rijke stadsgeschiedenis levend gehouden, onder andere met een klank- en lichtspel en stijlkamers uit de 17e en 18e eeuw.

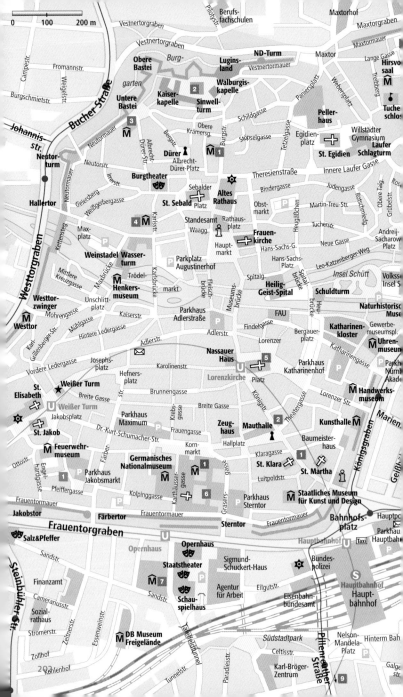

# Nürnberg

**Bezienswaardigheden**

1 Stadtmuseum
Fembohaus
2 Kaiserburg
3 Albrecht-Dürer-Haus
4 Spielzeugmuseum
5 St. Lorenzkirche
6 Germanisches
Nationalmuseum

7 DB Museum
8 Tiergarten Nürnberg
9 Dokumentationszentrum
Reichsparteitagsgelände

**Overnachten**

1 Drei Raben
2 Melter Hotel &
Apartments

3 Design Hotel Vosteen

**Eten en drinken**

1 Historische Bratwurst-
küche Zum Gulden Stern

**Winkelen**

1 Trempelmarkt

## Kaiserburg 2

Auf der Burg, tel. 0911 24 46 59-0,
www.kaiserburg-nuernberg.de,
apr.-sept. dag. 9-18, nov.-mrt. dag.
10-16 uur, entree € 7

De burcht van Nürnberg kijkt vanaf een
hoge rots uit over de stad. Het complex
werd gebouwd onder keizer Friedrich I
Barbarossa (1123-1190) en zijn opvolgers.
Hier woonden en werkten de machtheb-
bers van het Heilige Roomse Rijk, dat
ooit een groot deel van Midden-Europa
besloeg. Vertrekken, torens en kapellen
tonen hoe de keizers leefden.

## Albrecht-Dürer-Haus 3

Albrecht-Dürer-Straße 39, tel. 0911
231 25 68, www.museen.nuernberg.
de, do.-zo. 10-17/20 uur (juli-sept. ook
ma.), entree € 6

Albrecht Dürer werd in 1471 in Nürnberg geboren en groeide uit tot een van
de belangrijkse schilders en graveurs
van zijn tijd. Van 1509 tot zijn dood in
1528 woonde hij in dit sober ingerichte
huis. Het museum is gewijd aan zijn leven en werk en toont hoe prenten werden gedrukt.

## Spielzeugmuseum 4

Karlstraße 13-15, tel. 0911 231 31 64,
www.museen.nuernberg.de, di.-zo.
10-17/18 uur, entree € 6

Al in de middeleeuwen werden in
Nürnberg poppen en ander speelgoed
gemaakt. Het speelgoedmuseum staat
vol prachtige voorbeelden van poppen,
poppenhuizen en tinnen soldaatjes,
aangevuld met speelgoed dat ook de generaties van nu zullen herkennen.

# Zuidoever van de Pegnitz

## St. Lorenzkirche 5

Lorenzer Platz, dag. (m.u.v. missen)

Twee torens en een schitterend bewerkt
portaal sieren de westgevel van de kerk.
Een van de hoogtepunten in het interieur is de bijna 19 m hoge tabernakel
(1496) van Adam Kraft, die zichzelf als
drager van het kunstwerk heeft vereeu-
wigd. Houtsnijder Veit Stoß maakte in
1517-1518 de *Englische Gruß*, dat in het
koor is opgehangen. Het toont hoe de
aartsengel Gabriël de geboorte van Jezus aan Maria aankondigt.

## Germanisches
## Nationalmuseum 6

Kartäusergasse 1, tel. 0911 13 31-0,
www.gnm.de, di.-zo. 10-18 (wo. tot
21) uur, entree € 8

Duitse kunst en cultuur zijn het thema
van dit enorme museumcomplex,
waartoe ook twee oude kloostergebouwen behoren. De collectie varieert van
archeologie tot muziekinstrumenten,
speelgoed en schilderijen van onder
anderen Rembrandt en Dürer.

## DB Museum 7

Lessingstraße 6, tel. 0800 32 68 73 86, www.dbmuseum.de, di.-vr. 9-17, za.-zo. 10-18 uur, entree € 6

Maak kennis met de geschiedenis van de Duitse spoorwegen (DB), van de eerste stoomlocs tot de modernste treinen. Kinderen kunnen terecht bij een modelspoorbaan en een rijsimulator.

## Buiten het centrum

### Tiergarten Nürnberg 8

Am Tiergarten 30, tel. 0911 54 54-6, www.tiergarten.nuernberg.de, dag., entree € 16

Tramlijn 5 brengt bezoekers naar de ten oosten van Nürnberg gelegen Tiergarten. Het is een van de grootste dierentuinen van Duitsland, met veel aandacht voor het welzijn van de dieren. Favoriet bij kinderen blijven de dolfijnen in het dolfinarium.

### Dokumentationszentrum Reichsparteitagsgelände 9

Bayernstraße 110, tel. 0911 231 75 38, www.museen.nuernberg.de, ma.-vr. 9-18, za.-zo. 10-18 uur, entree € 6

In 1933 kwam Hitler aan de macht. Hij besloot een open terrein ten zuidoosten van de stad, waar zijn nazipartij al eerder bijeenkomsten had gehouden, geschikt te maken voor massamanifestaties. De *Kongresshalle* is nooit voltooid, maar bevestigt desondanks de grootheidswaan van Hitler. Een museum en een documentatiecentrum vertellen het complete verhaal van de nazitijd.

## Overnachten

Fantasierijke themakamers – **Drei Raben** 1: Königstraße 63 , tel. 0911 27 43 80, www.hoteldreiraben.de, 2 pk vanaf € 120. Een oude herberg is nu een hotel waar het moeilijk kiezen is tussen de stuk voor stuk uniek ingerichte kamers, waaronder mythische themakamers.

Ideale locatie – **Melter Hotel & Apartments** 2: Königstraße 41, tel. 0911 957 63 80, www.melter-hotel-apartments.com, 2 pk vanaf € 90. Achter een monumentale gevel gaan 53 appartementen en studio's met kitchenette schuil. Inclusief kleine fitnessruimte en conciërgeservice.

Nostalgie – **Design Hotel Vosteen** 3: Lindenaststraße 12, tel. 0911 955 12 33-0, www.hotel-vosteen.de, 2 pk vanaf € 100. Liefhebbers van de jaren 50 en 60 kunnen hier hun hart ophalen. De aankleding is nostalgisch, maar het comfort is van deze tijd. Gelegen nabij de burcht.

## Eten en drinken

Bratwurst zoals het hoort – **Historischen Bratwurstküche Zum Gulden Stern** 1: Zirkelschmiedsgasse 26, tel. 0911 205 92 88, www.bratwurstkueche.de, dag. 11-22 uur, Bratwurst vanaf € 8. In een historische setting worden de bekende Nürnberger worsten boven een houtvuur gegrild.

## Winkelen

Kunst en kitsch – **Trempelmarkt** 1: twee keer per jaar, in het tweede weekend van mei en september, vindt in het centrum van Nürnberg de grootste vlooienmarkt van Duitsland plaats.

## Info en festiviteiten

**Nürnberg Info:** Königstraße 93 (tegenover het station) en Hauptmarkt 18, www.tourismus-nuernberg.de.

**Bardentreffen:** drie dagen eind juli/begin aug., gratis muziekfestival in de openlucht met bekende en minder bekende 'barden' uit de hele wereld.

**Christkindlesmarkt:** 28 nov.-24 dec., een van de bekendste kerstmarkten ter wereld.

**Blaue Nacht:** op een avond begin mei wordt het historische stadshart met lichtprojecties, dans en theater omgetoverd tot een sprookjesdecor.

# Naturpark Altmühltal ▶ H/J 8

Ten zuiden van Nürnberg, in het grensgebied met OstBayern en Oberbayern, heeft het riviertje de Altmühl zijn stempel gedrukt op een aantrekkelijk landschap. Fietsers en wandelaars kunnen hier kiezen uit een groot aantal routes. De circa 250 km lange **Altmühl-Radweg** (www.altmuehlradweg.de) is een bewegwijzerde fietsroute die de rivier volgt van de bron bij Rothenburg ob der Tauber tot aan de plek waar de Altmühl uitmondt in de Donau. De route doorkruist daarbij een idyllisch, groen landschap met geheimzinnige bossen, rotsformaties, verspreid liggende boerendorpen en middeleeuwse burchten. Ook overblijfselen uit de prehistorie (zoals een beroemd fossiel van de oervogel archaeopteryx) en de Romeinse tijd duiken her en der op.

Het sfeervolle stadje **Weißenburg in Bayern**, dat nog altijd grotendeels door een middeleeuwse stadsmuur wordt beschermd, is voortgekomen uit een Romeins fort. Aan de westrand van het stadje, vlak bij het station, zijn de gedeeltelijk gereconstrueerde resten van het Romeinse **Kastell Biriciana** vrij te bezoeken. Aan de zuidwestrand liggen de door een tentdak beschermde ruïnes van de **Römische Thermen** (Am Römerbad, www.weissenburg.de, half apr.-half nov. dag. 10-17 uur, entree € 4). Vondsten en beelden uit de Romeinse

periode zijn verzameld in het **Römermuseum** (Martin-Luther-Platz 3-5, www.weissenburg.de, half apr.-half nov. dag. 10-17 uur, half nov.-eind dec. 10-12.30 en 14-17 uur, entree € 6).

# Würzburg ✳ ▶ F 6

De twee torens van de Dom St. Kilian zijn al van verre zichtbaar. De kerk vormt het centrum van een prachtige stad die zich uitstrekt aan weerszijden van de rivier de Main. Op de oostoever ligt het historische stadshart met het Werelderfgoed de Residenz, aan de andere kant is de voormalige burcht van de bisschoppen niet te missen. De wijnvelden in de omgeving leveren de Frankenwijn, die wordt verkocht in een *Bocksbeutel*, een platte fles met ronde heupen.

## Westoever van de Main

Ten oosten van de Main torent de **Festung Marienberg** **1** boven alles uit (www.schloesser.bayern.de, rondleidingen half mrt.-okt. dag. 10-16.30 uur, nov.-half mrt. za.-zo., entree € 3,50). Een bewegwijzerd wandelpad door de wijngaarden brengt u naar boven (ca. 40 min.). Begin 13e eeuw werd hier een eerste burcht gebouwd, waarna ingrijpende verbouwingen leidden tot het huidige complex. Tot 1719 woonden hier de prins-bisschoppen van Würzburg.

Het binnenste burchtplein biedt toegang tot het **Fürstenbaumuseum**, met daarin onder andere kostbare meubels, wandtapijten en schilderijen (half mrt.-okt. di.-zo. 9-16 uur, entree € 4,50). In het barokke arsenaal is het **Mainfränkisches Museum** gehuisvest (http://museum-franken.de, apr.-okt. di.-zo. 10-16/17 uur, entree € 4). Het toont de lange geschiedenis van de stad en

# Würzburg

**Bezienswaardigheden**
1 Festung Marienberg
2 Käpelle
3 Alte Mainbrücke
4 Rathaus
5 Dom St-Kilian
6 Neumünsterkirche
7 Marienkapelle
8 Residenz

**Overnachten**
1 Würzburger Hof
2 Alter Kranen
3 Zum Winzermännle

**Eten en drinken**
1 Weinhaus Stachel
2 Bürgerspital
3 Backöfele

**Actief**
1 Rondvaarten

werken van de beeldhouwer Tilman Riemenschneider.

De uivormige koepels en torenspitsen een stukje verderop horen bij de **Käpelle** 2, een barokke pelgrimskerk uit 1748. Binnen is alles uitbundig versierd, buiten begint een kruisweg met manshoge beelden en 352 treden.

## Oostoever van de Main

De **Alte Mainbrücke** 3 verbindt beide stadsdelen met elkaar. Op de oostoever doemt als eerste de vierkante toren van het **Rathaus** 4 op, voorzien van klok én zonnewijzer. Het gebouw oogt oud en dat klopt ook: de basis is 13e-eeuws. De beeldenfontein is uit 1765.

De Domstraße leidt in een rechte lijn naar de **Dom St. Kilian** 5 (Domplatz, ma.-za. 9.30-17.30 uur). Na een bombardement in 1945 lag bijna de hele stad in puin, zo ook deze majestueuze kathedraal. De herbouw was klaar in 1967. Het gebouw vertoont een staalkaart van tien eeuwen architectuur, waarbij sommige barokke decoraties het bombardement hebben overleefd. Binnen oogt de kerk vrij sober. In het aangebouwde **Museum Am Dom** wordt oude kunst op een verrassende manier gecombineerd met moderne kunst (Kiliansplatz, www.museum-am-dom.de, di.-zo. 10-17 uur, entree € 4).

Naast de dom pronkt de rijkbewerkte gevel van de **Neumünsterkirche** 6 (St-Kilians-Platz). Deze kerk staat op het graf van de Ierse prediker Kilian en twee andere missionarissen die in 689 werden vermoord. Het graf van de heilige bevindt zich in de westelijke crypte. Mooi is de kruisgang net buiten de kerk, met daarin het graf van een bekende middeleeuwse minstreel.

De **Marienkapelle** 7 (Marktplatz) ziet er weer heel anders uit: hoog en rank, met een rijkbewerkte torenspits en smalle ramen – kenmerken van de late gotiek. De portalen en wanden zijn met beelden versierd, grafstenen markeren de laatste rustplaats van belangrijke ridders en burgers.

## Residenz 8

Residenzplatz 2, tel. 0931 355 17-0, www.residenz-wuerzburg.de, apr.-okt. dag. 9-18, nov.-mrt. dag. 10-16.30 uur, entree € 7,50 (kerk en hoftuin gratis)

De bisschoppen van Würzburg waren meer dan kerkleiders: ze regeerden als prins-bisschoppen over de hele omgeving, waarbij ze niet schuwden om hun macht zo nodig met geweld af te dwingen. In de 18e eeuw gaven ze opdracht tot de bouw van een nieuwe residentie, waar de rijkdom nog steeds aan alle kanten van afspat. De bouw duurde van 1720 tot 1744, met de inrichting waren ze zelfs tot 1780 bezig. Wereldberoemd is het trappenhuis van de architect Balthasar Neumann. Het heeft geen steunpilaren en op het plafond pronkt een

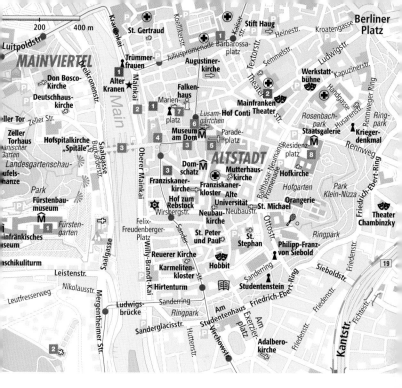

fresco van 18 x 30 m, waarin de macht en de zelfverheerlijking van het bisdom te herkennen zijn. Ook andere zalen en vertrekken tonen de uitbundigheid van de barokperiode. Bezoek tot slot de met goud en marmer overladen *Hofkirche*.

## Overnachten

Traditioneel hotel in het centrum – **Würzburger Hof** 1: Barbarossaplatz 2, tel. 0931 538 14, www.hotel-wuerzburger hof.de, 2 pk vanaf € 110. Achter de gele gevel gaat een door een familie gerund hotel met royale, stijlvolle kamers schuil. Aan de rivier – **Alter Kranen** 2: Kärrnergasse 11, tel. 0931 351 80, www.hotel-alter-kranen.de, 2 pk vanaf € 109. Degelijk hotel met prachtig uitzicht over de rivier en behulpzaam personeel.

In de voetgangerszone – **Zum Winzermännle** 3: Domstraße 32, tel. 0931 541 56, www.winzermaennle.de, 2 pk vanaf € 90. Ideale uitvalsbasis voor een nadere verkenning van de stad. Nette kamers, vriendelijk personeel.

## Eten en drinken

Romantische binnenplaats – **Weinhaus Stachel** 1: Gressengasse 1, tel. 0931 527 70, www.weinhaus-stachel.de, dag. vanaf 12 uur, hoofdgerecht vanaf € 11. 'Sinds 1413' staat er op het uithangbord van deze traditionele *Weinstube* met romantische binnenplaats. Verfijnde gerechten en Frankische menu's. Historisch wijndomein – **Bürgerspital** 2: Theaterstraße 19, tel. 0931 35 28 80, www.buergerspital-weinstuben.de,

Würzburg: op de voorgrond de Alte Mainbrücke, daarboven de Festung Marienberg

dag. 10-24 uur, hoofdgerecht vanaf € 14. Het Bürgerspital werd in de 14e eeuw opgericht voor armlastige burgers. Nu is dit het kloppend hart van een wijndomein, meer onder meer een winkel, een proeflokaal en een restaurant.

Traditie sinds 1580 – **Backöfele 3**: Ursulinergasse 2, tel. 0931 590 59, www. backoefele.de, dag. vanaf 12 uur, hoofdgerecht vanaf € 13. Eenvoudige houten tafels en stoelen, aangevuld met nog veel meer hout tegen de muren – het decor is traditioneel én sfeervol. Verschillende eetruimtes. Reserveren.

## Actief

Rondvaarten over de Main – **Vanaf Gasthof Alter Kranen 1**: boottochten over de rivier naar de rococotuinen van **Veitshöchheim**, retour vanaf € 10, info via www.vpsherbert. de (tel. 0931 5 56 33) of www.schiffstou ristik.de (tel. 0931 585 73).

## Informatie

**Tourist-Information:** Falkenhaus, Marktplatz 9, tel. 0931 37 23 35, www. wuerzburg.de.

## Aschaffenburg ▶ E 5

Gezellige winkelstraten, groene parken, een meer met roeibootjes en een gigantisch slot van rood zandsteen – Aschaffenburg is een heerlijke stad om doorheen te dwalen.

Op een hoog terras naast de rivier de Main verheft zich **Schloss Johannisburg** (Schlossplatz 4, www.schloes ser.bayern.de, di.-zo. 9/10-16/18 uur, entree € 3,50), een vierkant slot met hoektorens en een binnenplaats. Het complex werd tussen 1605 en 1614 gebouwd in opdracht van de aartsbisschop van Mainz – en herbouwd nadat het in 1945 grotendeels was afgebrand. Het slot herbergt verschillende musea,

## In de omgeving

In een stil stukje van **Naturpark Spessart**, ten zuidoosten van Aschaffenburg, ligt het door water omgeven **Schloss Mespelbrunn** (Mespelbrunn, tel. 06092 269, www.schloss-mespelbrunn.de, eind mrt.-okt. dag. 9-17 uur, entree € 5). Het kasteel kreeg zijn huidige uiterlijk in de 16e eeuw. Een gids leidt bezoekers onder andere door de ridderzaal met wapens en harnassen, de slotkapel, een gobelinkamer en een porseleinkamer.

## Informatie

**Tourist-Information:** Schloßplatz 2, tel. 060 21 39 58 00, www.info-aschaf fenburg.de.

waaronder de **Staatsgalerie Aschaffenburg** (heropening gepland voor 2020). Tussen de oude meesters hangen onder meer werken van Lucas Cranach de Oude, Rubens en Rembrandt.

Een wandelpad leidt vanaf het slot naar het **Pompejanum** (Pompejanumstraße 5, eind mrt.-okt. di.-zo. 9/10-18/16 uur, entree € 5,50). De Beierse koning Ludwig I was zo onder de indruk van de opgravingen in het Italiaanse Pompeji, dat hij een replica van een Romeinse villa liet bouwen, inclusief wandschilderingen en mozaïekvloer.

Aan de andere kant van het centrum ligt **Park Schöntall**, een Engels landschapspark met een kerkruïne en een restaurant annex *Biergarten* in de oude oranjerie. **Park Schönbuss** (Kleine Schönbuschallee 1) aan de westkant van de stad wordt beschouwd als de oudste klassieke landschapstuin van Duitsland – in 1775 ging de eerste spade de grond in. Het zomerpaleis van de keurvorst dateert van een paar jaar later.

## Van kuuroord naar kuuroord ▶ G 4/5

Het Duitse voorvoegsel 'Bad' betekent dat er in een stad ooit geneeskrachtige bronnen zijn ontdekt én geëxploiteerd. **Bad Kissingen** is zo'n plaats waar de minerale en modderbaden al vele eeuwen lang kuurgasten trekken. Het eerste echte badhuis dateert van 1870. Daarna volgden al snel andere badhuizen, sanatoria, promenades en parken. Wellnessliefhebbers vinden hier nu alles voor een aangenaam en weldadig verblijf.

**Bad Neustadt an der Saale** ligt een stukje noordelijker en heeft nog een complete stadsmuur met een wandelpad en een 34 m hoge toren, de **Hohntor**. Het sfeervolle marktplein wordt omringd door barokhuizen, met nog meer barokke decoraties in de **Karmelitenkirche**. Het kuurgedeelte bevindt zich aan de andere kant van de rivier de Saale, met als blikvanger **Schloss Neuhaus** (1767-1773). ▷ blz. 212

# Romantische Straße – toeren door middeleeuws Duitsland

Meer dan 350 km lang slingert de Romantische Route langs eeuwenoude stadjes en sprookjeskastelen. Bordjes wijzen de weg van startplaats Würzburg naar de eindbestemming Füssen aan de voet van de Alpen. In Franken passeert de route enkele tussenstations die stuk voor stuk een uitgebreide verkenning waard zijn. Trek voor dit deel van de route minimaal een dag uit.

**Kaart:** ▶ F 6-H 11
**Start:** Würzburg via de B13.
**Informatie:** Romantische Straße, Segringer Straße 19, 91550 Dinkelsbühl, tel. 09851 55 13 87, www.roman tischestrasse.de.

In 1950 opende de eerste officiële toeristische route van Duitsland. Doel was om, zo kort na de oorlog, het land weer voor toeristen aantrekkelijk te maken. In eerste instantie waren het vooral in Duitsland gestationeerde Amerikaanse soldaten die het land van de voormalige vijand kwamen verkennen. Nu zijn er verrassend veel Japanners die per bus het oude Duitsland doorkruisen; op de routebordjes staan zelfs Japanse tekens.

## Naar Rothenburg ob der Tauber

Vanuit **Würzburg** (zie blz. 205) draait de Romantische Straße eerst richting de deelstaat Baden-Württemberg, om dan bij **Röttingen** weer op Frankisch grondgebied te komen. Vakwerkhuizen en een barok raadhuis sieren hier het middeleeuwse centrum.

De rivier de Tauber verder volgend wordt het uitzicht spectaculair bij het hoog boven het dal gelegen **Rothenburg ob der Tauber**. Dit middeleeuwse juweel wordt nog altijd omgeven door een stadsmuur met vijf poorten. Daarbinnen zult u in de zomer de kronkelstraatjes met busladingen toeristen moeten delen, dus kom bij voorkeur buiten het hoogseizoen. Voor het beste uitzicht op de stad en de omgeving beklimt u de Kalkturm of gaat u naar de tuin van het kasteel, waarvan alleen de kapel resteert. Vraag tijdens een koffiepauze naar *Schneeballen*, ronde gebakjes op basis van kruimeldeeg die op allerlei creatieve manieren zijn versierd.

## Naar Dinkelsbühl

Vanaf nu doorkruist de route het afwisselende landschap van **Naturpark Frankenhöhe**, tot op een rotspunt bij **Schillingsfürst** (Am Wall 14, www.schloss-schillingsfuerst.de, eind mrt.-begin nov., entree vanaf € 5) het barokke kasteel van de vorsten van Hohenlohe-Schillingsfürst opdoemt. Te bekijken zijn verschillende weelderig ingerichte salons en een museum.

Het middeleeuwse **Feuchtwangen** toont in het Fränkisches Museum (Museumsstraße 19, www.fraenkisches-museum.de, wo.-zo. 11-17 uur, winter vanaf 14 uur, entree € 3) een van de belangrijkste collecties volkskunst van Zuid-Duitsland, waaronder faience, sacrale kunst en klederdrachten.

**Dinkelsbühl** lijkt op een openluchtmuseum, maar is dat zeker niet – hoewel veel inwoners hun geld lijken te verdienen aan de flanerende toeristen. Wandel langs de middeleeuwse ommuring met maar liefst zestien torens, bewonder de gevels rond de Marktplatz en stap binnen bij de St. Georgs-Kirche, met daarin het gebeente van de heilige Aurelius.

## Naar de Alpen

Buiten het grondgebied van Franken slingert de Romantische Straße door Schwaben richting de grens met Oostenrijk (zie blz. 143). Ook voor dit deel hebt u minimaal een dag nodig. Uitstappen kan bijvoorbeeld bij de plaatsen **Nördlingen, Donauwörth, Augsburg** en **Landsberg am Lech**. Maar er zijn ook gebouwen die op zich al een omweg waard zijn, zoals de bedevaartskerk van Wies bij Steingaden en de kastelen die opdoemen bij Harburg, Hohenschwangau en Neuschwanstein. Bij **Füssen** (zie blz. 157) staan de laatste bordjes van deze topper onder de toeristische routes.

# Bamberg

| Bezienswaardigheden | Overnachten, eten | Actief |
|---|---|---|
| **1** Dom | **1** Kaiserdom | **1** Gondolieres von Bamberg |
| **2** Alte Hofhaltung | **2** Villa Geyerswörth | |
| **3** Neue Residenz | | |
| **4** Kloster St-Michael | **Winkelen** | |
| **5** Altes Rathaus | **1** Grüner Markt | |
| **6** Klein Venedig | | |

Boven het kuurpark begint de berg de **Salzburg**, die op de top wordt bekroond door een imposante kasteelruïne.

# Bamberg ▶ H 5

De gezellig drukke universiteitsstad Bamberg is, net als Rome, gebouwd op zeven heuvels – en de stad is ook minstens zo goed geconserveerd als de Italiaanse hoofdstad. Doordat Bamberg in de oorlog gespaard bleef van bombardementen, bezit het nu een van de grootste historische stadsharten ter wereld. Als waardering verleende de UNESCO de stad de status van Werelderfgoed.

Het middeleeuwse stadshart, ook wel *Inselstadt* genoemd, wordt omspoeld door twee armen van de rivier de Regnitz. Aan weerszijden daarvan ontwikkelden zich welvarende stadsdelen. Een goede plek om een stadswandeling te beginnen is de Domberg op de westelijke oever, bekroond door de Dom.

## Dom **1**

Domplatz 5, dag.

De **Kaiserdom St. Peter und St. Georg** is het pronkstuk van Bamberg. De 13e-eeuwse kerk is al van verre herkenbaar aan de vier slanke, laatromaanse torens. Eenmaal dichterbij valt vooral het beeldhouwwerk rond het portaal aan de Domplatz op. Een van de hoogtepunten binnen is het grafmonument

(1499-1513) van keizer Heinrich II en zijn vrouw. Het beroemde beeld van de **Bamberger Reiter** op een muur bij het koor dateert van circa 1230 en toont een typisch middeleeuwse jongeling op een paard – alleen weet niemand met zekerheid wie het voorstelt. De kunstenaar Veit Stoß voltooide in 1523 het Maria-altaar dat links achter in de kerk te zien is.

## Alte Hofhaltung **2**

Domplatz 7, Historisches Museum: tel. 0951 87 11 42, www.museum. bamberg.de, eind mrt.-begin nov. di.-zo. 10-17 uur, daarbuiten ook tijdens speciale tentoonstellingen, entree € 7

De naam zegt al: hier woonde en werkte ooit de hofhouding van de bisschoppen. De oudste delen zijn van de 12e eeuw, het opvallende poortgebouw is van de 16e eeuw. Het mooiste deel is echter de binnenplaats met rondom galerijen en vakwerkhuizen. Het aangrenzende **Historisches Museum** – vroeger de ontvangstruimte van de bisschoppen – herbergt collecties over de geschiedenis van de stad.

## Neue Residenz **3**

Domplatz 8, tel. 0951 519 39-0, apr.-sept. dag. 9-18, okt.-mrt. dag. 10-16 uur, entree € 4,50

Kort na 1700 was de nieuwe residentie van de prins-bisschoppen aan de Domplatz klaar. Pronkzucht kan hen niet

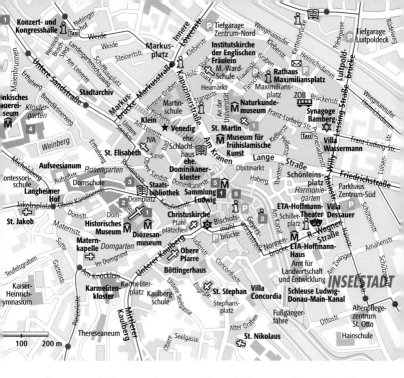

worden ontzegd: de meer dan veertig zalen en vertrekken zijn overdadig ingericht en met fresco's versierd. In enkele zalen hangen schilderijen uit de middeleeuwen en de barok.

## Kloster St. Michael 4

Michelsberg 10f, de kerk is wegens renovatie tot nader order gesloten; Fränkisches Brauereimuseum: tel. 0951 530 16, www.brauereimuseum.de, apr.-okt. wo.-vr. 13-17, za.-zo. 11-17 uur, entree € 4

Vanaf de Domplatz is het ruim tien minuten lopen naar het voormalige klooster op de top van de Michaelsberg. Het complex werd gebouwd nadat het oorspronkelijke klooster bij een brand in 1610 was verwoest. De barokke versieringen in de kloosterkerk dateren van een restyling in de 18e eeuw: op het plafond trekken de geschilderde bloemen

de aandacht, op een lager niveau doen de grafmonumenten dat. Vanaf een terras achter de kerk kijkt u uit over de stad. In het **Fränkisches Brauereimuseum** wordt uitgelegd hoe de Frankische bieren aan hun typische smaak komen.

## Altes Rathaus 5

Obere Brücke, Sammlung Ludwig: tel. 0951 87 18 71, di.-zo. 10-16.30 uur, entree € 6

De **Untere Brücke** en de naastgelegen **Obere Brücke** (15e-eeuws) verbinden de hoger gelegen *Bergstadt* met de *Inselstadt*. Het voormalige stadhuis, herkenbaar aan de barokke gevelschilderingen, is over de Obere Brücke heen gebouwd. In het stadhuis is de **Sammlung Ludwig** ondergebracht, de privéverzameling 18e-eeuws porselein en faience (aardewerk) van chocoladefabrikant Peter Ludwig.

## Klein Venedig 6

Vanaf de twee bruggen kijkt u uit over een oud stukje Bamberg dat bekendstaat als Klein Venetië. Kleine vissershuisjes met rode daken en arcadebalkons bepalen de sfeer.

## In de omgeving

Het kleine dorp **Pommersfelden** ligt zo'n 20 km ten zuiden van Bamberg, aan de rand van het bij wandelaars populaire **Naturpark Steigerwald**. Barokkerken, kloosters en kastelen bepalen hier het beeld, met als topper **Schloss Weißenstein** (Schloss 1, tel. 09548 98 18-0, www.schoenborn.de/weissenstein. html, rondleidingen apr.-okt. dag. 9.30-17/18 uur, entree € 8). Het barokke paleis werd tussen 1711 en 1718 gebouwd als zomerresidentie voor de aartsbisschop en keurvorst Lothar Franz Graf von Schönborn. De beroemdste architecten en kunstenaars uit die tijd werkten mee aan het pronkpaleis, dat via rondleidingen is opengesteld voor bezoekers. Bijzonder is vooral het trappenhuis. Ook het omliggende park is opengesteld.

## Overnachten, eten

Traditie en huisbier – **Kaiserdom** 1: Gaustadter Hauptstraße 26, tel. 0951 96 51 40, www.hotel-kaiserdom.de, 2 pk vanaf € 75, hoofdgerecht vanaf € 11. Al vanaf 1718 worden gasten onthaald met regionale gerechten, zelfgebrouwen bier en kleurrijke kamers.

Luxueus – **Villa GeyersWörth** 2: Geyerswörthstraße 15-21a, tel. 0951 917 40, www.villageyerswoerth.de, 2 pk vanaf € 125, hoofdgerecht vanaf € 15. Romantische locatie nabij het Altes Rathaus, kamers van viersterrenniveau.

## Winkelen

Warenmarkt – **Grüner Markt** 1: ma.-za. vanaf 7 uur.

Het sfeervolle Bamberg kreeg niet voor niets de status van Werelderfgoed

## Actief

Gondelrondvaart – **Gondolieres von Bamberg** 1: vertrek onder de Obere Brücke, tel. 0951 120 63 27, www.gondel fahrt.info, halfuur € 60 per gondel.

## Informatie

**Tourist-Information:** Geyerswörthstraße 5, tel. 0951 297 62 00, www. bamberg.info.

# Naturpark Fränkische Schweiz ▶ H 5-J 6

'Frankisch Zwitserland' – zo staat het gebied tussen de steden Bamberg, Bayreuth en Nürnberg bekend. Het is een paradijs voor liefhebbers van natuur én van cultuur. Heuvels, grotten, grillige rotsformaties en rivierdalen vormen het decor voor burchten, ruïnes en idyllische dorpen met vakwerkhuizen. Wandelen is de ideale manier om dit landschap te verkennen: het netwerk van wandelpaden beslaat maar liefst 4500 km.

**Pottenstein** ligt in het hart van de Fränkische Schweiz. De **Teufelshöhle** is hier de grote toeristentrekker (Pegnitzer Straße 100, www.teufelshoehle. de, eind mrt.-begin nov. dag. 9-17 uur, entree € 5). De zalen van deze duivelsgrotten zijn enorm, waarbij stalagtieten en stalagmieten voor een sprookjesachtige sfeer zorgen. Het niet te missen skelet van een holenbeer is ongeveer 30.000 jaar oud.

Grillig gevormde rotspartijen maken van het nabijgelegen **Tüchersfeld** een van de mooiste plaatsen in het *Naturpark*. Hoofdattractie is het **Fränkische-Schweiz-Museum** (Am Museum 5, tel. 09242 741 70 90, www.fsmt.de, apr.-okt. di.-zo. 10-17, nov.-mrt. zo. 13.10-17 uur,

entree € 4). In en rond de Judenhof, een gebouwencomplex uit de 18e eeuw, leert u alles over het vroegere leven, de archeologie en de geologie van de regio.

Enkele kilometers in zuidwestelijke richting bezit **Größweinstein** een van de grootste bedevaartskerken van de regio: de **Wallfahrtsbasilika**. Het barokke meesterwerk uit de 18e eeuw is een creatie van architect Balthasar Neumann en trekt van mei tot september talrijke bedevaartgangers die het beeld van de heilige drie-eenheid komen vereren.

**Ebermannstadt** is de thuisbasis van de historische stoomtreinen die door het dal van de Wiesent rijden. Eindbestemming van deze **Dampfbahn Fränkische Schweiz** is het station van **Behringersmühle** (www.dfs. ebermannstadt.de, eind apr.-eind okt., retour hele traject € 14).

## Actief

Bergwandelen – **Hochlandsteig:** deze 26 km lange wandelroute van **Hersbruck** naar **Altdorf** passeert de 586 m hoge Deckersberg en is een van de mooiste wandelroutes van Franken.

---

## Tip

### Bier met rooksmaak?

Bamberg telt nog acht traditionele brouwerijen. De plaatselijke specialiteit is *Rauchbier*, oftewel rookbier. Het is een zeer donker bier met een pittige smaak die aan rookworst of gerookte paling doet denken. De naam komt van de productiewijze: als grondstof wordt gerookte mout gebruikt. Elders is deze traditionele methode verdrongen door het eesten van mout (drogen op middelhoge temperatuur).

Skelet van een holenbeer in de Teufelshöhle bij Pottenstein

Rotsklimmen – **Klettern:** de Fränkische Schweiz is populair bij rotsklimmers. Geschikte klimwanden zijn er onder meer in het Trubachtal, het Wiesenttal, het Leinleitertal, het Püttlachtal, het Aufseßtal en bij de Walberla.

## Informatie

**Tourismuszentrale Fränkische Schweiz:** Oberes Tor 1, Ebermannstadt, tel. 091 91 86 10 54, www.fraenkischeschweiz.com.

## Bayreuth ▸ J 5

De naam Bayreuth zal bij veel muziekliefhebbers een belletje doen rinkelen: sinds 1876 worden hier de **Bayreuther Festspiele** gehouden, een muzikaal topevenement waarbij voornamelijk werk van de componist Richard Wagner (zie blz. 220) wordt uitgevoerd. Maar naast muziekstad is Bayreuth ook een levendige studentenstad, waar de rijkdom uit de 17e en 18e eeuw nog op veel plaatsen is terug te vinden. In die periode drukte markgravin Wilhelmina van Pruisen, zus van koning Frederik de Grote, haar architectonische stempel op de stad.

Een waar pronkstuk is het **Markgräfliche Opernhaus** (Opernstraße 14, tel. 0921 759 69 22, apr.-sept. dag. 9-18, okt.-mrt. dag. 10-16 uur, entree € 8). De markgravin liet dit theater tussen 1745 en 1748 bouwen voor het opera- en balletgezelschap dat ze zelf onderhield. Aan de buitenkant oogt het gebouw sober, binnen is het een kleurrijk geheel met drie rijen loges boven elkaar (zie blz. 218).

Enkele jaren later was Wilhelmina ook verantwoordelijk voor de bouw van het **Neues Schloss** (Ludwigstraße 21, tel. 0921 75 96 90, apr.-sept. dag. 9-18, okt.-mrt. dag. 10-16 uur, entree € 5,50). De zalen en vertrekken zijn ook hier weelderig ingericht in barok- en rococo-stijl, waarbij Wilhelmina zelf het ontwerp van enkele kamers verzorgde. Verschillende musea zijn in de residentie ondergebracht, waaronder De **Staatsgalerie** met onder meer Hollandse en Duitse kunst van rond 1700.

De **Hofgarten** achter het slot is vrij toegankelijk. Het kanaal en de beelden hoorden bij de oorspronkelijke, strak ingedeelde tuin. Later is een deel van de tuin veranderd in een romantisch Engels landschapspark.

Aan de rand van het park liet de componist Wagner in 1873 Villa Wahnfried bouwen. Hij woonde er tot zijn dood in 1883. Nu biedt de villa onderdak aan het **Richard Wagner Museum** (Wahnfriedstraße 2, tel. 0921 75 72 80, www.wagnermuseum.de, sept.-juni di.-zo. 10-17, juli-aug. dag. 10-18 uur, entree € 8). Aandacht is er uiteraard voor het leven en het werk van de componist, maar ook voor de geschiedenis van de Festspiele. Wagner en zijn vrouw liggen in de tuin begraven.

Liefhebbers van klassieke muziek wandelen door naar het even verderop gelegen **Franz-Liszt-Museum** (Wahnfriedstraße 9, tel. 0921 5 16 64 88, sept.-juni di.-zo. 10-12 en 14-17 uur, juli-aug. dag. 10-17 uur, entree € 2). De Hongaarse pianovirtuoos overleed hier in 1886. Zijn dochter Cosima was getrouwd met (de veel oudere) Richard Wagner.

## In de omgeving

Enkele kilometers ten oosten van de stad ligt het fameuze **Altes Schloss/ Eremitage**, het zomerverblijf van de markgraven (Eremitage 1, tel. 0921 759 69 37, www.schloesser.bayern.de, apr.-sept. dag. 9-18 uur, 1-15 okt. dag.

10-16 uur, entree € 4,50). In 1715 liet markgraaf Georg Wilhelm het Altes Schloss bouwen en gaf het aan zijn vrouw Wilhelmina. Zij begon met een omvangrijke verbouwing van het zomerverblijf, resulterend in een serie kleurrijk versierde vertrekken en een wonderlijke binnengrot. Tussen 1749 en 1753 werd gewerkt aan het **Neues Schloss,** een halfrond complex met prachtige arcaden. Flaneren deden de markgraaf en zijn ega in de omliggende tuin, die op elke hoek verrast met waterpartijen, fonteinen, grotten en kunstmatige ruïnes.

Maar nog altijd was markgravin Wilhelmina niet klaar. Na de voltooiing van de Eremitage kocht zij in het dorpje **Wonsees** ten westen van Bayreuth een jachtdomein, dat ze inrichtte als rotstuin: **Felsengarten Sanspareil** (Sanspareil 34, tuin gehele jaar gratis toegankelijk). Ze gebruikte de bestaande rotsformaties en breidde deze uit tot een sprookjestuin met onder meer een ruïnetheater.

Westelijk van Bayreuth strekt zich het **Naturpark Fichtelgebirge** uit, een bergachtig gebied met naaldbossen. Bij **Wunsiedel** is een gebied met grillige rotsformaties toegankelijk gemaakt voor wandelaars: het **Luisenburg-Felsenlabyrinth** (Luisenburg 2a, begin apr.-half nov. dag. 8.30-18 uur, entree € 4,50). Het pad slingert langs schijnbaar willekeurig opeengestapelde rotsblokken.

## Overnachten, eten

Luxe en traditie – **Goldener Anker:** Opernstraße 6, tel. 0921 787 77 40, www.anker-bayreuth.de, 2 pk vanaf € 168. Historisch hotel waarvan de geschiedenis teruggaat tot de 16e eeuw. Ruime kamers. Gelegen in het centrum op een rustige locatie. ▷ blz. 220

## Favoriet

### Het operahuis van de markgraven

Meestal ga je naar het theater om te genieten van een voorstelling, maar bij het **Markgräfliche Opernhaus** in Bayreuth is het juist de zaal die een overweldigende indruk maakt. Opdrachtgeefster tot de bouw was Wilhelmina van Pruisen, echtgenote van markgraaf Frederik van Brandenburg-Bayreuth. Na een bouwtijd van slechts vier jaar was het barokke pronkstuk in 1748 gereed en werd de eerste opera uitgevoerd ter ere van het huwelijk van de dochter van de markgravin. Na een langdurige renovatie is het Werelderfgoed nu weer in zijn volle glorie te bewonderen (zie blz. 216). Blikvanger zijn de drie rijen loges boven elkaar, geheel uitgevoerd in rijk beschilderd hout.

# *Tip*

## Wagner in Bayreuth

De componist Richard Wagner (1813-1883) is van grote invloed geweest op de ontwikkeling van de romantische opera. Hij bemoeide zich niet alleen met de muziek, maar ook met de tekst en de aankleding. Het laatste deel van zijn leven woonde hij meestal in Bayreuth. Hier liet hij met financiële hulp van zijn weldoener koning Ludwig II in 1872 een eigen theater bouwen, het **Festspielhaus**. De hier elk jaar gehouden **Bayreuther Festspiele** zijn wereldberoemd: voor musici is het een ongekende eer om er te spelen en bezoekers moeten jaren op de wachtlijst staan voor een toegangskaartje. Maar Wagner had ook een duistere kant, vooral als het gaat om zijn politieke ideeën. Hij was een verklaard antisemiet en zijn nazaten onderhielden warme banden met het naziregime. Desondanks blijft zijn muziek uniek én zeer karakteristiek – de beroemde helikopteraanval in de film *Apocalypse Now* (1979) van Francis Ford Coppola is niet voor te stellen zonder de pompeuze achtergrondmuziek uit de opera *Die Walküre*.

Vakwerkhuis met regionale keuken – **Zur Lohmühle**: Badstraße 37, tel. 0921 530 60, www.hotel-lohmuehle.de, 2 pk vanaf € 115. Hotel annex restaurant in een vakwerkpand en een bijgebouw, gelegen op enkele minuten lopen van het centrum. Frankische gerechten en verse vis uit eigen bassin kleuren het menu.
Goede prijs-kwaliteitverhouding – **Goldener Löwe**: Kulmbacher Straße 30, tel. 0921 74 60 60, www.goldener-loewe.de, 2 pk vanaf € 85. Hotel-restaurant aan de rand van de oude stad met comfortabele kamers. Het menu in het restaurant wordt dagelijks aangepast aan de verse ingrediënten die op dat moment beschikbaar zijn.

## Info en festiviteiten

**Tourist-Information:** Opernstraße 22, tel. 0921 885 88, www.bayreuth.de.
**Richard-Wagner-Festspiele:** 25 juli-28 aug, www.bayreuther-festspiele.de. Uitvoeringen van de opera's van Wagner in het Festspielhaus.

# Vierzehnheiligen ▶ H 5

Volgens een legende kreeg een herder in de 15e eeuw visioenen van Jezus als kind, vergezeld door de Veertien Heilige Helpers (een serie heiligen die ook als groep kunnen worden aangeroepen). Op deze plek, vlak bij **Bad Staffelstein**, verrees eerst een kapel en later de indrukwekkende **Basilika Vierzehnheiligen**, een bedevaartskerk die als hoogtepunt van de Frankische barok wordt beschouwd (www.vierzehnheiligen.de, dag.). De twee torens naast de goudgele voorgevel wijzen al van verre de weg. De binnenruimte is verdeeld in verschillende ovalen, met in het hart daarvan het Genade-altaar, omringd door beelden van de Veertien Heiligen. Nog altijd wordt de kerk jaarlijks door zo'n 500 duizend bedevaartgangers bezocht.

Op de andere oever van de rivier de Main staat **Kloster Banz**, een voormalige benedictijnenabdij (nu conferentiecentrum). Neem een kijkje in de parochiekerk vanwege de prachtige stucdecoraties en plafondfresco's.

# Coburg ▶ H 5

Een enorm fort, de **Veste Coburg**, domineert het silhouet van de stad (www.schloesser.bayern.de, tel. 09561 879 79, apr.-okt. dag. 9.30-17, nov.-mrt. di.-zo. 13-16 uur, entree € 8). Een serie van drie muren beschermt de hooggelegen middeleeuwse burcht, die in de 16e en 17e eeuw werd uitgebouwd tot het huidige complex. Verschillende musea en tentoonstellingen hebben hier onderdak gevonden (onder andere harnassen, wapens, een uitgebreide schilderijencollectie, koetsen en keramiek).

Het centrum van Coburg verrast met een sfeervol marktplein en in pasteltinten geverfde gevels die de welvaart uit de 16e en 17e eeuw illustreren. De hertogen van Sachsen-Coburg speelden in deze periode een belangrijke rol. Zij lieten in het midden van de 16e eeuw aan de rand van het oude centrum **Schloss Ehrenburg** bouwen (Schlossplatz 1, tel. 09561 80 88 32, www.sgvcoburg.de, rondleidingen apr.-sept. di.-zo. 9-18 okt.-mrt. di.-zo. 10-16 uur, entree € 4,50). Door latere uitbreidingen vertoont de residentie nu een keur aan bouwstijlen. Een gids neemt u mee langs de pronkkamers van het roemrijke hertogengeslacht Sachsen-Coburg, dat verwant is met verschillende Europese koningshuizen. Zo werd Leopold, de eerste koning der Belgen, hier geboren en trouwde de Engelse koningin Victoria in 1840 met zijn oudere broer Ernst I van Sachsen-Coburg en Gotha.

Aansluitend kunt u vanaf de Schlossplatz een wandeling maken door de voormalige hoftuin. De paden leiden ook naar het **Naturkunde-Museum Coburg** aan de rand van het park (Park 6, tel. 09561 808 10, www.naturkunde-museum-coburg.de, dag. 9-17 uur, entree € 3). Thema's zijn onder andere de evolutie, de geschiedenis van de aarde en volkenkunde.

## Overnachten

Rustiek – **Hotel Hahnmühle 1323:** Steinweg 68, tel. 09561 35 49 05, www.hotel-hahnmuehle1323.com, 2 pk vanaf € 83. Na een renovatie is dit middeleeuwse vakwerkpand aan de stadsmuur weer helemaal up-to-date. De charme zit vooral in de rustieke kamers die allemaal anders zijn ingericht. Gratis parkeren.

In het centrum – **Stadtvilla:** Seifartshofstraße 10, tel. 09561 239 93 70, www.stadtvilla-coburg.de, 2 pk vanaf € 110. Gelegen tussen het station en het historische stadshart. Gerenoveerde kamers met een frisse, moderne inrichting. Parkeren bij het hotel.

## Eten en drinken

Met Michelinster – **Esszimmer:** in Hotel Goldene Traube, Am Viktoriabrunnen 2, tel. 09561 87 60, www.goldenetraube.com, menu vanaf € 75. Klein maar fijn restaurant voor de echte fijnproever onder leiding van sterrenkok Stefan Beiter.

Biologisch – **Naturkost Restaurant Tie:** Leopoldstraße 14, tel. 09561 334 48, www.naturkost-restaurant.de, hoofdgerecht vanaf € 18. Culinaire creaties, gemaakt van verse, biologische ingredienten. Ook gerechten voor wie bepaalde producten niet wil of mag eten.

## Info en festiviteiten

**Tourismus Coburg:** Herrngasse 4, tel. 09561 89 80 00, wwww.coburg-tourist.de.

**Samba-Festival Coburg:** tweede weekend van juli, www.samba-festival.de. Het grootste sambafestival ter wereld buiten Brazilië, met een parade, optredens, workshops en shows.

# Thüringen en omgeving

## Hoogtepunt ✴

**Wartburg:** de op een rotskam gebouwde Wartburg bij Eisenach is een van de bekendste Duitse middeleeuwse burchten. Het was een ontmoetingsplaats voor kunstenaars en zangers, met als hoogtepunt een beroemd geworden *Sängerkrieg*. Zie blz. 247.

## Op ontdekkingsreis

**Literaire helden van Thüringen – op zoek naar Goethe en Schiller:** na een moeizame eerste ontmoeting groeide er een hechte vriendschap tussen twee grote namen uit de Duitse literatuur: Johann Wolfgang von Goethe en Friedrich Schiller. Vooral in Weimar, de stad van de klassieke Duitse cultuur, zijn de twee literatoren nog alom aanwezig. Zie blz. 234.

**Italiaanse meesterwerken uit de renaissance – Lindenau-Museum:** het Lindenau-Museum in Altenburg beschikt over een benijdenswaardige kunstcollectie, maar de echte pronkstukken zijn 180 vroege Italiaanse panelen van kunstenaars als Botticelli, Bernardo Daddi en Guido da Siena. Zie blz. 240.

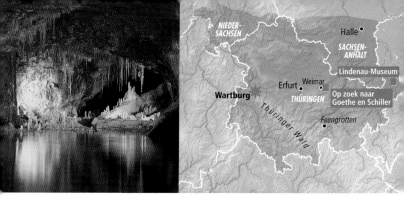

## Bezienswaardigheden

**Erfurt:** de hoofdstad van Thüringen verrast met een sfeervol oud stadshart waar talrijke kerktorens naar de hemel reiken. Zie blz. 224.

**Weimar:** twee keer staat Weimar op de Werelderfgoedlijst van UNESCO: als klassieke cultuurstad van Goethe, Schiller, Bach en Liszt, en als stad waar het Bauhaus werd gesticht. Zie blz. 229.

**Feengrotten:** deze sprookjesachtige druipsteengrotten bij Saalfeld lijken inderdaad door feeën gemaakt. Zie blz. 244.

## Actief

**Rennsteig:** over de hoofdkam van het middelgebergte van het Thüringer Wald loopt een 168 km lange wandelroute. Zie blz. 246.

## Uitgaan

**Deutsches Nationaltheater und Staatskapelle Weimar:** onder toeziend oog van Schiller en Goethe, die het theater stichtte, kunt u hier terecht voor opera, operette, muziek en dans. Het huidige gebouw (1906-1907) is al het derde theater op deze plek. Zie blz. 236.

# Duitsland in het klein

Beboste heuvels, burchten, eeuwen- oude stadjes, cultuur – wie slechts een paar dagen heeft om Duitsland te be- zoeken, vindt binnen de grenzen van Thüringen een doorsnee van alles wat Duitsland mooi en bezienswaardig maakt. Elke stad, elk dorp in Thüringen lijkt een eigen burcht of paleis te heb- ben, met als sterattractie de beroemde Wartburg bij Eisenach. Bovendien is dit het land van de schrijvers Goethe en Schiller, de componist Bach, de filosoof Nietzsche en de godsdiensthervormer Luther. Hun namen, standbeelden en woonhuizen duiken telkens weer op in plaatsen als Weimar, Erfurt, Gotha en Jena. Combineer een bezoek aan deze steden met een typisch Thüringer *Brat- wurst* en het plaatje is compleet. Vergeet daarbij niet dat Thüringen tot 1990 on- derdeel uitmaakte van de DDR. Hier- van zijn op veel plekken nog boeiende sporen terug te vinden, al is het maar in de autofabriek waar de beruchte Wart- burgs werden gemaakt.

## INFO

### Internet
www.vakantie-thuringen.nl

### Toeristenbureau
**Tourist Information Thüringen:** Willy-Brandt-Platz 1, 99084 Erfurt, tel. 0361 374 20.

### Vervoer
Snelle ICE-treinen stoppen in Eise- nach, Gotha, Erfurt en Weimar. Een treinrit vanuit Amsterdam of Brus- sel naar Weimar duurt circa zeven uur. Met de auto is het ongeveer zes uur rijden.

## Erfurt  ▶ H 3

Onbekend maakt onbemind? Erfurt (210.000 inw.) zal bij weinig toeristen op het favorietenlijstje staan, maar de eerste indruk mag er zijn: heel veel kerktorens en aan de voet daarvan een stad waar de middeleeuwen nog voel- baar zijn. Erfurt claimt zelfs een van de best bewaarde historische stadscentra van Duitsland te bezitten. Tel daarbij op de talrijke cafés en winkels, de sta- tige koopmanshuizen en de 142 brug- gen, en een dagje Erfurt wordt plotse- ling een van de hoogtepunten tijdens een reis door Zuidoost-Duitsland.

De hoofdstad van Thüringen be- staat sinds 742, toen de prediker Bo- nifatius hier een bisdom stichtte. Door de ligging aan een handelsroute rich- ting Rusland groeide Erfurt daarna uit tot een van de grootste en welvarendste steden van het middeleeuwse Duitsland. Het belangrijkste product was wede, de enige plant waarmee destijds blauwe verfstof kon worden gemaakt. Toen in de 17e eeuw indigo als kleurstof op- kwam, was het gedaan met de welvaart.

De kerktorens wijzen op andere be- langrijke thema's in de stadsgeschie- denis: religie en wetenschap. In 1392 werd hier een universiteit gesticht, met als bekendste student Maarten Luther, die van 1501 tot 1511 in de stad verbleef. Hij begon als monnik, maar zijn weer- stand tegen de misstanden in de rooms- katholieke kerk zou de aanzet blijken tot de opkomst van het protestantisme.

## Rond de Domplatz

Twee kerken domineren het enorme centrale plein van Erfurt, met daartus- sen een monumentale trap.

Uitzicht op de Dom en de St. Severikirche vanuit de hooggelegen citadel

### Dom St. Marien 1

Domplatz, www.dom-erfurt.de,
ma.-za. 9.30-17/18, zo. 13-17/18 uur

Een trap met zeventig treden leidt naar de ingang van de Dom. De bouw van de kerk duurde maar liefst 311 jaar, waardoor er een mix van bouwstijlen is te herkennen. De onderkant van de toren is 12e-eeuws en romaans, dat wil zeggen dikke muren en kleine ramen. Het schip is duidelijk jonger: de bouwmeesters wisten inmiddels hoe je ook met dunne muren en veel ramen een hoog gebouw kon maken. Dertien van de vijftien gebrandschilderde ramen zijn nog origineel middeleeuws (1370-1420), net als de kunstig gesneden koorstoelen. Duidelijk afwijkend is het barokke hoogaltaar van rond 1700, maar het past wonderwel.

### St. Severikirche 2

Domplatz, ma.-za. 9.30-17/18, zo. 13-17/18 uur

Deze sierlijke kerk staat op dezelfde heuvel als de Dom en hoorde vroeger bij een klooster. De naamgever, de heilige bisschop Severus, kreeg een prominente rustplaats in de kerk. Een reliëf (1365) op het graf toont hoe hij onverwacht tot bisschop werd gekozen nadat een duif op zijn hoofd was geland.

### Zitadelle Petersberg 3

Aan de westkant van de Domplatz ligt een heuvel, genaamd Petersberg. Hier stond vanaf de 8e eeuw een machtig klooster, waarna in 1664 werd gestart met de bouw van een imposante vesting. Zwervend tussen de aarden wallen, muren, ondergrondse luistergangen en kanonnen krijgt u een indruk van het dagelijks leven in deze citadel. Bij het huis van de commandant is een kleine tentoonstelling ingericht. Bijzonder is de **Peterskirche**, vroeger een majestueuze kloosterkerk, later ontheiligd en gebruikt als militair magazijn.

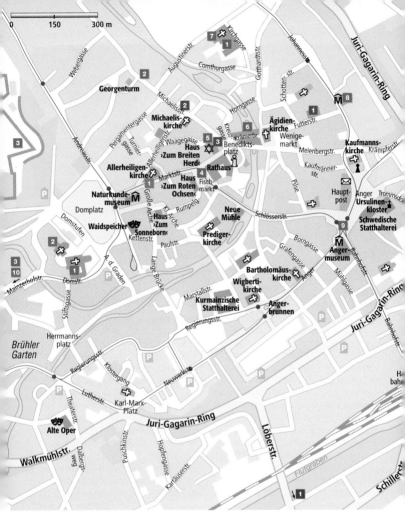

## Fischmarkt 4

Aan de oostkant van de Domplatz begint het levendige voetgangersgebied van Erfurt. De straten leiden naar de Fischmarkt, in de middeleeuwen het kloppende hart van Erfurt. Vanaf de terrasjes hebt u alle tijd om eens goed rond te kijken. Blikvanger is het imposante **Rathaus** (1870-1874), dat met zijn neogotische stijl goed past in de omgeving. Het pand met de trapgevel aan de noordwand van het plein is het **Haus zum breiten Herd** (1584). Op de gevel zijn de vijf zintuigen afgebeeld: typisch voor de periode van de renaissance, toen er veel aandacht was voor wetenschappelijke waarnemingen. Uit dezelfde tijd dateert het gele **Haus zum roten Ochsen**, met op de gevel figuren uit de Griekse mythologie.

# Erfurt

**Bezienswaardigheden**
1. Dom St. Marien
2. St. Severikirche
3. Zitadelle Petersberg
4. Fischmarkt
5. Alte Synagoge
6. Krämerbrücke
7. Augustinerkloster
8. Stadtmuseum
9. Anger
10. egapark Erfurt

**Overnachten**
1. Augustinerkloster
2. Villa Altstadtperle
3. Brühlerhöhe

**Eten en drinken**
1. Clara
2. Goldhelm Werkstattcafé
3. Feuerkugel

**Winkelen**
1. Andreasviertel
2. Goldhelm Schokolade

**Actief**
1. Eissportzentrum Erfurt

## Alte Synagoge 5

Waagegasse 8, tel. 0361 655 15 20,
www.juedisches-leben.erfurt.de, di.-
zo. 10-18 uur, entree € 8

Een brokkelige witte muur met kleine
ramen en daarboven een puntdak – de
Alte Synagoge is de oudste geheel bewaard gebleven synagoge van Europa.
Sommige delen gaan zelfs terug tot omstreeks 1100. Nu huisvest de synagoge
een museum over de geschiedenis van
de joodse gemeenschap in het middeleeuwse Erfurt. Topstuk is de *Erfurter
Schatz*, een schat die in 1998 bij opgravingen werd gevonden. De gouden en zil-
veren voorwerpen zijn begraven in 1349,
toen de joden de schuld kregen van de
pest en er vele joden werden vermoord.

## Oostoever van de Gera

Het is een van de bekendste stukjes van
Erfurt: de **Krämerbrücke** 6 (Koopli-
edenbrug), met daarop een serie vrolijk
gekleurde vakwerkhuizen. De stenen
boogbrug over de Gera verving in 1325
een houten voorganger. Op de brug
kwamen 62 smalle huizen annex win-
keltjes. Die zijn later samengevoegd
tot 32 panden die nu door kunstenaars
en antiekhandelaren worden gevuld.
Ga voorbij de brug naar links voor een
kennismaking met de geschiedenis
van **Maarten Luther** (1483-1546). Hij
kwam in 1501 naar Erfurt om te gaan
studeren, maar in 1505 besloot hij in
te treden in het **Augustinerkloster** 7
(Augustinerstraße 10, www.augustiner
kloster.de, rondleidingen enkele keren
per dag, tentoonstelling ma.-za. 9.30-
16.30/18 uur, entree vanaf € 6). Hier zou
hij tot in de herfst van 1511 verblijven.
Later zou Luther stelling nemen tegen
de misstanden in de rooms-katholieke
kerk, vooral het afkopen van zonden via
aflaten. Daarmee legde hij, samen met
geloofsbroeders als Zwingli en Calvijn,
de eerste bouwstenen voor het protestantisme. In het Augustinerkloster is de
cel van Luther gereconstrueerd en er is
een kleine tentoonstelling ingericht.

## Stadtmuseum 8

Johannesstraße 169, tel. 0361 655
56 51, www.stadtmuseum-erfurt.de,
di.-zo. 10-18 uur, entree € 6

Met zijn markante voorgevel is het ste-
delijk museum niet te missen: boven een
gele pleisterlaag, onder een dambord-
patroon van zwarte en bewerkte stenen.
Een welgestelde wedehandelaar liet dit
statige **Haus zum Stockfisch** in 1607
bouwen. Binnen ontdekt u hoe de stad
rijk kon worden door de handel in de
verfstof wede en andere producten.

## Anger 9

Anger is de naam van een driehoekig plein en van de drukke voetgangersstraat die hier begint. Op het plein werd in de middeleeuwen de verfstof wede verhandeld. Precies op de hoek tussen plein en straat biedt een voornaam ogend, felgeel pand onderdak aan het **Angermuseum** (Anger 18, tel. 0361 655 16 40, www.angermuseum.de, di.-zo. 10-18 uur, entree € 6). De collectie is heel breed: kunst en kunstnijverheid van de middeleeuwen tot de 20e eeuw, met als bekendste naam Lucas Cranach de Oude (1472-1553). Op de begane grond is een kamer aangekleed met expressionistische wandschilderingen (1922-1924) van Erick Heckel.

## egapark Erfurt 10

Gothaer Straße 38, tel. 0361 564 37 37, www.egapark-erfurt.de, mrt.-okt. dag. 9-18 uur, nov.-feb. dag. 10-16 uur, entree € 8

Op een terrein aan de zuidwestkant van de stad werd in 1950, aan het begin van de DDR-tijd, een tuinshow gehouden. Daarna groeide het terrein uit tot een van de grootste tuin- en parkencomplexen van Duitsland. Toptijd is het voorjaar, als een zee van tulpen, narcissen en hyacinten zorgt voor een geurig en kleurig spektakel. De rest van het jaar geniet u van talrijke tuinen, waaronder een Japanse tuin en een vlindertuin, een orchideeënhuis, een kinderboerderij en een grote speeltuin.

### Thürings Zoopark Erfurt

Am Zoopark 1, tel. 0361 75 18 80, www.zoopark-erfurt.de, dag. 9-15.30-17.30 uur, entree € 12

Even ten noorden van de stad ligt een dierentuin die qua grootte de derde van Duitsland is. Trots zijn ze vooral op de grote terreinen waar de circa zevenhonderd dieren in een zo natuurlijk mogelijke omgeving leven.

## Overnachten

**Serene rust** – **Augustinerkloster** 1: Augustinerstraße 10, tel. 0361 576 60-0, www.augustinerkloster.de, 2 pk vanaf € 99. De lichte maar sober ingerichte gastenkamers – zonder radio, tv en telefoon – van het klooster zijn ideaal om even helemaal tot rust te komen. Ontbijt is inclusief; lunch en diner op aanvraag mogelijk.

**Kamers en appartementen** – **Villa Altstadtperle** 2: Michaelisstraße 29, tel. 0361 553 51 91, www.altstadtperle-erfurt.de, 2 pk vanaf € 69. Een knalrode voorgevel markeert dit pension met appartementen en thematisch ingerichte kamers. Gunstige ligging in het hart van de oude stad.

**Rustige ligging** – **Brühlerhöhe** 3: Rudolfstraße 48, tel. 0361 24 14 99-0, www.bruehlerhoehe.de, 2 pk vanaf € 95. Begonnen als keizerlijk officierscasino, nu een driesterrenhotel met een rustige ligging op 1 km van de Dom. Klassiek-moderne inrichting, eigen parkeerplaats en tuin met terras.

## Eten en drinken

**Voor de echte fijnproever** – **Clara** 1: Futterstraße 15/16, tel. 0361 568 82 07, www.restaurant-clara.de, di.-za. vanaf 18.30 uur, viergangenmenu € 72. Achter de historische gevel van de Kaisersaal gaat een culinair toprestaurant met een elegante, moderne inrichting schuil. De voortreffelijke gerechten zijn een creatieve mix van regionale en exotische producten.

**Chocola en meer** – **Goldhelm Werkstattcafé** 2: Kreuzgasse 5, www.goldhelm-schokolade.de, ma.-zo. 12-17/18 uur. De chocolade van Goldhelm is alom geroemd én te koop in dit café met uitzicht op de Krämerbrücke. Ook heerlijke taarten!

Al vanaf 1587 – **Feuerkugel** [3]: Michaelisstraße 3, tel. 0361 789 12 56, www.feuerkugel-erfurt.de, dag. 11-24 uur, hoofdgerecht vanaf € 12. Zeer oud en bekend adres in Erfurt: klein maar fijn restaurant, waar traditionele gerechten en moderne varianten op tafel komen. Graag reserveren.

## Winkelen

De belangrijkste warenhuizen, boetieks, ateliers en snuffelwinkels bevinden zich rond de **Fischmarkt, Anger** en **Krämerbrücke**. Ook in het **Andreasviertel** [1] rond de Marktstraße is het gezellig winkelen.

De beste chocolade – **Goldhelm Schokolade** [2]: Krämerbrücke 12-14, tel. 0361 660 98 51, www.goldhelm-schokolade.de, dag. 10-18 uur. Een paradijs voor lekkerbekken op de Krämerbrücke: biologische chocolade uit Peru in allerlei vormen en smaken.

## Actief

Rondjes schaatsen – **Eissportzentrum Erfurt** [1]: Arnstädter Straße 53, tel. 0361 655 46 95, www.gunda-niemann-stirnemann-halle.de, okt.-mrt. behalve tijdens trainingen. Voor schaatsliefhebbers een bekende naam: deze wedstrijd- en recreatiebaan is genoemd naar Gunda Niemann-Stirnemann.

## Info en festiviteiten

**Erfurt Tourismus:** Benediktsplatz 1, tel. 0361 664 00, www.erfurt-tourismus.de.

**Krämerbrückenfest:** derde weekend van juli. Grootste historische feest van Thüringen met onder meer ridderspelen, middeleeuwse markt en optredens.

# Weimar ▶ H 3

Het centrum van Weimar (65.000 inw.) is relatief klein en bijna helemaal autovrij. Dat nodigt uit tot een verkenning te voet: een halve dag is genoeg om een rondje te maken langs de belangrijkste straten, pleinen en bezienswaardigheden. Wie daarbij goed oplet, zal verschillende namen uit de rijke culturele geschiedenis van Duitsland tegenkomen, zoals Cranach, Bach, Liszt, Schiller en Goethe, die hier maar liefst vijftig jaar woonde. Dit 'Klassieke Weimar' leverde de stad een UNESCO-erkenning als Werelderfgoed op. Weimar heeft zelfs een tweede erkenning voor het Bauhaus, een stroming die de architectuur in de 20e eeuw op zijn kop zette (zie Tip).

*Tip*

### Bauhaus

Rond 1900 domineerden de sierlijke lijnen en bloemmotieven van de jugendstil de kunsten en de architectuur. Alles veranderde toen **Walter Gropius** in 1919 begon met het Staatliches Bauhaus Weimar, een academie voor kunstenaars, designers en architecten. Bij de Bauhausontwerpen (genoemd naar de bouwloodsen van middeleeuwse kathedraalbouwers) zijn de invloeden van de Nederlandse kunstenaars Theo van Doesburg en Piet Mondriaan duidelijk zichtbaar: gebruiksvoorwerpen en gebouwen kregen strakke lijnen en functionele, eenvoudige vormen – versieringen waren uit den boze. Bekend werden de 'zwevende' buizenstoel en de gebouwen die als blokkendozen met industriële technieken werden neergezet. Voor het traditionele Weimar was dat echter veel te modern, waardoor de academie al in 1925 naar Dessau moest verhuizen.

# Weimar

## Goethes Wohnhaus/ Goethe-Nationalmuseum 1

Frauenplan 1, tel. 03643 54 54 00, www.
klassik-stiftung.de, eind mrt.-eind
okt. di.-zo. 9.30-18, eind okt.-eind mrt.
di.-zo. 9.30-16 uur, entree € 12,50
Johann Wolfgang von Goethe (1749-1832,
zie blz. 234) is een van de grootste namen uit de Duitse cultuurgeschiedenis.
Hij schreef onder meer *Faust*, maar was
ook dichter, filosoof, staatsman en wetenschapper. Vanaf 1775 woonde hij in
Weimar. In 1782 (hetzelfde jaar waarin
hij in de adelstand werd verheven en
'von' aan zijn naam mocht toevoegen)
verhuisde hij naar dit barokke pand.
Bijna alle vertrekken zijn nog in originele staat. Hiet ervaart u hoe de dichter
leefde en werkte, en welke kunstwerken,
boeken en natuurwetenschappelijke objecten hij verzamelde tijdens zijn reizen.
In het museumgedeelte leert u meer
over Goethe en zijn plek in het Duitsland van rond 1800.

## Schillerhaus/Schiller- Museum 2

Schillerstraße 12, tel. 03643 54 54 00,
www.klassik-stiftung.de, eind mrt.-
eind okt. di.-zo. 9.30-18, eind okt.-
eind mrt. di.-zo. 9.30-16 uur, entree
museum € 4,50, woonhuis € 8

Schrijver, filosoof en dichter Friedrich
(von) Schiller (1759-1805, zie blz. 234),
auteur van onder meer *Wilhelm Tell*, was
een tijdgenoot en vriend van Goethe.
De laatste jaren van zijn leven woonde
hij in dit huis, dat als museum is ingericht.

## bauhaus museum weimar 3

Stéphane-Hessel-Platz 1, tel. 03643 54
54 00, www.klassik-stiftung.de, ma.
10-14.30, di.-zo. 10-18 uur, entree € 11
In 1919 werd in Weimar door Walter
Gropius de basis gelegd voor de functionele architectuur van het Bauhaus
(zie Tip blz. 229). Dit nieuwe museum
toont waarom de zakelijke en toch elegante ontwerpen van deze stroming in
de architectuur en het design zo ver-
nieuwend waren.

## Stadtkirche St. Peter und Paul (Herderkirche) 4

Herderplatz, www.ek-weimar.de,
apr.-okt. ma.-vr. 10-18, za. 10-12 en
14-18, zo. 11-12 en 14-16 uur, nov.-mrt.
ma.-za. 10-12 en 14-16, zo. 11-12 en
14-16 uur
Deze na de Tweede Wereldoorlog herbouwde stadskerk uit circa 1500 wordt
ook wel Herderkirche genoemd omdat
de predikant, theoloog, dichter en

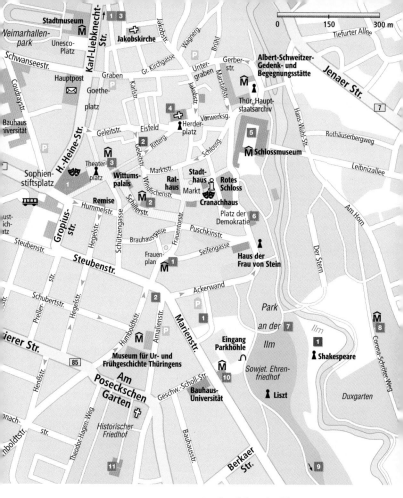

filosoof Johann Gottfried von Herder (1744-1803) – ook al een vriend van Goethe – hier heeft gewerkt en op het kerkhof begraven ligt. Een standbeeld aan de zijkant van de kerk toont hoe hij er in levende lijve uitzag. Maar hét topstuk van de kerk is een altaarschilderij. Dit drieluik van de beroemde renaissanceschilder Lucas Cranach de Oude, dat na zijn dood in 1553 is afgemaakt door zijn zoon Lucas Cranach de Jongere.

## Stadtschloss/Schlossmuseum 5

Burgplatz 4, tel. 03643 54 54 00, www. klassik-stiftung.de, museum wegens verbouwingen langdurig gesloten, check website voor actuele situatie

De glorietijd van het 'Klassieke Weimar' begon toen hertogin Anna Amalia in 1758 aan de macht kwam. Haar zoon Carl August haalde Goethe naar Weimar en hij liet vanaf 1789 het middeleeuwse stadskasteel vervangen door een statig paleis. Drie vleugels van dit

Stadschloss waren in 1803 klaar. De zuidelijke vleugel is van 1912-1914. Na een grondige renovatie van het slot zal er een nieuw museum worden ingericht, met onder meer werken van vader en zoon Cranach.

## Herzogin Anna Amalia Bibliothek 6

Platz der Demokratie 1, tel. 03643 54 54 00, www.klassik-stiftung.de, Rokokosaal: di.-zo. 9.30-14.30 uur, toegang is beperkt, dus reserveer van tevoren een toegangskaart

In 1761 liet hertogin Anna Amalia het Grüne Schloss verbouwen tot bibliotheek. Deze zou, onder meer dankzij Goethe, uitgroeien tot een van de belangrijkste boekencollecties van Duitsland. Pronkstuk was de Rokokosaal: duizenden waardevolle boeken, omringd door schilderijen en bustes van bekende Duitsers. Een verwoestende brand in 2004 haalde de wereldpers, maar inmiddels is de schade zo goed mogelijk hersteld.

## Park an der Ilm 7

Het landschapspark langs de rivier de Ilm werd aangelegd tussen 1778 en 1828, waarbij Goethe voor het basisontwerp zorgde. Boomgroepen, gazons, gebouwtjes en kunstmatige grotten kleden het park aan. Goethe liet ook een bestaand huis inrichten als buitenhuis: **Goethes Gartenhaus** 8, een eenvoudig maar sfeervol onderkomen waar hij diverse boeken schreef (eind mrt.-eind okt. di.-zo. 9.30-18 uur, eind okt.-eind mrt. di.-zo. 9.30-16 uur, entree € 6,50). Ook hertog Carl August had een buitenhuis in het park: het **Römisches Haus** 9 (eind mrt.-eind okt. di.-zo. 10-18 uur, entree € 4,50). Zoals de naam al doet vermoeden oogt het als een klassieke tempel, compleet met zuilenrij. Binnen zijn verschillende muren en plafonds beschilderd.

Aan de stadskant van het park woonde de Hongaarse componist en pianovirtuoos Franz Liszt van 1869 tot zijn dood in 1886. Dit **Liszt-Haus** 10 is nog in de oorspronkelijke staat en

Fürstengruft: laatste rustplaats van de hertogen van Weimar en van Goethe en Schiller

herbergt een tentoonstelling over de musicus (Marienstraße 17, eind mrt.-eind okt. wo.-ma. 10-18 uur, eind okt.-mrt. wo.-ma. 10-16 uur, entree € 4,50).

## Historischer Friedhof

Talrijke bekende doden kregen een laatste rustplaats op deze parkachtige begraafplaats uit 1818. Een statige lindenlaan leidt naar de **Fürstengruft** (eind mrt.-eind okt. wo.-ma. 10-18, eind okt.-eind mrt. wo.-ma. 10-16 uur, entree € 4,50), een mausoleum met daarin de resten van 31 hertogen van Weimar. Maar de meeste bezoekers komen voor twee kisten die gebroederlijk naast elkaar staan en waarop de namen van Goethe en Schiller staan vermeld. Goethe ligt er inderdaad in, maar de andere kist is in 2008 leeggehaald (zie Tip). De exotisch ogende torens achter de Fürstengruft horen bij de **Russisch-Orthodoxe Kapelle**. De uitbundige grafkapel werd tussen 1860 en 1862 gebouwd voor tsarendochter en groothertogin Maria Pawlowna, die was getrouwd met de zoon van hertog Carl August.

## In de omgeving

### Schloss Belvedere

Weimar-Belvedere, tel. 03643 54 54 00, www.klassik-stiftung.de, eind mrt.-eind okt. di.-zo. 11-17 uur, entree € 6,50, Orangerie € 2,50
Een beetje hertog beschikte over een hele serie paleizen. Ook de hertogen von Sachsen-Weimar und Eisenach deden mee aan de trend en lieten tussen 1724 en 1748 op enkele kilometers ten zuidoosten van de stad een chic zomerpaleis bouwen. Het is nu een museum, met als blikvanger collecties porselein en glaswerk. De strak ingedeelde barokke tuin die oorspronkelijk het huis omringde, werd later veranderd in een Engels landschapspark.

## Tip

### Het verkeerde lijk

Friedrich Schiller stierf in 1805 – hij werd slechts 45 jaar oud. De dichter had net zijn huis afbetaald en geld voor een waardig grafmonument was er niet. Dus werd hij bijgezet in een algemeen mausoleum. Toen dat in 1826 vol was en zou worden afgesloten, werden eerst de resten van Schiller er uitgehaald. Althans, alle botten lagen door elkaar en de schedel die het meest leek op het dodenmasker van de dichter werd als 'de echte' bestempeld. Zijn vriend Goethe had de schedel zelfs een jaar in huis. Nadat in 1883 was gebleken dat dodenmasker en schedel toch niet goed pasten, werd in 1911 een tweede skelet uit het knekelhuis opgevist. Sindsdien lagen er twee 'Schillers' in de Fürstengruft. Pas in 2008 werd met DNA-onderzoek vastgesteld dat beide schedels niet van Schiller waren; de botten bleken zelfs van drie verschillende mensen afkomstig – een verrassend slot van een echte Duitse *Krimi*.

### Gedenkstätte Buchenwald

Buchenwald, tel. 03643 43 02 00, www.buchenwald.de, dag. tot zonsondergang, musea: apr.-eind okt. di.-zo. 10-18 uur, nov.-mrt. di.-zo. 10-16 uur, gratis
Een zwarte bladzijde uit de Duitse geschiedenis: zo'n 8 km ten noorden van Weimar ligt het door de nazi's gebouwde concentratiekamp Buchenwald, waar tussen 1937 en 1945 circa 250 duizend mensen gevangen werden gehouden. Daarvan vonden 56 duizend de dood. De barakken zijn verdwenen – een monument en exposities nemen hun plaats in. Daarbij is ook aandacht voor de slachtoffers van de kampen uit de DDR-tijd. ▷ blz. 236

# Literaire helden van Thüringen – op zoek naar Goethe en Schiller

Na een moeizame eerste ontmoeting groeide er een hechte vriendschap tussen twee grote namen uit de Duitse literatuur: Johann Wolfgang (von) Goethe en Friedrich (von) Schiller. Vooral in Weimar, de stad van de klassieke Duitse cultuur, maar ook in andere plaatsen zijn de twee literatoren nog alom aanwezig.

**Herinneringen aan Goethe:**
**Weimar:** Goethes Wohnhaus, Frauenplan 1, www.klassik-stiftung.de; Goethes Gartenhaus, Park an der Ilm, www.klassik-stiftung.de; Goethes graf, Fürstengruft, Historischer Friedhof. **Jena:** Goethe-Gedenkstätte, Fürstengraben 26, www.uni-jena.de.

**Herinneringen aan Schiller:**
**Weimar:** Schillerhaus, Schillerstraße 12, www.klassik-stiftung.de. **Jena:** Schillers Gartenhaus, Schillergässchen, www.visit-jena.de. **Rudolstadt:** Schillerhaus, Schillerstraße 25, www.schillerhaus-rudolstadt.de.

Op de Theaterplatz in **Weimar** staan ze gebroederlijk naast elkaar: links Goethe, rechts Schiller. Goethe, die vriendschappelijk de hand op de schouder van Schiller legt, is duidelijk de oudste van de twee – er zat tien jaar tussen. Wat niet klopt is de lengte: Schiller mat maar liefst 1,90 m, terwijl Goethe niet verder kwam dan 1,69 m.

## Goethe: homo universalis

Goethe werd in 1749 in Frankfurt am Main in een welgesteld gezin geboren en kreeg een uitstekende scholing. Hij ging daarna werken bij het hoogste Duitse gerechtshof, maar schreef toen ook al romans en toneelstukken. Na een ongelukkige liefde vertrok hij in 1775 op verzoek van hertog Carl August naar Weimar. Hier werd hij minister en zag hij toe op verschillende bouwactiviteiten. Het huis aan het Frauenplan waar hij vanaf 1882 woonde, is grotendeels nog in de oorspronkelijke staat en fungeert nu als **Goethe-Nationalmuseum**. In 1786-1788 verbleef Goethe in Italië en scherpte hij zijn kennis op het gebied van natuurwetenschappen, geologie, mineralogie en filosofie verder aan.

## Eerste ontmoeting

Schiller kwam in 1759 ter wereld als zoon van een militair. Hij studeerde rechten en medicijnen, werd chirurgijn, maar zijn hart lag bij de literatuur. Na verschillende omzwervingen arriveerde hij in 1787 in Weimar, waar hij zich volledig op de poëzie wilde storten. Goethe was op dat moment in Italië.

Een jaar later troffen beide mannen elkaar toevallig in een huis in **Rudolstadt** (zie blz. 242). Volgens de overlevering was het een kille ontmoeting: de verschillen tussen beiden in afkomst en status waren groot. Goethe vond Schiller een druistige, onrijpe dichter. En Schiller zag in de oudere Goethe vooral een egoïstische, zelfgenoegzame dichter en staatsman.

## Opbloeiende vriendschap

Na het schrijven van een historisch drama kreeg Schiller in 1789 een (onbetaalde) aanstelling als professor geschiedenis en filosofie op de universiteit van **Jena**. Een belangrijk jaar was 1794, toen de twee mannen een diepgaand gesprek hadden over oerplanten. Dat was het begin van een intensieve briefwisseling en Schiller vroeg Goethe zelfs mee te werken aan een nieuw tijdschrift. De vriendschap zou zeer hecht worden en tien jaren duren, tot de dood van Schiller in 1805.

Goethe logeerde diverse keren bij zijn vriend in **Jena**. Van de verschillende huizen waar Schiller woonde, zijn er twee bewaard gebleven. In **Schillers Gartenhaus** aan de zuidkant van het centrum geven een expositie en gereconstrueerde kamers een beeld van het leven van de professor. Soms verbleef Goethe ook in het huis van de beheerder van de botanische tuin, waarin nu een kleine tentoonstelling over de grootmeester van de Duitse literatuur is ingericht onder de naam **Goethe-Gedenkstätte**.

## Verbonden in de dood?

In 1799 keerde Schiller met zijn gezin terug naar het **Weimar** van Goethe en pakte hier zijn literaire werk weer op. In 1802 verhuisde hij voor het laatst naar een pand dat nu als **Schillerhaus** toegankelijk is. Maar lang mocht het niet meer duren: Schiller had tbc en in 1805 stierf hij aan een longontsteking. Hij was toen 45 jaar. Goethe zou daarover schrijven: 'Ich verliere nun einen Freund und in demselben die Hälften meines Daseins.'

Goethe had op dat moment nog 27 jaar te leven en maakte de eerste episodes van de soap rond de resten van zijn vriend nog mee (zie Tip blz. 233). Nadat in 1826 het mausoleum was geopend en alle kisten verrot bleken, werd een groot skelet als dat van Schiller aangewezen. Goethe ontvreemdde de schedel en zou dat een jaar lang in huis bewaren. Later zou het skelet van 'Schiller' worden bijgezet in de **Fürstengruft**, de hertogenlijke grafkamer. Op zijn eigen verzoek kreeg Goethe later een plekje pal naast de kist van zijn vriend.

## Overnachten

Klassehotel – **Dorint am Goethe-park** **1**: Beethovenplatz 1-2, tel. 03643 872-0, www.hotel-weimar.dorint.com, 2 pk vanaf € 100. Voor de verwende hotelgast: groot viersterrenhotel aan de rand van het Park an der Ilm. Maar liefst vier restaurants, wellnessvoorzieningen, huurfietsen en eigen parkeergarage (betaald).

In het centrum – **Amalienhof** **2**: Amalienstrasse 2, tel. 03643 54 90, www.amalienhof-weimar.de, 2 pk vanaf € 75. Sfeervol pand uit 1826 in de classicistische stijl. Klassiek ingerichte kamers met een vleugje nostalgie. Goede prijs-kwaliteitverhouding en gratis parkeren. Geen restaurant, wel ontbijtbuffet.

Tegenover het treinstation – **Kaiserin Augusta** **3**: Carl-August-Allee 17, tel. 03643 234-0, www.hotel-kaiserin-augusta.de, 2 pk vanaf € 84. Ideaal voor treinreizigers: ruim hotel met schone, netjes ingerichte kamers. Combinatie van klassiek en modern. Kwartiertje lopen naar het centrum, maar er rijdt ook een bus.

## Eten en drinken

Wie bei Mutti – **Hanz und Franz** **1**: Erfurter Straße 23, tel. 03643 457 39 87, www.hanzundfranz.com, ma. gesl., vanaf 18 uur, hoofdgerecht vanaf € 10. Achter de wat anonieme gevel gaat een sfeervolle verrassing schuil: een Thürings 'eetcafé' met een menukaart waar voor iedereen wel wat op staat. De gerechten zijn van prima kwaliteit.

Thüringse keuken – **Scharfe Ecke** **2**: Eisfeld 2, tel. 03643 20 24 30, ma. gesl., hoofdgerecht vanaf € 10. Laagdrempelig eethuis met uitstekende klassiekers als Thüringer Bratwurst met zuurkool of rode kool. Wel klein en bovendien zo populair dat reserveren aan te raden is.

## Winkelen

De belangrijkste winkelstraten zijn de Schillerstraße, de Wielandstraße en de Markt, waarbij de leukste winkels vaak in de zijstraten zitten. Overdekt shoppen kan in het complex **Atrium** **1** aan de rand van het centrum (Friedensstraße, www.weimar-atrium.de).

## Uitgaan

Theater – **Deutsches Nationaltheater und Staatskapelle Weimar** **1**: Theaterplatz 2, tel. 03643 75 53 34, www.nationaltheater-weimar.de. Onder toeziend oog van Schiller en Goethe, die het theater stichtte, kunt u hier terecht voor opera, operette, muziek en dans. Het huidige gebouw (1906-1907) is al het derde theater op deze plek.

## Info en festiviteiten

**Tourist-Information:** Markt 10, tel. 03643 745-0, www.weimar.de.
**Zwiebelmarkt:** tweede weekend van oktober. Een van de oudste volksfeesten van Thüringen met als thema de ui. Onder meer markt, sport en optredens.

# Jena ▶ J 3

Hij is niet te missen bij het naderen van 'Lichtstadt' Jena (111.000 inw.): een 145 m hoge, ronde toren, die nauwelijks lijkt te passen bij de oude stad aan de rivier de Saale. Jena is dan ook een stad met uitvergrote contrasten. Oud is de omgeving rond de Marktplatz en de Kirchplatz, waar alles herinnert aan de universiteitsstad waar Schiller en Goethe (zie blz. 234) hechte vrienden werden. Kom op het hele uur naar het **Rathaus** aan het marktplein om een andere bekende inwoner van Jena te zien: boven de torenklok reikt Schnapphans naar een gouden kogel op een staf, vastgehouden door een pelgrim. Tevergeefs tot nu toe – en gelukkig maar, want volgens de legende zou de wereld vergaan als Hans de kogel wél zou pakken.

De rest van het centrum toont duidelijk de sporen van een geallieerd bombardement in maart 1945. Herbouw volgde in een mix van stijlen. De opvallende **JenTower** was een prestigeobject van de toenmalige DDR-bestuurders – en bleek zo duur dat een tweelingtoren nooit werd gebouwd. Voor een mooi uitzicht over stad en omgeving bezoekt u het restaurant of het uitzichtplatform op 128 m hoogte (dag. 11-23 uur).

Jena is verder onlosmakelijk verbonden met de naam **Carl Zeiss** (1816-1888). Deze instrumentenmaker legde, samen met de fysicus Ernst Abbe en de glaschemicus Otto Schott, de basis voor een later wereldberoemd geworden industrie voor lenzen en optische instrumenten. Alles over de geschiedenis van brillen, microscopen, lenzen en camera's leert u in het **Deutsches Optisches Museum** aan de westkant van het centrum (Carl-Zeiß-Platz 12, tel. 03641 44 31 65, www.optischesmuseum.de, di.-vr. 10-16.30, za.-zo. 11-17 uur, entree € 5).

Carl gaf ook zijn naam aan het **Zeiss-Planetarium** (Am Planetarium 5, tel. 03641 88 54 88, voor programma: zie www.planetarium-jena.de). Het aan de groene koepel herkenbare gebouw staat al sinds 1926 in een park aan de noordkant van het centrum. Een speciale projector creëert op de binnenkant van de koepel een kunstmatige sterrenhemel – een planetarium is dus geen museum of sterrenwacht. In de bijzondere ruimte worden verder evenementen en concerten georganiseerd.

In hetzelfde park had de universiteit vanaf 1586 een eigen medische tuin. Die is uitgegroeid tot de **Botanischer Garten** (Fürstengraben 26, www.spezbot.uni-jena.de dag., 10-18/19 uur, entree € 4). In de openlucht en in kassen groeien en bloeien zo'n 12.000 plantensoorten uit alle klimaatzones.

Het voormalige huis van de beheerder van de tuin is in gebruik als **Goethe-Gedenkstätte** (Fürstengraben 26, www.uni-jena.de, zie website voor openingstijden). Johann Wolfgang von Goethe verbleef regelmatig in Jena en op de universiteit, waar zijn vriend Schiller werkte. Een kleine expositie herinnert aan de grote denker én doener Goethe.

Friedrich Schiller werkte vanaf 1789 als professor op de universiteit. Hij kocht een 'tuinhuisje' aan de zuidkant van het centrum en zou daar de zomers van 1797 tot 1799 doorbrengen. De bovenste etages van **Schillers Gartenhaus** zijn zo goed mogelijk in originele staat teruggebracht (Schillergäßchen 2, tel. 03641 93 11 88, apr.-okt. di.-zo. 11-17 uur, entree € 2,50).

## Informatie

**Tourist-Information:** Markt 16, tel. 03641 49 80 50, www.visit-jena.de.

# Gera ▶ K 3

Gera is qua inwonertal (95.000) de derde stad van Thüringen. Trots zijn ze vooral op de hier geboren schilder en graficus **Otto Dix** (1891-1969). Zijn werken tonen een ontwikkeling van expressionist naar dadaïst en realist, waarbij hij bijvoorbeeld de gruwelijke realiteit van de Eerste Wereldoorlog vastlegde. In zijn geboortehuis hangen werken uit verschillende periodes; het **Otto-Dix-Haus** staat aan de rand van de stad, vlak bij de rivier de Weiße Elster (Mohrenplatz 4, tel. 0365 832 49 27, wo.-zo. 12-17 uur, entree € 5).

Ook de beroemde Belgische architect **Henry van de Velde** (1863-1957) heeft hier sporen nagelaten. In 1913 ontwierp hij **Haus Schulenburg (Henry van de Velde Museum)** als een gesamtkunstwerk: het huis, de inrichting en de tuin zijn allemaal van zijn hand (Straße des Friedens 120, tel. 0365 82 64 10, www.haus-schulenburg-gera.de, ma.-vr. 10-16/17, za.-zo. 14-16.30/17 uur, entree € 7).

Een van de mooiste plekjes van Gera is de **Marktplatz**, waar de statige panden verwijzen naar de rijkdom van weleer. De welvaart was vooral te danken aan de textielindustrie – en aan protestante Nederlandse lakenproducenten die in 1569 naar Gera vluchtten en nieuwe productietechnieken meenamen. Veel panden in Gera zijn van na 1780, toen een stadsbrand veel schade aanrichtte, maar aan dit plein staan nog verschillende oudere panden. Zoals het 16e-eeuwse **Rathaus**, voorzien van een 54 m hoge toren. Net boven het midden van de toren zit een uitzichtplatform. Kijk ook eens naar het kleurrijke portaal: rechts van de deur zit de standaardmaat van de el (0,572 m), een maat die per plaats verschilde en veel werd gebruikt in de textielwereld.

Op het hoogste punt van het centrum pronkt de witte **Salvatorkirche**, die van binnen heel verrassend is ingericht in jugendstil. Een barok huis naast de kerk wist de grote stadsbrand van 1780 te doorstaan en huisvest nu het **Museum für Naturkunde** (Nicolaiberg 3, tel. 0365 520 03, wo.-zo. 12-17 uur, entree € 5). Thema's zijn de geologie, flora en fauna van Oost-Thüringen. De tentoonstelling gaat buiten verder in de botanische tuin. Spannender is een uitstapje naar de **Geraer Höhler** onder het huis. De kelders en gangen lopen onder de hele stad door en werden in de 17e en 18e eeuw gegraven om bier koel te kunnen opslaan. In de Tweede Wereldoorlog werden verschillende kelders met elkaar verbonden, zodat er meer ruimte ontstond om te kunnen schuilen bij luchtaanvallen. Via een rondleiding kunt u het labyrint verkennen (www.gera-hoehler.de).

Aantrekkelijk is ook het gedeelte rond de **Küchengarten** en het **Hofwiesenpark** aan de westkant van de spoorlijn. Hier staan verschillende villa's die rijke kooplieden en textielproducenten aan het begin van de 20e eeuw lieten bouwen. De Küchengarten was vroeger de moestuin van een 18e-eeuws slot, waarvan alleen de Orangerie nog over is. Dit gebouw doet nu dienst als **Kunstsammlung Gera** (Orangerieplatz 1, tel. 0365 838 42 50, www.gera.de, wo.-zo. 12-17 uur, entree € 5). De collectie schilderijen, grafische kunst en sculpturen loopt van de middeleeuwen tot nu.

Leuk voor kinderen: net buiten de stad ligt **Tierpark Gera** (Straße des Friedens 85, tel. 0365 81 01 27, dag. 9-16/18 uur, entree € 5). In dit kleine dierenpark leven vooral Europese dieren, maar ook leeuwen, luipaarden en apen.

## Informatie

**Gera Tourismus:** Markt 1a, tel. 0365 838 11 11, tourismus.gera.de.

# Altenburg ▶ K 3

In Duitsland staat Altenburg vooral bekend als de bakermat van het kaartspel skaat, een Duitse versie van het klaverjassen. Waarom en hoe dit spel in 1813 werd ontwikkeld, wordt verteld in het **Schloss- und Spielkartenmuseum** in het **Residenzschloss Altenburg** (Schloss 2-4, tel. 03447 51 27 12, www.residenzschloss-altenburg.de, di.-zo. 10-17/18 uur, entree € 7). De machtige residentie staat op een rotsplateau midden in de stad en laat ook zien hoe de

Vanaf hun residentie keken de hertogen van Altenburg uit over het Landestheater

hertogen en andere heersers van Altenburg in vroegere eeuwen leefden.

Aan de voet van het slot begint het met zorg gerestaureerde historische centrum van Altenburg. Meteen onder de muren staat het **Landestheater**, dat de hertogen in 1870 lieten bouwen en dat nog altijd als cultureel hart van de stad fungeert. Een stukje verder begint de **Markt**, een langgerekt plein met terrasjes en een **Rathaus** uit 1561-1564; de toren en de sierlijke gevels zijn typisch voor de renaissance.

Achter in de slottuinen liet staatsman en kunstverzamelaar Bernhard August von Lindenau vanaf 1845 een museum bouwen, dat nog altijd zijn naam draagt: het **Lindenau-Museum** (Gabelentzstraße 5, tel. 03447 895 53, www.lindenau-museum.de, di.-vr. 12-18, za.-zo. 10-18 uur, entree € 6). Kunstliefhebbers komen vooral voor de vroege Italiaanse panelen (zie Op ontdekkingsreis blz. 240), maar er is veel meer te zien. Zoals afgietsels van beelden uit de klassieke wereld, Grieks-Etruskisch keramiek en een keur aan schilderijen uit de 17e tot de 20e eeuw, waaronder Hollandse meesters.

## Informatie

**Tourist-Information:** Markt 10 tel. 03447 89 66 89, https://altenburg.travel.

# Rudolstadt ▶ H/J 3

De bebouwing van Rudolstadt strekt zich over 8 km uit langs de rivier de Saale. Het centrum bestaat uit een **Marktplatz** met een fontein, een oud Rathaus en rondom bontgekleurde huizen. Maar de meeste bezoekers komen voor het al van verre zichtbare **Residenzschloss Heidecksburg** (Schlossbezirk 1, tel. 03672 42 90-0, www.heidecksburg.de, apr.-okt. di.-zo. 10-18 uur, nov.-mrt. di.-zo. 10-17 uur, entree € 8). ▷ blz. 242

# Italiaanse meesterwerken uit de renaissance – Lindenau-Museum

Meesterwerken van de oude Grieken en Romeinen, kunst uit Egypte en Mesopotamië, schilderijen van de 17e tot de 20 eeuw – het Lindenau-Museum beschikt over een benijdenswaardige collectie, maar de echte pronkstukken zijn 180 vroege Italiaanse panelen van kunstenaars als Botticelli, Bernardo Daddi en Guido da Siena. Ze nemen u mee naar Florence en Siena ten tijde van de mysterieuze middeleeuwen.

Kaart: ▶ K 3
Lindenau-Museum: Gabelentz-straße 5, tel. 03447 895 53, www.lindenau-museum.de, di.-vr. 12-18, za.-zo. 10-18 uur, entree € 6.

Achter de statige residentie van de hertogen van Altenburg strekt zich een groot park uit, met daarin onder meer een theehuis en een orangerie. Aan het einde van het park staat bovendien een al even voornaam museum, dat baron en kunstverzamelaar Bernhard August von Lindenau vanaf 1845 liet bouwen. Zijn doel: *Die Jugend zu belehren, das Alter zu erfreuen* (de jeugd te onderrichten, de ouderen te plezieren). Zoals in die tijd gebruikelijk werd zijn privé-museum gevuld met een mengelmoes van voorwerpen, curiosa, oude kunst en nieuwe kunst. Na de Tweede Wereldoorlog werd aan zijn collectie 20e-eeuwse schilderkunst en Duitse grafiek toegevoegd.

## Vroege Italiaanse werken

In het museum is dus van alles te zien, maar de meeste bezoekers hebben een duidelijk doel: 180 wereldberoemde Italiaanse werken uit de late gotiek en vroege renaissance. Zo'n grote en gevarieerde collectie is buiten Italië een unicum. Om bij deze historische kunstschat te komen, loopt u vanaf de ingang via een brede trap naar de bovenverdieping. Bewaar het absolute topstuk bij voorkeur voor het laatst en ga eerst rechtsaf naar de achterste museumzaal. Hier hangt de betoverende *Triptychon* (ca. 1340-1345) van Bernardo Daddi, een altaarstuk met twee zijpanelen, opgebouwd rond een Madonna met Kind. Daddi was een leerling van Giotto en behoorde begin 14e eeuw in Florence – naast Siena in die periode een belangrijk centrum van de schilderkunst – tot de beeldbepalende kunstenaars.

## Kennersblik

Al deze vroege werken zijn bijeengebracht door de in Altenburg geboren Bernhard August von Lindenau (1779-1854). Deze staatsman, natuurwetenschapper en kunstverzamelaar had in zijn testament bepaald dat de collectie na zijn dood niet mocht worden verspreid, maar in Altenburg moest blijven. In die tijd was kunst vooral een zaak van mecenassen: beschermheren en -vrouwen die kunstenaars of collecties ondersteunden. Lindenau was zo'n mecenas. Bovendien was hij een kenner: tot halverwege de 19e eeuw was er weinig aandacht voor de vroege panelen, waardoor hij ze relatief goedkoop bij Italiaanse kunsthandelaars en privéverzamelaars kon kopen. Zo betaalde hij voor een driedelig altaarstuk van Guido da Siena slechts 38 taler – ter vergelijking: het minimummaandloon voor een plattelandsleraar bedroeg in die tijd 10 taler.

## Verzaagde kunst

Helaas zijn veel werken niet meer in hun originele, complete vorm te bewonderen, zoals het rond 1268 door Guido da Siena geschilderde altaarstuk voor de Dom van Siena. Het kunstwerk werd in de 19e eeuw zonder scrupules in veertien stukken gezaagd, omdat de verkoop van de losse onderdelen meer zou opleveren dan het altaarstuk als geheel. Altenburg bezit drie delen: *De aanbidding der koningen*, *De vlucht naar Egypte* en *De geseling van Christus*. Een vierde deel heeft het museum in langdurige bruikleen van het Catharijneconvent in Utrecht: *Kruisbestijging*. De overige delen van het altaarstuk belandden in het Louvre in Parijs, in Princeton en in Siena. Ook het werk *Oriëntaalse ruiterslag* (ca. 1400-1405) van Gherardo Starnina bevindt zich niet meer op zijn oorspronkelijke plek: op de voorkant van een kast. Nu hangt het, netjes ingelijst, in de voorlaatste museumzaal rechts van de ingang.

## Een meesterwerk van Botticelli

In de eerste zaal links is het topstuk van de collectie snel ontdekt: *Portret van een voorname vrouw* van Sandro Botticelli (1445-1510). Nog altijd is niet bekend wie Botticelli hier heeft geportretteerd. Vanwege de attributen die doorgaans bij de heilige Catharina werden afgebeeld, is gesuggereerd dat het om gravin Catherina Sforza zou gaan, een buitenechtelijke dochter van de hertog van Milaan. Maar uit röntgenopnamen blijkt dat het aureool boven haar hoofd, de palmtak, de groene mantel en de witte halssjaal in latere eeuwen zijn toegevoegd. Toen Catherina (?) zich rond 1475-1478 liet portretteren, droeg ze een witte jurk met veel plooien, zoals toen de mode was. Dus wie heeft al die attributen toegevoegd? Of moeten we juist ruimte laten voor speculaties en het mysterie koesteren?

Zeven trappen leiden naar het 60 m boven het stadje gelegen paleis, dat in de tweede helft van de 18e eeuw in de plaats kwam van een ouder kasteel. In de zalen en vertrekken blijkt dat de bouwheren een voorkeur hadden voor de destijds populaire rococo. De 12 m hoge **Festsaal** is zelfs een van de mooiste rococozalen van Duitsland. Het slot huisvest verschillende museale collecties: van schilderijen en porselein tot miniaturen uit de rococoperiode en natuurwetenschappelijke verzamelobjecten.

Tip: liefhebbers van porselein kunnen nog veel meer moois zien in deze regio. De **Thüringer Porzellanstraße** (www.thueringerporzellanstrasse.de) is een toeristische route die verschillende winkels en producenten met elkaar verbindt. De bekendste producent in Rudolstadt is de **Älteste Volkstedter Porzellanmanufaktur** (Breitscheidstraße 7, tel. 03672 48 02-0, www.die-porzellanmanufakturen.de).

Ook de beroemde schrijvers Schiller en Goethe (zie blz. 234) duiken op in Rudolstadt: ze ontmoetten elkaar voor het eerst in het **Schillerhaus** (Schillerstraße 25, tel. 03672 48 64 70, www.schillerhaus-rudolstadt.de, di.-zo. 10-18 uur, entree € 5). Schiller leerde hier bovendien zijn vrouw kennen. Tentoonstellingen verhalen over deze periode. De culturele elite had sowieso een zwak voor Rudolstadt, want ook bekende namen als Von Humboldt, Schopenhauer en de musici Richard Wagner, Franz Liszt en Paganini lieten zich hier regelmatig zien.

Klein maar fijn is het oudste openluchtmuseum van Duitsland, genaamd **Thüringer Bauernhäuser** (Kleiner Damm 12, tel. 03672 42 24 65, www.rudolstadt.de, apr.-okt. dag. 11-18 uur, entree € 2,50). Het ligt aan de andere kant van de rivier en bestaat uit enkele boerenhuizen die uit de regio naar hier zijn verplaatst.

Vaardige handen decoreren een porseleinen danseres in Rudolstadt

## Info en festiviteiten

**Tourist-Information:** Markt 5, tel. 03672 48 64 40, www.rudolstadt.de. **Rudolstadt-Festival:** https://rudolstadt-festival.de, eerste volle weekend in juli. Een van de grootste festivals voor wereldmuziek in Duitsland.

## Saalfeld ▶ H/J 4

Saalfeeld is tot ver over de landsgrenzen bekend vanwege de sprookjesachtige **Feengrotten** (zie blz. 244), die zelfs het Guinness Book of Records haalden als de kleurrijkste grotten ter wereld. Maar deze ooit belangrijke handels- en mijnbouwmetropool heeft nog veel meer moois te bieden. Te beginnen met de middeleeuwse **stadsmuur** die nog grotendeels intact is. Net binnen de muur is een voormalig klooster in gebruik als **Stadtmuseum** (Münzplatz 5, tel. 03671 59 84 71, www.museumimkloster.de, di.-zo. 10-17 uur, entree € 5). Het middeleeuwse complex met kruisgangen en gewelven vormt een prachtig decor voor de historische collecties van de stad.

Klinkerstraatjes leiden hiervandaan naar een rechthoekig marktplein in het hart van de oude stad. Het witte **Rathaus** werd in 1537 opgeleverd en weerspiegelt de rijkdom die mijnbouw en handel opleverden. Vanaf het balkon halverwege de toren werd het volk geïnformeerd over belangrijke zaken. Het geld werd ook gestoken in de **St. Johanniskirche**, de grootste hallenkerk van Thüringen. De kerk is ontsnapt aan de 18e-eeuwse mode om oude kerken een barok jasje te geven. Daardoor oogt de kerk bijna 'leeg' en zijn middeleeuwse details behouden gebleven – let op de vele grafstenen, een Heilig Graf uit de 14e eeuw en een manshoog beeld van Johannes de Doper van rond 1505.

Een wandeling richting de rivier wordt tot slot beloond met uitzicht op de romantische **ruïne** van een middeleeuwse burcht.

## Informatie

**Tourist-Information Saalfeld:** Markt 6, tel. 03671 52 21 81, www.saalfeld-tourismus.de.

## Thüringer Wald ▶ G 3-H4

Zo'n 120 km lang en 35 km breed is het Thüringer Wald (Thüringer Woud), een middelgebergte dat zich in een bijna rechte lijn uitstrekt tussen Eisenach en het rivierdal van de Saale. Zoals de naam al zegt bepalen bossen de aanblik. Ze kleuren oeroude bergen die in de loop van de tijd zijn afgesleten – de hoogste top is de Großer Beerberg met 982 m.

In de zomer is dit een paradijs voor wandelaars en mountainbikers, in de winter nemen skiërs en langlaufers hun plaats in. Maar ook de natuurliefhebber komt aan bod: in het hart van het woud ligt een **UNESCO Biosphärenreservat**, waar stille wouden, bloemrijke weiden en snelstromende beken wachten op de bezoekers.

De belangrijkste uitvalsbasis voor de wintersporters is **Oberhof**, waar voldoende accommodatie is om iedereen te bergen. Skispringschansen, een bobbaan en een biathlonarena zijn bedoeld voor de (semi)professionele sporters. In de zomer is de **Rennsteingarten** een van de trekkers (Am Pfanntalskopf 3, tel. 036842 222 45, https://rennsteiggartenoberhof.de, dag. 9-17/18 uur, entree € 8). Hier groeien circa vierduizend verschillende soorten bergplanten van over de hele wereld. De hoogste top in de buurt is de **Schneekopf** (978 m). Door een uitzichttoren op de ▷ blz. 246

## Favoriet

### Sprookjesachtig: de Feengrotten van Saalfeld ▶ H/J 4

De naam is goed gekozen: het lijkt inderdaad alsof de druipsteengrotten zijn gemaakt door feeën die hun fantasie de vrije loop lieten. In werkelijkheid waren het mijnwerkers die de basis legden voor het kunstwerk. Zij wonnen hier van de 16e tot in de 19e eeuw aluin. Daarna werd de grot gesloten en begon de natuur met haar werk: water druppelde op de grond en creëerde zo verrassend kleurrijke stalagmieten en stalactieten. Via een rondleiding van een uur kunt u de grotten bezoeken. U krijgt dan een cape mee om de eigen kleding te beschermen. Terug buiten wordt in het **Grottoneum** op interactieve wijze uitgelegd hoe de grot is ontstaan. En voor fantasierijke kinderen is er niets mooiers dan de elfjes, feeën en natuurgeesten in het **Feenweltchen** te ontdekken (Saalfeld, Feengrottenweg 2, tel. 03671 550 40, www.feengrotten.de, grotten: mei-okt. dag. 10-17, nov.-dec. en feb.-apr. dag. 11-15.30 uur; Feenweltchen eind apr.-begin nov., combi-ticket € 14,90).

top te plaatsen, kunt u toch vanaf meer dan een kilometer hoogte de omgeving bekijken.

Bij **Friedrichroda** is het mogelijk een kijkje onder de grond te nemen in de grot van de **Marienglashöhle** (langs de B88, tel. 03623 31 16 67, www.marienglashoehle-friedrichroda.de, dag. 10-16/17 uur, entree € 6,50). De wanden zijn bedekt met kristallen van een eenvoudig soort natuurlijk glas dat vroeger werd gebruikt voor vensters, kroonluchters en altaarstukken – vandaar de benaming Mariaglas.

## Actief

Wandelen – **Rennsteig**: deze 169 km lange wandelroute volgt de hoofdkam van het gebergte. Het is de oudste langeafstandsroute van Duitsland, die gebruikmaakt van een eeuwenoude handelsroute door het Thüringer Wald.
Wandelen – **Gipfelweg**: toppenverzamelaars volgen deze 30 km lange wandelroute rond Oberhof. De route passeert zeven toppen van boven de 900 m, met als hoogste de Schneekopf.

## Informatie

**Thüringer Wald:** www.thuringerwald.nl, www.thueringer-wald.com.

# Schmalkalden ▶ G 3

Een stadje om verliefd op te worden: bonkige klinkerstraten, sfeervolle pleinen en een bonte collage van vakwerkhuizen met rode puntdaken. Zo stel je je een oud Duits stadje voor.

Vanuit het centrum leiden steegjes omhoog naar het witte **Schloss Wilhelmsburg** (Schlossberg 9, tel. 03683 40 31 86, www.museumwilhelmsburg.de, apr.-okt. dag. 10-18 uur, nov.-mrt. di.-zo. 10-16 uur, entree € 6). Een landgraaf liet het slot tussen 1585 en 1590 bouwen en sindsdien is er aan het complex opmerkelijk weinig veranderd. Daardoor is het nu een schoolvoorbeeld van de in de 16e eeuw populaire renaissancestijl. Decoratief stucwerk en plafondschilderingen sieren de zalen. In de kelder zijn kopieën te zien van middeleeuwse schilderingen die het epos van koning Arthur en ridder Ywain verbeelden.

Ook industrieel erfgoed is rond Schmalkalden in ruime mate voorhanden. Aan de noordkant vormt een oude hoogoven het kloppend hart van het **Technisches Museum Neue Hütte** (Neue Hütte 1, tel. 03683 40 30 18, www.museumwilhelmsburg.de, apr.-okt. wo.-zo. 10-17 uur, nov.-mrt. wo.-vr. 10-16, zo. 12-16 uur, entree € 3). Hier werd in een hoogoven van ijzererts ijzer gemaakt. Even verderop, in het stadsdeel Asbach, is een oude ijzererts- en mineralengroeve nu voor bezoekers geopend onder de naam **Besucherbergwerk Finstertal** (Talstraße 145, tel. 03683 48 80 37, www.museumwilhelmsburg.de, half apr.-okt. wo.-zo. 10-17 uur, entree € 3).

## Winkelen

**Viba Nougat Welt:** Nougat-Allee 1 (voorheen Auer Weg), tel. 03683 692 16 00, www.viba-sweets.de, dag. 10-18 uur. *Confiserie-Erleben* noemen ze het zelf: kijken hoe chocolade, nougat en andere lekkernijen worden gemaakt. Om ze daarna te proeven.

## Informatie

**Tourist-Information:** Auer Gasse 6-8, tel. 03683 609 75 80, www.schmalkalden.com.

# Gotha ▶ G/H 3

Net als veel andere steden in Thüringen beschikt Gotha over een rechthoekig marktplein, de **Hauptmarkt**, met daaromheen voorname herenhuizen en een **Rathaus** uit de 16e eeuw, waarvoor een niet te missen oranjerode kleur werd uitgekozen. Vlakbij kwam een tweede stadsplein tot ontwikkeling: de **Neumarkt**. Tot 1810 werden beide stadsdelen door een muur beschermd. Daarna maakte de stadsverdediging plaats voor brede boulevards.

## Schloss Friedenstein

Tel. 03621 823 40, www.stiftungfrie denstein.de, di.-zo. 10-16/17 uur, combiticket € 10

Gotha heeft één echte toeristentrekker: het paleis van de hertogen van Sachsen-Gotha. Het werd gebouwd tussen 1643 en 1655, dus rond het einde van de Dertigjarige Oorlog. Dat verklaart meteen de naam Friedenstein. Maar veel vertrouwen in de vrede hadden de hertogen blijkbaar niet, want in het omliggende park zijn verschillende verdedigingswerken aangebracht.

Het streng ogende slot herbergt verschillende musea. Het **Schlossmuseum** in de noord- en westvleugel toont de uitbundige weelde waarin de hertogen leefden en welke kunst zij verzamelden. Van een heel andere orde is het **Historische Museum** in de westtoren: het staat vol met objecten die een periode van de oertijd tot de 18e eeuw overspannen. In diezelfde toren wordt de natuur vertegenwoordigd door het **Museum der Natur**. Maak tot slot nog wat tijd vrij voor het **Ekhof-Theater**, een juweeltje van 17e-eeuwse theaterbouw. Het is ook het oudste baroktheater ter wereld waar alle techniek – bouwjaar 1681 – nog functioneert.

Omdat de hertogen zeer veel kunst hadden verzameld, werd tussen 1864 en 1879 achter in het slotpark een nieuw gebouw neergezet. Dit enorme kunstpaleis huisvest nu het **Herzogliches Museum** (dag. 10-16/17 uur, los ticket € 5). Kunstschatten van over de hele wereld en van alle periodes vullen de zalen, met daarbij werken van beroemdheden als Peter Paul Rubens, Jan van Goyen en Lucas Cranach.

## Informatie

**Tourist-Information:** tel. 03621 384 88 88-0, www.gotha-touristinformation. de.

# Eisenach ▶ G 3

Volgens de legende was het graaf Ludwig der Springer die rond 1067 op een heuveltop zijn zwaard in de grond stak en riep 'Berg, du sollst mir eine Burg werden!' Uiteindelijk waren het zijn opvolgers die de burcht uitbouwden tot wat het nu is: de Wartburg, een van de bekendste middeleeuwse kastelen van Duitsland, beloond met een plekje op de Werelderfgoedlijst van de UNESCO. Aan de voet van de rots ontstond het stadje Eisenach, de plaats waar Maarten Luther naar school ging en waar Johann Sebastian Bach ter wereld kwam.

## Wartburg ✳

Auf der Wartburg 1, tel. 03691 250-0, www.wartburg-eisenach.de, rondleidingen apr.-okt. dag. 8.30-17 uur, nov.-mrt. dag. 9-15.30 uur, museum zelfstandig te bezoeken, entree € 6/10

De huidige burcht is het resultaat van een grondige restauratie in de 19e eeuw, maar het geeft toch een goede indruk van hoe het ooit geweest moet zijn. Het eerste wat opvalt: de burcht is erg langgerekt en volgt de vormen van een rotsige bergkam. Een poortgebouw uit de

12e eeuw geeft toegang tot een eerste binnenplaats, met rondom vakwerkhuizen en defensieve weergangen uit latere eeuwen. Daarachter wacht een tweede binnenplaats, omsloten door de belangrijkste gebouwen van het kasteel. Links staat het **Palas**, het woongedeelte van de graven. De rondleiding brengt u ook naar de beroemde **Sängersaal**, waar een 19e-eeuws fresco een legendarische zangwedstrijd illustreert die hier in 1206 zou hebben plaatsgehad. Ditzelfde thema gebruikte Wagner later voor zijn opera *Tannhäuser*. Bijzonder zijn ook de **Festsaal** op de zolderverdieping en de **Elisabeth-kemenate**, waar mozaïeken (1902-1906) vertellen over het leven van de heilige Elisabeth, die hier in de 13e eeuw woonde. Een rondje door het **museum** maakt een

bezoek compleet. Het leert u meer over de geschiedenis van de burcht en er is onder meer werk te zien van de schilder Lucas Cranach de Oude. Volg dan de weergang naar de **Lutherstube**, waar **Maarten Luther** ooit woonde en werkte (zie Tip blz. 250).

De naam Luther (1483-1546) duikt ook elders in **Eisenach** op. Hij werd geboren in Eisleben en ging in Eisenach naar de Latijnse School. Eerst woonde hij in een internaat, later kwam hij terecht in een fraai vakwerkhuis van de familie Cotta. Hier is nu het **Lutherhaus** gevestigd (Lutherplatz 8, tel. 03691 29 83-0, www.lutherhaus-eisenach.com, apr.-okt. dag. 10-17 uur, nov.-mrt. di.-zo. 10-17 uur, entree € 6). Zijn kamers zijn gereconstrueerd.

Het burchtcomplex van de Wartburg bekroont een langgerekte rotspartij bij Eisenach

Een tweede naam die de eeuwen overleefde is **Johann Sebastian Bach.** Hij werd in 1685 in Eisenach geboren en woonde hier tot hij op zijn negende wees werd en bij zijn oudere broer introk. Daarna zou hij uitgroeien tot een van de grootste componisten uit de geschiedenis. Lange tijd veronderstelde men dat hij was geboren aan het Frauenplan, in wat nu het **Bachhaus** is (Frauenplan 21, tel. 03691 793 40, www. bachhaus.de, dag. 10-18 uur, € 10). Later bleek dat zijn geboortehuis niet meer bestaat. Het Bachhaus toont hoe hij leefde en verschillende oude muziekinstrumenten klinken nog als toen.

Autoliefhebbers zullen Eisenach wellicht kennen van het roemruchte merk Wartburg – inderdaad genoemd naar het plaatselijke kasteel. Tot na de DDR-tijd werden in de fabriek bij Eisenach Wartburgs geproduceerd. De historie herleeft in de **Automobile Welt Eisenach** (Friedrich-Naumann-Straße 10, tel. 03691 772 12, www.awe-stiftung.de, apr.-okt. di.-zo. 10-18 uur, nov.-mrt. di.-zo. 11-17 uur, entree € 6).

## In de omgeving

In een voormalig militair *Sperrgebiet* ten noorden van Eisenach mocht de natuur lange tijd haar gang gaan. Dat resulteerde in het grootste aaneengesloten loofbos van Europa, waarvan een deel wordt beschermd als **Nationalpark Hainich** (www.nationalpark-hainich. de). Een bijzondere maar zeer schuwe bewoner is de wilde kat. Wie ze toch van

## *Tip*

### Luther in de Wartburg

Maarten Luther (1483-1546), bekend geworden als theoloog en reformator, studeerde van 1498 tot 1501 in Eisenach. In 1517 begon hij met zijn strijd tegen de misstanden in de rooms-katholieke kerk. Daarom werd hij in 1521 door de kerk in de ban gedaan. Zijn beschermheer keurvorst Friedrich III bracht uitkomst: hij liet Luther 'ontvoeren' en bracht hem onder de schuilnaam 'Junker Jörg' onder in de Wartburg. Hier werkte hij aan een vertaling van het Nieuwe Testament in het Duits. De sober ingerichte kamer van Luther is nog altijd te zien.

dichtbij wil zien, bezoekt het **Wildkatzendorf** in **Hütscheroda**, net buiten de parkbegrenzing (Schlossstraße 4, tel. 036254 86 51 80, www.wildkatzendorf.com, apr.-okt. dag. 9-18, nov.-mrt. dag. 10-16 uur, entree € 5,50). Het bezoekerscentrum, **Nationalparkzentrum Thiemsburg** (apr.-okt. dag. 10-19 uur, nov.-mrt. dag. 10-16 uur), ligt bij een grote parkeerplaats aan de andere kant van het nationaal park, richting **Bad Langensalza**. Een wandeling van tien minuten leidt naar het spectaculaire **Baumkronenpfad** (baumkronen-pfad. de, entree € 11), een boomkroonpad dat naar een hoogte van 44 m slingert. Een wandelkaart toont nog veel meer wandelmogelijkheden.

## Informatie

**Tourist-Information:** Markt 24 (in het Stadtschloss), tel. 03691 792 30, www. eisenach.info.

## Mühlhausen ▶ G 2

Halverwege de 15e eeuw bereikte Mühlhausen het toppunt van haar macht en rijkdom. Een dubbele ringmuur met 52 torens moest al die rijkdom beschermen. En het is alsof de tijd heeft stilgestaan, want nog altijd omringt een 2,2 km lange verdedigingsgordel een historisch centrum met pleinen, kerken en vooral veel vakwerkhuizen.

De mooiste plek om een stadswandeling te beginnen is de **Innere Frauentor** aan de westkant. Hiervandaan kunt u de stadsverdediging ruim 300 m volgen. Beklim ook de **Rabenturm** (www.mhl-museen.de, Pasen-eind okt. di.-zo. 10-17 uur, entree € 4) voor een imposant uitzicht over stad en ommelanden.

Het standbeeld bij de poort eert een plaatselijke held: priester en theoloog **Thomas Müntzer** (1490-1525). Net als Luther verzette hij zich tegen de Kerk en de feodale onderdrukking. Maar Müntzer radicaliseerde en startte in 1524 de Duitse Boerenoorlog. De opstand faalde echter en in 1525 werd Müntzer voor de poorten van Mühlhausen onthoofd.

Müntzer preekte in de **Marienkirche**, herkenbaar aan de hoge toren die ver boven de bebouwing uitsteekt. Eenmaal dichterbij blijken de drie torens niet helemaal bij de rest van de middeleeuwse kerk te passen: de ronde bovenbouw is er ook pas rond 1900 opgezet. Binnen is een tentoonstelling gewijd aan de opstandige prediker (www.mhl-museen.de, di.-zo. 10-17 uur, entree € 4).

Vanaf de Marienkirche gaat de met winkels en cafés gevulde Ratsstraße naar het middeleeuwse centrum van Mühlhausen. Het **Rathaus** is over deze straat heen gebouwd. Het is dus geen pronkgebouw aan het marktplein, zoals in veel andere stadjes in Thüringen, maar een ingewikkeld complex dat vanaf 1300 steeds verder werd uitgebreid. Hoe ingewikkeld, blijkt tijdens een rondleiding door de gangen, trappen en vertrekken, waarin de middeleeuwen soms nog tastbaar zijn (Ratsstraße 19, ww.muehlhausen.de, ma.-vr. rondleiding 11 uur, aanmelden niet nodig).

Even verder wacht de Kornmarkt, waar de boerenopstand van 1525 nog een keer aan de orde komt in het **Bauernkriegsmuseum** in de **Kornmarktkirche** (Kornmarkt, www.mhl-museen.de, di.-zo. 10-17 uur, entree € 4). Hier blijkt dat de opstand en de bijbehorende beeldenstorm een enorme impact hadden op het leven in de stad.

## In de omgeving

In **Worbis**, 25 km ten noorden van Mühlhausen, doet een voormalig dierenpark dienst als **Alternativer Bärenpark Worbis** (Duderstädter Allee 49, tel. 036074 200 90, www.baer.de, dag. 10-16/18 uur, entree € 7). Hier worden bruine beren opgevangen die bijvoorbeeld in een circus gevangen hebben gezeten.

## Informatie

**Tourist-Information:** Ratsstraße 20, tel. 03601 404 77-0, www.muehlhausen.de.

# Sondershausen ▶ H 2

Ooit de hoofdstad van een klein vorstendom, nu een stadje met twee belangrijke attracties: het vroegere paleis van de vorsten en een diepe kalimijn waar de mijnwerkers hebben plaatsgemaakt voor toeristen én concertgangers.

De vorsten van Schwarzburg-Sondershausen resideerden tot 1918 in **Schloss Sondershausen** (Schloss 1, tel. 03632 62 24 20, www.sondershausen.de, di.-zo. 10-17 uur, entree € 5). Hun vorstendom was bescheiden van formaat, maar hun paleis zeker niet. De ontwikkeling van renaissance naar barok en rococo is goed te volgen tijdens een rondje door de voorname zalen en vertrekken. Het museum toont de kunst en curiosa die de familie verzamelde, met als klapper een gouden koets uit de 18e eeuw.

Van 1893 tot 1991 werd er op grote schaal kali – een mengsel van zouten, ook bekend als potas – gewonnen onder Sondershausen. Zo ontstond een gigantisch netwerk van ondergrondse gangen en zalen. De mijn sloot na de eenwording van Duitsland in 1991. Daarna werd een deel geschikt gemaakt voor concerten – op 650 m diepte! Een ander deel is onder de naam **Erlebnisbergwerk Sondershausen** geopend voor toeristen (www.erlebnisbergwerk. com, rondleidingen na reservering di.-vr. 11 en 14, za. 10 en 14, zo. 11 uur, entree € 23, minimumleeftijd 10 jaar). Gekleed in overall en helm suist u met de lift naar beneden, waar een auto wacht voor een indrukwekkende excursie.

## In de omgeving

Een leuk uitstapje voor gezinnen met kinderen gaat naar **Freizeit- & Erholungspark Possen** aan de zuidkant van Sonderhausen (Possen 1, tel. 03632 78 28 84, www.possen.de, aparte prijzen en openingstijden per onderdeel, zie website). Kies uit onder meer een klimpark, uitzichttoren, dierenparkje, tokkelbaan en binnenspeeltuin.

## Tip

### De ondode Barbarossa

Keizer Friedrich I (ca. 1122-1190), bijgenaamd Barbarossa (Roodbaard), verdronk volgens de geschiedenisboeken tijdens de Derde Kruistocht. Maar een beroemde Duitse legende verhaalt dat hij niet dood is, maar slaapt aan een ronde tafel in een grot in het Kyffhäusergebirge. Als het nodig is, komt hij tevoorschijn om het Duitse Rijk te redden en te herenigen. Intussen groeit zijn baard gewoon door en als die drie keer rond de tafel is gegaan, begint het Einde der Tijden.

## Informatie

**Tourist-Information:** Markt 9, tel. 03632 78 81 11, www.sondershausen.de.

# Kyffhäusergebirge ▶ H 1/2

Slechts 19 km lang en 7 km breed is het Kyffhäusergebergte, dat zich uitstrekt langs de noordgrens van Thüringen. Dichte beuken- en eikenbossen vullen de hellingen, die aan de zuidkant geleidelijk omhoog gaan en aan de noordkant scherp afdalen. Het is bovendien een gebergte dat bol staat van de legendes en verhalen. De bekendste gaat over de slapende keizer Barbarossa (zie Tip). Diezelfde keizer zit aan de voet van een reusachtig monument, dat al van grote afstand op de top van het minigebergte te zien is. Dit 81 m hoge **Kyffhäuserdenkmal** (www.kyffhaeuserdenkmal.de dag., entree € 7,50) werd in 1896 gebouwd op de fundamenten van een middeleeuwse burcht. Boven de bebaarde Barbarossa pronkt een bombastisch ruiterstandbeeld van Wilhelm I, die in 1871 de eerste keizer van het verenigde Duitse Keizerrijk werd. Hiermee verloste hij tevens Barbarossa van zijn al vele eeuwen durende taak.

Toen in 1865 bij **Rottleben** een grot werd ontdekt, kreeg deze – vanwege de legende – al snel de bijnaam **Barbarossahöhle** (www.barbarossahoehle.de, apr.-okt. dag. 10-17 uur, nov.-mrt. di.-zo. 10-16 uur, entree € 7,50). Tijdens de rondleiding ontdekt u gangen, zalen en ondergrondse meren, met aan de wanden gips dat als oud behang afbladdert.

Aan de voet van het gebergte, net ten noorden van **Bad Frankenhausen**, ligt het verrassende **Panorama Museum** (Am Schlachtberg 9, tel. 034671 61 90, www.panorama-museum.de, di.-zo. 10-17/18 uur, juli-aug. ook ma.

13-18 uur, entree € 7). Het grote ronde gebouw herbergt een enorm panoramaschilderij van 18 m hoog en bijna 44 m lang. Onderwerp: een bloedige slag tijdens de Duitse Boerenoorlog, met in het midden de aanstichter Thomas Müntzer (zie blz. 251).

## Wandelen

**Kyffhäuserweg:** deze 37 km lange wandelroute doorkruist vanaf Bad Frankenhausen in drie dagetappes het Kyffhäusergebirge. Voor het routeverloop zie www.naturpark-kyffhaeuser.de.

## Informatie

**Tourist-Information:** Naturpark Kyffhäuser, Barbarossastraße 39a, Rottleben tel. 034671 51 40, www.naturpark-kyffhaeuser.de.

## Halle  ▶ J 2

Ten noorden van het Kyffhäusergebirge ligt de deelstaat **Sachsen-Anhalt**, met als grootste stad Halle (239.000 inw.). De eerste aanblik wordt gedomineerd door de chemische industrie, maar eenmaal door deze gordel heen wacht een verrassend historisch centrum, waar de vele studenten zorgen voor een bruisend, dynamisch stadsbeeld. Grote warenhuizen en kleine winkels maken van Halle bovendien een ideale stad voor een middagje shoppen.

Het centrale plein, de Marktplatz, is ruim van opzet. Blikvanger is de **Rote Turm** (1418-1506), een vrijstaande klokkentoren van meer dan 84 m hoog. De vier torens daarachter zijn van de **Marktkirche Unser Lieben Frauen** – de brug tussen de voorste torens diende als uitzichtpunt voor de brandwacht.

De merkwaardige vorm van de kerk is eenvoudig te verklaren: de torens hoorden oorspronkelijk bij twee oudere kerken die achter elkaar stonden. Daartussen is later een nieuw schip gebouwd. Maarten Luther predikte hier enkele malen in 1545 en 1546. Macaber: in de sacristie worden de handafdrukken en een akelig echt dodenmasker van Luther bewaard.

Een prominente plek op het plein is ingeruimd voor een beeld van de componist **Georg Friedrich Händel**, die hier in 1685 werd geboren. Bij het toeristenbureau zult u de slogan 'Händel-Stadt Halle' dan ook vaak tegenkomen. Het geboortehuis van de componist fungeert nu als **Händel-Haus** (Große Nikolaistraße 5, tel. 0345 500 90-0, www.haendelhaus.de, di.-zo. 10-17/18 uur, entree € 5). Een tentoonstelling illustreert zijn leven en er staan muziekinstrumenten uit zijn tijd.

Nog een merkwaardig ogende kerk is de **Dom** (juni-okt. dag. 14-16 uur) op de Domplatz: toren en dwarsschip ontbreken en langs de bovenrand zitten ongebruikelijke gevelversieringen. Het is het resultaat van verbouwingen in de 16e eeuw, toen een vroegere kloosterkerk een nieuw uiterlijk in renaissancestijl kreeg.

Een klein stukje achter de Dom, in de **Moritzburg**, woonden tot 1541 de aartsbisschoppen van het bisdom. Later werd de burcht verwoest en rond 1900 kreeg het herbouwde complex de functie van museum. Nu bezit het **Kunstmuseum Moritzburg** een van de belangrijkste kunstcollecties van Sachsen-Anhalt (Friedemann-Bach-Platz 5, tel. 0345 21 25 90, www.stiftung-moritzburg.de, do.-di. 10-18 uur, entree € 6). Zwaartepunten liggen bij expressionistische, sociaal-kritische en DDR-kunst.

Een archeologisch topstuk is te zien in het **Landesmuseum für Vorgeschichte** (Richard-Wagner-Straße 9, tel. 0345 52 47 30, www.lda-lsa.de, di.-vr. 9-17, za.-zo. 10-18 uur, entree € 5). Het gaat om de Hemelschijf van Nebra, een bronzen schijfje van ongeveer 3600 jaar oud met daarop een afbeelding van hemellichamen.

## Overnachten

**Hartje stad – Dormero Hotel Rotes Ross:** Leipziger Straße 76, tel. 0345 23 34 30, www.dormero.de/hotel-halle, 2 pk vanaf € 80. Kwaliteitshotel in een autovrije winkelstraat niet ver van de Marktplatz. Ruime, klassiek ingerichte kamers. Let op de aanbiedingen.
**Theaterhotel – Apart-Hotel Halle:** Kohlschütterstraße 5/6, tel. 0345 52 59-0, www.apart-halle.de, 2 pk vanaf € 95. Na de samenvoeging van twee oude gebouwen staat er nu een bijzonder hotel met een theatraal thema.

## Eten en drinken

**Huiskamercafé – Café Ludwig:** Eichendorffstraße 20, www.cafeludwighalle.de, di.-vr. vanaf 13, za.-zo. vanaf 10 uur. In het weekend dé plek voor een heerlijk ontbijt. Daarnaast lunch, eetcafémenu en regelmatig concerten in een decor dat aan oma doet denken.
**Typisch Duits – Gasthaus Zum Schad:** Kleine Klausstraße 3, tel. 0345 52 30 366, https://gasthaus-schad.de, di.-za. 11-24 uur, hoofdgerecht vanaf € 10. Eenvoudige maar smakelijke Duitse gerechten in een sfeervol Duits decor in het hartje van de stad.

## Informatie

**Tourist-Information:** Marktplatz 13, tel. 0345 122 99 84, www.halle-tourismus.de.

# Naumburg  ▶ J 2

Vier torens met bronsgroene spitsen wijzen de weg naar Naumburg, dat ligt ingebed in een heuvelachtig landschap vol bossen en wijngaarden. De torens horen bij de sterattractie van het stadje: de Naumburger Dom.

Rond het jaar 1000 liet de machtige markgraaf Ekkehard I een burcht bouwen langs de rivier de Saale. Deze 'neweburg' of 'nuwenburg' verbasterde later tot de plaatsnaam Naumburg. Al in 1028 vestigden de bisschoppen hun zetel in Naumburg. De bisschopskerk die in de daaropvolgende eeuwen werd gebouwd, domineert nog altijd het stadssilhouet: de **Naumburger Dom St. Peter und Paul** (Domplatz, www.naumburger-dom.de, mrt.-okt. ma.-za. 9-18, zo. 11-18 uur, nov.-feb. ma.-za. 10-16, zo. 12-16 uur, entree € 6,50). De basis van de bouwstijl is laatromaans: lage gebouwen met dikke muren, kleine vensters en ronde arcaden. De latere delen zijn gotisch: hoog en statig, met smalle, hoge ramen. De kostbaarste schatten staan binnen en zijn gemaakt door de beste beeldhouwers en houtsnijders uit de late middeleeuwen. Prachtig zijn vooral de beelden van de twaalf stichters van de stad, waarbij de beeldhouwer de mysterieuze schoonheid van **Uta von Naumburg**, de echtgenote van Ekkehard II, goed heeft weten te vangen.

Een autovrije straat leidt vanaf de Dom naar de Marktplatz, waar huizen uit de 16e en 17e eeuw voor een mooi plaatje zorgen. De hoge, gedrongen kerk net achter de gevelwand is de **Stadtkirche St. Wenzel**. Grootste troeven zijn een beroemd Hildebrandt-orgel uit 1746 waarop Bach nog heeft gespeeld en schilderijen van Cranach de Oude. De beklimming van de kerktoren brengt u langs de torenwachterswoning naar een uitzichtplatform op

Uta von Naumburg: de mooiste vrouw van de middeleeuwen?

54 m hoogte (www.mv-naumburg.de, apr.-begin nov. di.-zo. 10-17 uur, entree € 2).

De bekende Duitse filosoof **Friedrich Nietzsche** (1844-1900) bracht een groot deel van zijn jeugd door in Naumburg. Hij keerde terug toen hij geestelijk aftakelde, waarna zijn moeder nog enkele jaren voor hem zorgde. Het huis waar dit allemaal gebeurde is nu gewijd aan het leven en werk van de grote denker en schrijver: **Nietzsche-Haus** (Weingarten 18, www.mv-naumburg.de, di.-vr. 14-17, za.-zo. 10-17 uur, entree € 4).

## In de omgeving

De omgeving van Naumburg mag er zijn: burchten, wijnhellingen, beboste heuvels, bloemrijke graslanden en fruitbomen reiken tot aan de horizon. Niet verwonderlijk dus dat dit landschap wordt beschermd als **Geo-Naturpark Saale-Unstrut-Triasland** (www.naturpark-saale-unstrut.de). De twee rivieren Saale en Unstrut verklaren een deel van de naam, het 'geo' en 'trias' slaan op de bijzondere geologie van het gebied: vooral langs de dalen zijn door erosie oeroude gesteenten aan de oppervlakte komen te liggen.

## Info en festiviteiten

**Tourist-Information:** Markt 6, tel. 03445 27 31 25, www.naumburg.de. **Hussiten-Kirschfest:** vijf dagen rond het laatste weekend van juni, https://hussiten-kirschfest.de. Middeleeuws spektakelfeest rond een legende. Het is 1432 als Hussieten de stad belegeren. Een onderwijzer gaat met in het wit geklede kinderen naar de belegeraars om om genade te vragen. De veldheer hoort ze welwillend aan en geeft ze zelfs kersen.

# Sachsen

## Hoogtepunten ✳

**Zwinger:** een cluster van barokge-bouwen siert de oevers van de Elbe in het hart van Dresden, met als topper de Zwinger, een binnenplaats omge-ven door rijkversierde paviljoens. Zie blz. 259 en blz. 263.

**Sächsische Schweiz:** het nationale park Sächsische Schweiz imponeert door de bizarre vormen die de rivier de Elbe en de wind in het relatief zachte zandsteen hebben uitgesleten. Dat is nergens be-ter te zien dan bij de hoog oprijzende torens van de Bastei, die door spectacu-laire bruggen voor bezoekers toeganke-lijk zijn gemaakt. Zie blz. 270.

## Op ontdekkingsreis

**Elberadweg – langs de Elbe naar het hart van Dresden:** de Elberadweg is een 1260 km lange fietsroute langs de rivier de Elbe. Dit korte traject, dat u te voet of per fiets kunt afleggen, laat iets van de sfeer proeven. Startpunt is een bekende brug met de bijnaam het Blaue Wunder. Eindpunt is de Neustädter Hafen. Zie blz. 266.

## Bezienswaardigheden

**Dresden:** de bijnaam 'Florence aan de Elbe' is niet voor niets: Dresden kan pronken met een keur aan prachtige barokgebouwen, die na de oorlog in hun volle glorie zijn hersteld.

**Meißen:** sinds 1710 wordt hier het wereldberoemde Meissner porselein gemaakt, waarvan de productiewijze lang geheim werd gehouden. De burcht waar dat gebeurde is nu een museum, de 'nieuwe' fabriek is ook te bezoeken. Zie blz. 269.

**Leipzig:** kunst van bekende Hollandse en internationale meesters, uit verschillende perioden, is te zien in het Museum der bildenden Künste. Zie blz. 274.

## Actief

**Wandelen door het nationale park Sächsische Schweiz:** de 112 km lange Malerweg is een van de mooiste wandelroutes van Duitsland. In acht dagetappes wandelt u door het grillige rotslandschap van de Sächsische Schweiz. Zie blz. 272.

## Uitgaan

**Cultuur:** liefhebbers van opera en klassieke muziek zitten goed in Sachsen. In Dresden behoeft de Semperoper nauwelijks introductie: het wereldberoemde operagebouw pronkt sinds 1985 weer in zijn volle glorie. Zie blz. 261. In Leipzig staat het vernieuwde Gewandhaus bekend om zijn fantastische akoestiek en veelgeprezen Gewandhausorchester. Zie blz. 277.

# Herrezen uit de as

Sachsen (Saksen) is een deelstaat vol contrasten. Kijk alleen al naar het landschap, dat varieert van biljartvlak tot het soms spectaculaire middelgebergte langs de grens met Tsjechië – vooral de Sächsische Schweiz is met zijn steile wanden, tafelbergen en ravijnen een uniek voorbeeld van waar de natuur toe in staat is. Ook duiken overal sporen op van de winning van zilvererts en bruinkool, dat vooral in de DDR-tijd op grote schaal werd afgegraven. Maar het is ook een relatief dichtbevolkt gebied, waar kleine boerendorpen worden overschaduwd door twee wereldsteden – Dresden en Leipzig zijn groot geworden door handel en industrie, maar hebben daarnaast prachtige monumenten en uniek cultureel erfgoed voortgebracht.

Sachsen bloeide vooral in de 18e eeuw, toen het onder August der Starke deel uitmaakte van het koninkrijk Polen. August en zijn zoon waren ook verantwoordelijk voor de bouw van de talrijke barokgebouwen in hoofdstad Dresden. Een zwarte periode volgde in de Tweede Wereldoorlog, toen met name Dresden bijna helemaal door de geallieerden werd platgebombardeerd. In de daaropvolgende DDR-tijd werd een deel van de schade hersteld, gevolgd door een hausse aan bouwwerkzaamheden na de eenwording van de beide Duitslanden in 1990. Dresden herrees als een fenix uit de as.

## INFO

### Internet
www.sachsen-tourismus.de
www.saksen.info

### Toeristenbureau
Tourismus Marketing Gesellschaft Sachsen mbH: Bautzner Straße 45/47, D-01099 Dresden, 0351 49 17 00.

### Vervoer
Leipzig en Dresden hebben een ICE-station. Hiervandaan gaan regionale treinen naar de andere grote steden in Sachsen. Met de auto is het vanuit Utrecht naar Dresden ruim 700 km en vanuit Brussel bijna 800 km. Leipzig en Dresden beschikken beide over een vliegveld, dat met een rechtstreekse vlucht vanuit Amsterdam is te bereiken. Vanuit België gaan geen rechtstreekse vluchten.

## Dresden ▶ M 2/3

'Florence aan de Elbe' – de bijnaam verraadt het al: Dresden (550.000 inw.) is een van de mooiste steden van Duitsland. Of in elk geval 'was', want na een geallieerd bombardement in februari 1945 stond er bijna niets meer overeind. In de DDR-tijd werd een deel van het historisch erfgoed hersteld, de rest van de ruïnes moesten plaatsmaken voor de bouw van een socialistische modelstad. Na het einde van de DDR in 1990 werd besloten de glorie van weleer alsnog zoveel mogelijk terug te brengen. En met succes, want inmiddels glanst er weer een prachtig stadsjuweel aan de oevers van de Elbe.

Dresden bloeide in de 18e eeuw onder keurvorst en koning van Polen August der Starke (1670-1733) en zijn zoon August III (1696-1763). Zij lieten tal van paleizen bouwen en verzamelden enorme hoeveelheden kunst – wellicht om zich met al deze pracht en praal af te zetten tegen de militaire successen van de grote concurrent Pruisen.

Zicht op het vooroorlogse Dresden in de Panometer

## Altstadt

Het rivierfront is vooral indrukwekkend bij de Altstadt (oude stad) aan de
zuidkant van de Elbe. Wereldberoemde
gebouwen als de Zwinger, de Semperoper, het Residenzschloss en de Hofkirche staan hier gegroepeerd rond de
Theaterplatz. Voor een rondje langs de
topattracties is een korte wandeling
dus voldoende. Bruggen leiden vanuit
het oude stadshart naar de Neustadt
aan de noordkant van de Elbe, met als
centrum de Albertplatz.

### Zwinger 1

Theaterplatz 1, tel. 0351 49 14 20 00,
www.skd.museum, di.-zo. 10-18 uur,
entree € 12

Keurvorst August 'de Sterke' maakte
van Dresden een barokstad. Pronkstuk
is de Zwinger (1710-1733), een serie paviljoens rond een binnenplaats waar
ooit feesten en toernooien werden gehouden. De beste beeldhouwers van die
tijd zorgden voor een uitbundige aankleding van zandstenen ornamenten
(zie blz. 263). Door reconstructie na
de verwoestingen van de oorlog blin-
ken de Kronentor, de fonteinen van het
Nymphenbad en het Wallpavillon nu
weer als in de 18e eeuw. Op dit laatste
paviljoen liet August een beeld plaatsen
van een mythologische held met wie hij
zich graag identificeerde: Hercules die
de aarde op zijn schouders torst.

Dat August ook een verwoed kunstverzamelaar was, blijkt uit de **Gemälde-
galerie Alte Meister**, die een deel van de
paviljoens vult. De collectie loopt van de
14e tot de 18e eeuw, met veel Hollandse,
Vlaamse en Italiaanse meesters uit de
16e-17e eeuw. Rembrandt, Vermeer, Jan
van Eyck, Ferdinand Bol, Rafaël, Titi-
aan – August had er absoluut kijk op.
Andere musea zijn de **Porzellansamm-
lung** (porselein uit Azië en uit Meißen),
de **Mathematisch-Physikalischer Sa-
lon** (wetenschappelijke instrumenten)
en de **Skulpturensammlung** (beelden).

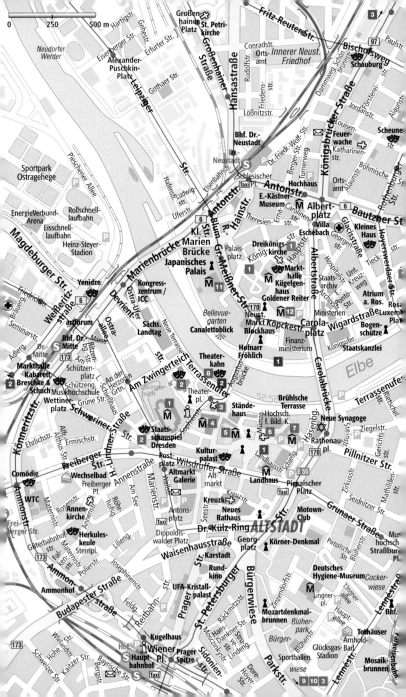

# Dresden

**Bezienswaardigheden**
1. Zwinger
2. Semperoper
3. Katholische Hofkirche
4. Residenzschloss
5. Fürstenzug
6. Frauenkirche
7. Albertinum
8. Brühlsche Terrasse
9. Großer Garten
10. Panometer
11. Japanisches Palais
12. Jägerhof

**Overnachten**
1. Hotel Martha Dresden
2. Motel One Dresden am Zwinger
3. Villa Gast

**Eten en drinken**
1. Dresden 1900
2. Gaststätte Oma
3. Lila Sosse

**Winkelen**
1. Neustädter Markthalle
2. Pfunds Molkerei

**Actief**
1. Elberadweg
2. Sächsische Dampfschiffahrt

## Semperoper 2

Theaterplatz 2, kaartjes: tel. 0351 491 17 05, rondleidingen: tel. 0351 320 73 60, www.semperoper-erleben.de, entree vanaf € 10

Voor operaliefhebbers is de Semperoper een begrip. Hier vierden Richard Wagner en Richard Strauss vele triomfen. De schade uit de Tweede Wereldoorlog was pas in 1985 hersteld. Dit was al de tweede herbouw, want ook na een brand in 1869 ging het operahuis verloren. De eerste versie werd vanaf 1838 gebouwd door architect Gottfried Semper – vandaar de naam. Als bewakers staan twee literatuurhelden naast de ingang: Goethe en Schiller (zie blz. 234). De gevels zijn verder gevuld met beelden van toneelschrijvers en hoofdpersonen uit opera's. Tijdens een rondleiding kunt u het majestueuze interieur en de zaal met de vele loges bekijken.

## Katholische Hofkirche 3

Schloßplatz 2, ma.-do. 9-17, vr. 13-17, za. 10-17, zo. 12-16 uur

August III koos een Italiaanse architect voor de bouw van zijn Hofkerk (1738-1755), ter plekke ook bekend als de **Kathedrale**. Het resultaat is een meesterwerk van Italiaanse barok: aan de buitenkant sieren 78 beelden van apostelen en heiligen de gevel, binnen wacht een licht interieur, met halverwege een galerij en een orgel van de beroemde orgelbouwer Gottfried Silbermann. Het zou meteen zijn laatste klus worden, want tijdens het stemmen van het instrument bezweek Gottfried aan een hartverlamming.

## Residenzschloss 4

Taschenberg, www.skd.museum, wo.-ma. 10-18 uur, entree € 12

Pas in 2015 was de reconstructie van de residentie van de keurvorsten en koningen klaar. Het paleis ontstond rond een middeleeuwse burcht en vertoont door constante aanpassingen en uitbreidingen een mengelmoes aan stijlen. Hoogtepunt is het **Historisches Grünes Gewölbe**, de in bonte kleuren uitgevoerde schatkamer van de vorsten die alles wat glimde verzamelden (toegangskaartje met tijdbeperking). Andere collecties zijn het **Kupferstich-Kabinett** (kopergravures en grafiek), het **Münzkabinett** (munten, medailles en zegels) en de **Rüstkammer** (wapens en harnassen), met daarin de verrassende oriëntaalse **Türckische Cammer**. Een beklimming van de Hausmannsturm wordt beloond met een prachtig uitzicht over de herbouwde stad. ▷ blz. 264

# Favoriet

### De Zwinger ✳: bedoeld als voorplein voor een paleis

Het Duitse woord 'Zwinger' werd in de middeleeuwen gebruikt voor de ruimte tussen de binnen- en de buitenmuur van een burcht. Deze naam duidt erop dat er ooit een oude vestingmuur op deze plek langs de rivier stond. Later diende de open ruimte voor toernooien en feesten. Toen August der Starke een passende feestlocatie en een nieuw onderkomen voor zijn groeiende verzameling objecten nodig had, kreeg huisarchitect Pöppelmann de opdracht om verschillende paviljoens rond het toernooiveld te bouwen. Samen met de beeldhouwer Permoser creëerde hij vervolgens een serie gebouwen die zijn weerga niet kent. Daarbij bleef de noordzijde van de binnenplaats (dus richting de rivier) aanvankelijk open: hier moest later een passend paleis voor August verrijzen. De dood van de keurvorst maakte echter een einde aan deze bouwplannen. Het grote paviljoen dat hier nu staat, werd pas in 1847 toegevoegd door de architect Gottfried Semper – inderdaad dezelfde die ook het operahuis ernaast op papier zette.

### Fürstenzug 5

Augustusstraße

Een meer dan 100 m lange gevel toont een optocht van 35 vorsten van Sachsen, bij elkaar goed voor zo'n duizend jaar geschiedenis. Het oorspronkelijke werk uit 1876 werd in 1907 overgezet op duizenden tegels van Meissner porselein.

### Frauenkirche 6

Neumarkt, www.frauenkirche-dresden.de, doorgaans ma.-vr. 10-12 en 13-18 uur, beklimming koepel nov.-feb. ma.-za. 10-16, zo. 12.30-16 uur, mrt.-okt. ma.-za. 10-18, zo. 12.30-18 uur, entree koepel € 8

Geen klokkentoren, geen schip – in de Frauenkirche zou je niet direct een kerkgebouw herkennen. In plaats daarvan staat er een rijkversierd, vierkant gebouw met een bijna 95 m hoge koepel. Deze hoogbarokke stijl is kenmerkend voor de eerste helft van de 18e eeuw, toen de kerk oorspronkelijk werd gebouwd. Na het bombardement van 1945 werd besloten de ruïne als monument te laten staan. Herbouw vond pas plaats tussen 1994 en 2005. Binnen wacht een zeer hoge, lichte kerkruimte met decoraties in pasteltinten en een reusachtig orgel. Ingang G biedt toegang tot de koepel en een uitzichtplatform.

### Albertinum 7

Tzschirnerplatz 2, www.skd.museum, di.-zo. 10-18 uur, entree € 10

Moderne kunst staat centraal in dit forse gebouw achter de Frauenkirche. De **Skulpturensammlung** omvat beeldhouwwerken vanaf 1800. De galerie met **Kunst von der Romantik bis zur Gegenwart** toont schilderwerken van onder anderen Monet, Manet en Gauguin.

### Brühlsche Terrasse 8

Dit flaneerterras van honderden meters lang vormt een rustpunt tussen de rivier en de barokke monumenten. Vanaf de 18e eeuw maakten de oorspronkelijke fortificaties plaats voor tuinen, beelden, trappen en gebouwen. Rondvaartboten en terrasjes zorgen voor extra drukte. Een van de beelden herinnert aan **Johann Friedrich Böttger**, die vanaf 1707 in de gewelven probeerde porselein te maken (zie Tip blz. 265).

### Großer Garten 9

In 1676 gaf de keurvorst opdracht tot de aanleg van een groot park, met in het hart daarvan een barok lustslot. Direct rond dit **Palais** ligt een strakke Franse tuin; wat verder weg gaan de rechte lanen over in de kronkelpaadjes van een Engels landschapspark. Een minitreintje, de **Dresdner Parkeisenbahn** (www.parkeisenbahn-dresden.de), doorkruist het park. Verder ontdekt u een botanische tuin, een openluchttheater, beelden, fonteinen en een dierentuin, de **Zoo Dresden** (www.zoo-dresden.de, dag. 8.30-16.30/18.30 uur, entree € 12).

### Panometer 10

Gasanstaltstraße 8b, www.panometer.de/dresden, dag. 10-17/18 uur, entree € 11,50

In een voormalige gashouder uit 1880 worden nu op de ronde muur panoramische beelden getoond. Bezoekers worden vanaf een platform in het midden onder meer verrast met beelden van Dresden uit 1756, de gloriejaren van de stad, en uit 1945, direct na het bombardement.

## Neustadt

Dit stadsdeel bleef bij het bombardement gedeeltelijk gespaard, waardoor de droom van keurvorst August der Starke nog altijd is te herkennen. Na een verwoestende stadsbrand in 1685 ontwierp hij namelijk een nieuwe stad met brede boulevards en stenen huizen, die voor een deel nog overeind staan. August zelf, zittend op een paard, glanst in goud op de Neustädter Markt.

## Japanisches Palais 11

Palaisplatz 11, www.skd.museum, Museum für Völkerkunde Dresden: di.-zo. 10-18 uur, entree € 12

Er zit een Nederlands tintje aan het Japanse Paleis: het werd in 1715 gebouwd als landhuis voor een Hollandse diplomaat. August der Starke kocht het paleis in 1717 om er zijn enorme collectie Chinees, Japans en Meissner porselein in onder te brengen. Door de dood van August in 1733 werden deze plannen echter nooit uitgevoerd. Nu biedt het onderdak aan het **Museum für Völkerkunde Dresden**, dat een keur aan objecten uit alle continenten laat zien.

## Jägerhof 12

Köpckestraße 1, www.skd.museum, Museum für Sächsische Volkskunst mit Puppentheatersammlung: di.-zo. 10-18 uur, entree € 5

Wat nu Jägerhof wordt genoemd, is de enige resterende vleugel van een complex uit de 16e eeuw. Te zien is de collectie van het **Museum für Sächsische Volkskunst**, bestaande uit onder meer kunstnijverheid, meubels en kleurrijk textiel. Op de bovenverdieping illustreert de **Puppentheatersammlung** de geschiedenis van het poppentheater.

# In de omgeving

Als de keurvorsten de stad wilden ontvluchten, konden ze kiezen uit verschillende lusthoven en zomerpaleizen. Een flinke reis was het naar jachtslot **Augustusburg** (zie blz. 272). Veel dichterbij, in **Moritzburg**, liet hertog Moritz al in de 16e eeuw **Schloss Moritzburg** laten bouwen (Schlossallee, eind mrt.-begin okt. dag. 10-18 uur, daarbuiten

### Geen goud, wel porselein

**Johann Friedrich Böttger** (1682-1719) was een apothekersassistent met ambitie. Hij verdiepte zich in de alchemie en claimde goud te kunnen maken. Daarom liet August der Starke, die altijd geld nodig had voor zijn dure hobby's, de alchemist ontvoeren en naar Dresden brengen. Niet verwonderlijk: de goudexperimenten van Böttger mislukten. In 1707 kwam hij terug naar Dresden om zich te storten op het procédé voor het maken van porselein – tot die tijd werd al het porselein uit China en Japan geïmporteerd (zie blz. 72). Samen met de natuurvorser Von Tschirnhaus ontdekte Böttger het geheim: het aardewerk moet onder extreem hoge temperatuur worden gebakken en er is een speciale klei nodig. Dat porseleinaarde of kaolien bleek in de omgeving voorhanden, waardoor **Meißen** kon uitgroeien tot een belangrijke porseleinproducent. Met Böttger liep het minder goed af: hij bleek een slecht manager en boekhouder, dronk extreem veel en had allerlei kwalen, mogelijk door de giftige dampen. Hij werd slechts 37 jaar oud.

wisselende tijden: zie www.schlossmoritzburg.de, entree € 8). August der Starke liet het uitbreiden tot wat het nu is: een barok lustslot met een museum, rondleidingen, tijdelijke tentoonstellingen en een wandelpark.

Een heel andere bouwstijl koos August voor het 15 km ten oosten van Dresden aan de Elbe gelegen **Schloss Pillnitz** (August-Böckstiegel-Straße 2, www.schlosspillnitz.de, eind apr.-begin nov. di.-zo. 10-18, begin nov.-eind apr. rondleidingen in het weekend, entree slot en park € 8). ▷ blz. 268

# Elberadweg – langs de Elbe naar het hart van Dresden

De Elberadweg – een fietsroute van in totaal 1260 km lang – volgt de Elbe via grotendeels autovrije wegen en paden. Dit korte traject, dat zowel te voet als per fiets te volgen is, laat alvast iets van de sfeer proeven. Startpunt is een bekende brug met de bijnaam het Blaue Wunder. Eindpunt is de Neustädter Hafen.

**Kaart:** ▶ J 4-H 3
**Afstand:** ruim 7 km
**Route:** u kunt de route te voet of per fiets afleggen. Startpunt is de Loschwitzer Brücke, ook bekend als het Blaue Wunder. Hebt u een fiets gehuurd, dan kunt u vanaf het eindpunt via de andere oever terugfietsen. Wandelaars kunnen met tramlijn 6 terug naar de startplaats; dan uitstappen bij de Schillerplatz onder aan de brug.
**Fietsverhuur:** Radsport Päperer, Veilchenweg 2, tel. 0351 264 12 40, www.radsport-paeperer.de, za.-middag en zo. gesl. Bij voorkeur reserveren.

Soms is het even zoeken naar de bordjes van de Elberadweg – een sierlijke letter 'e' met daarachter 'Elbe' – maar meestal wijst het traject zich vanzelf: u volgt gewoon het pad langs de rivier. Ten westen van het Blaue Wunder kunt u overigens kiezen, want de route gaat hier langs beide oevers van de Elbe.

## Blaue Wunder

Voor de beste startplaats gaat u boven op de Loschwitzer Brücke staan. Deze stalen hangbrug werd bij de opening in 1893 als een technisch hoogstandje beschouwd: de brug zweeft vrij boven het water, zonder steun van pijlers. Tel daarbij op de (destijds) blauwe kleur en de bijnaam het **Blaue Wunder** (1) is snel verklaard. Kijk ook even naar de noordelijke heuvelrand: een stukje rechts van de brug zweeft nog een hoogstandje naar boven, de **Schwebebahn** uit 1901.

Fiets of wandel vanaf de brug in noordelijke richting en pak bij de kruising links de Körnerweg op. Deze bonkige klinkerweg komt uit bij de rivier. Vroeger was dit een jaagpad waar paarden schepen stroomopwaarts trokken.

## Lusthoven

Rechts van het pad doemen drie statige landhuizen met fraaie parken op. **Schloss Eckberg** (2), nu een hotel met veel sterren, doet Engels aan en is dan ook na 1858 gebouwd door een Britse zakenman. Enkele jaren ouder is het **Lingnerschloss** (3) of Villa Stockhausen ernaast, dat boven aan een terrastuin pronkt. Ook **Schloss Albrechtsberg** (4), gebouwd door de Pruisische prins Albrecht, kreeg een tuin met verschillende terrassen. Het park is toegankelijk, dus tijd voor een picknickpauze?

## Saloppe

Het opvallende gebouw in neoromaanse stijl pal langs de oever is de **Saloppe** (5). Nu vullen luxe appartementen het complex, maar het werd in 1871-1875 gebouwd om drinkwater te produceren. Zes pompen, door stoomkracht aangedreven, pompten grondwater van vlak bij de rivier naar een groot reservoir. Na filtering werd het naar de stad getransporteerd.

## Een moderne brug en rozen

De in 2013 voltooide **Waldschlösschenbrücke** (6) heeft heel wat stof doen opwaaien. Door de aanleg van deze moderne brug verloor Dresden namelijk de kwalificatie van 'waardevol landschapsuitzicht' op de Werelderfgoedlijst. Een stuk aantrekkelijker oogt in elk geval het caféterras verderop, met daarachter een **rozentuin** (7) en de **Staudengarten** (8).

## Rivierfront

Vlak na de Carolabrücke passeert u enkele ministeriële gebouwen en dan komt al snel het beroemde stadssilhouet van Dresden op de andere oever in beeld. U blijft echter op deze oever en fietst of wandelt verder langs het **Japanisches Palais** (9) en het prachtige park daaromheen. Bij een kleine rivierhaven eindigt deze fiets- of wandeltocht.

De Chinese architectuur weerspiegelt de interesse die men destijds had voor alles wat exotisch was. In het **Schlossmuseum** ervaart u hoe de keurvorsten leefden, het **Palmenhaus** staat vol exotische planten.

## Overnachten

Aangename sfeer – **Hotel Martha Dresden** **1**: Nieritzstraße 11, tel. 0351 817 60, www.hotel-martha-dresden.de, 2 pk vanaf € 113. Begonnen als een christelijk gastenverblijf, nu een aangenaam hotel op vijf minuten lopen van het stadshart. Zeer schoon, gastvrije ontvangst en volop mogelijkheden voor rolstoelgebruikers.

Modern design – **Motel One Dresden am Zwinger** **2**: Postplatz 5, tel. 0351 43 83 80, www.motel-one.com, 2 pk vanaf € 85. Betaalbaar overnachten in een modern designdecor en dat ook nog eens in de schaduw van de Zwinger – niet verwonderlijk dat de recensies goed zijn.

Rustige ligging – **Villa Gast** **3**: Cäcilienstraße 4, tel. 0351 313 89 76, 2 pk vanaf € 80. Een villa met zes ruime kamers en een tuin, een stukje buiten het centrum: ideaal voor wie de stad vanaf een rustige plek wil ontdekken.

## Eten en drinken

Terug in de tijd – **Dresden 1900** **1**: An der Frauenkirche 20, tel. 0351 48 20 58 58, www.dresden1900.de, dag. vanaf 8/9 uur, hoofdgerecht vanaf € 12. Café en restaurant met een historisch thema: oude trams en al even oude menu's herleven. Te vinden tegenover de Frauenkirche.

Grote porties – **Gaststätte Oma** **2**: Cossebauder Straße 15, tel. 0351 422 20 66, www.oma-opa.de, dag. vanaf 11.30 uur, hoofdgerecht vanaf € 9. Eten zoals vroeger bij (een Duitse) oma, zowel qua interieur als qua menukaart. Betaalbaar en forse porties. Ernaast zit Weinkeller Opa.

Nieuwe Duitse keuken – **Lila Sosse** **3**: Alaunstraße 70, tel. 0351 803 67 23, www.lilasosse.de, ma.-vr. vanaf 16, za.-zo. vanaf 12 uur, hoofdgerecht vanaf € 10. Achter aan een hofje in een gezellige wijk net buiten het centrum ligt een verrassend eethuis met terras. Kies uit creatieve gerechten, die soms in weckpotjes worden geserveerd.

## Winkelen

De belangrijkste winkelstraten in de Altstadt zijn de Prager Straße, Altmarkt en Wilsdruffer Straße, waar zich ook een groot winkelcentrum bevindt. In de Neustadt kunt u bijvoorbeeld naar de Königstraße en Hauptstraße.

Markthal – **Neustädter Markthalle** **1**: Metzer Straße 1, https://markthalle-dresden.de, ma.-za. 8-20 uur. Historische markthal met kramen over twee verdiepingen.

Betegelde kaaswinkel – **Pfunds Molkerei** **2**: Bautzner Straße 79, www.pfunds.de, ma.-za. 10-18, zo. 10-15 uur. Decoratiever kan een kaaswinkel niet zijn: vloeren, wanden, plafond en toonbank zijn fantasievol betegeld.

## Actief

Fietsen – **Elberadweg** **1**: www.fietsen-elbe.nl. Deze langeafstandsfietsroute volgt de Elbe van Praag tot Hamburg. Bij Dresden staan op beide oevers routebordjes (zie blz. 266).

Riviertochten – **Sächsische Dampfschiffahrt** **2**: www.saechsische-dampfschiffahrt.de, tel. 0351 86 60 90. Afvaart bij de Brühlsche Terrasse.

# Informatie

**Tourist-Information:** Frauenkirche: QF-Passage, Neumarkt 2; Hauptbahnhof: Wiener Platz 4, tel. 0351 501 501, www.dresden.de.

# Meißen ▶ M 2

Tussen de wijngaarden, die een droge witte wijn opleveren, is de hoog oprijzende **Albrechtsburg** al van verre zichtbaar. Van 1710 tot 1863 werd hier het beroemde Meissner porselein gemaakt; het was de perfecte plek om het geheim van de productietechniek veilig te bewaren (zie blz. 72). Nu herbergt de burcht een museum en verschillende wandschilderingen over de geschiedenis van Sachsen (Domplatz 1, tel. 03521 47 07-0, www.albrechtsburg-meissen. de, dag. 10-17/18 uur, entree € 8).

Het Meissner porselein – herkenbaar aan twee gekruiste zwaarden – wordt nu gemaakt in de **Staatliche Porzellan-Manufaktur** (Talstraße 9, tel. 03521 46 82 06, www.meissen.com, dag., entree 10). Het is meer dan zomaar een fabriek, want ook aan bezoekers is gedacht met een museum, rondleidingen, concerten en een café.

# Informatie

**Tourist-Information:** Markt 3, tel. 03521 41 94-0, www.touristinfo-meissen.de.

# Bautzen ▶ N 2

Het is niet verwonderlijk dat de markgraaf van Meißen zo'n duizend jaar geleden juist op deze strategische plek een burcht bouwde: een plateau boven de river de Spree, op de grens van zijn machtsgebied. De torens en muren van toen geven Bautzen ook nu nog een robuuste indruk. De ronde hoektoren met het witte puntdak is overigens geen gewone vestingtoren: hij werd in 1558 gebouwd als watertoren en leverde tot 1965 Spreewater aan de stad. Hoe dat in zijn werk ging, wordt getoond in het technische museum met de naam **Alte Wasserkunst** (Wendischer Kirchhof 2, tel. 03591 415 88, www.altewasserkunstbautzen.de, feb.-dec. dag. 10-17/18, jan. za.-zo. 10-16 uur, entree € 3). Vanaf het 47 m hoge platform hebt u bovendien een mooi uitzicht over de stad.

Een vergelijkbaar panorama biedt de opmerkelijk scheve **Reichenturm** (Reichenstraße, apr.-okt. dag. 10-17 uur, entree € 2,50). De verzakking begon toen de houten bovenbouw van de 15e-eeuwse toren in 1715 werd vervangen door een stenen top. Een winkelstraat verbindt de toren met de fraaie Hauptmarkt. De **Dom St. Petri** achter het Rathaus valt op door de knik in het schip en door de oecumenische gedachte: al vanaf 1524 maken katholieken en protestanten samen gebruik van de kerk. Wandel vanaf de kerk naar de noordkant van de vesting en u komt bij een romantisch plekje: een ruïne van een kerk die in 1634 werd verwoest en daarna als begraafplaats werd gebruikt.

Het contrast kan bijna niet groter met de beruchte DDR-gevangenis net buiten het centrum. De nazi's hadden hier al een gevangenis, waarna deze door de sovjets en de Stasi verder werd uitgebouwd. Deze **Gedenkstätte Bautzen** is nu gratis te bezoeken (Weigangstraße 8a, www.stsg.de, ma.-do. 10-16, vr. 10-12, za.-zo. 10-18 uur).

# Informatie

**Tourist-Information:** Hauptmarkt 1, tel. 03591 420 16, www.bautzen.de.

# Görlitz ▶ N 2

Na een wandeling door Görlitz is meteen duidelijk waarom deze grensstad zo vaak als filmdecor is gebruikt: het stadshart ligt er ongeschonden bij, met een mix aan gevels die variëren van middeleeuws tot jugendstil. Het plaatje wordt compleet gemaakt door de rivier de Neisse, die dwars door 'de stad' loopt. De aanhalingstekens zijn nodig omdat het eigenlijk twee steden zijn: het deel ten oosten van de rivier werd in 1945 bij Polen gevoegd en kreeg de naam Zgorzelec. Sinds het vallen van de Muur zijn drie grensovergangen opengesteld en werken beide steden weer nauw samen.

Wandel in elk geval langs de twee mooiste stadspleinen: de **Obermarkt** en de **Untermarkt**. Dit laatste plein wordt gedomineerd door de toren (1378) van het Rathaus. Vanaf de Untermarkt leidt de Peterstraße naar de **Pfarrkirche St. Peter und Paul** (Peterskirche), die in de 15e eeuw werd voltooid. Bij het westportaal van deze kerk start een kruisweg, die de lijdensweg van Christus symbolisch volgt naar de **Heilig-Grab-Anlage**, drie kapellen die zijn gebouwd naar voorbeelden van kerken in Jeruzalem. Halverwege de kruiswegwandeling kunt u rechts eventueel naar een ander prachtig plekje: de **Nikolaikirche**, met daarachter een zeer sfeervol kerkhof. Het interieur van de kerk is geheel gewijd aan de slachtoffers van de Eerste Wereldoorlog.

Voor een prachtig staaltje jugendstil gaat u tot slot winkelen in **Kaufhaus Görlitz** aan de Demianiplatz.

## Informatie

**Tourist-Information:** Obermarkt 33, tel. 03581 42 13 62, www.goerlitz-touris mus.de.

# Sächsische Schweiz en Erzgebirge ▶ M/N 3

Een fraaie bergrug van zandsteen, het **Elbsandsteingebirge**, vormt de grens tussen Sachsen en het buurland Tsjechië. Spectaculair is vooral het Duitse deel, de **Sächsische Schweiz** ✳, dat de status van nationaal park heeft gekregen (www.nationalpark-saechsische-schweiz.de, zie blz. 52). De rivier de Elbe heeft hier, ondersteund door weer en wind, bizarre rotsformaties uitgeslepen in het relatief zachte zandsteen.

Vanuit **Rathen** brengt een 6 km lange rondwandeling u langs een van de absolute hoogtepunten: de **Bastei** (bastion), een serie zandstenen torens die tot 200 m boven de Elbe uitrijzen. Al in 1824 werd een houten toeristenbrug gebouwd om de verschillende toppen met elkaar te verbinden; deze werd in 1851 vervangen door de zandstenen **Basteibrücke**. Een panoramarestaurant maakt de toppentocht compleet.

Spectaculair is ook de ligging van de **Festung Königstein**: de vesting ligt op een hoge tafelberg aan de zuidkant van de Elbe (Königstein, tel. 035021 646 07, www.festung-koenigstein.de, dag. 9-17/18 uur, entree € 8). Een middeleeuwse burcht werd in de 16e en 17e/18e eeuw uitgebouwd tot wat het nu is: een minidorpje op een tafelberg, omringd door onneembaar dikke muren. In de gebouwen zijn verschillende tentoonstellingen ingericht, maar vooral het uitzicht is indrukwekkend.

Aan de zuidwestkant sluit de Sächsische Schweiz aan op het **Erzgebirge** (Ertsgebergte), een 150 km lange bergrug die is genoemd naar de vele ertsen (zilver, tin, kobalt, nikkel, ijzer) die hier werden gevonden. Ook is hier op grote

Dé toeristentrekker in de Sächsische Schweiz: de Bastei met de Basteibrücke

schaal bruinkool gewonnen. Nu is het een aantrekkelijk gebied met bossen, boerendorpen, wandelpaden en wintersportplaatsen. De hoogste top aan de Duitse kant is de **Fichtelberg** (1214 m), met op de flanken daarvan de wintersportplaats **Oberwiesenthal**. Langlauf-pistes, stoeltjesliften en een zomerro-delbaan wachten op de toeristen.

## Actief

**Wandelen:** de 112 km lange **Malerweg** is een van de mooiste wandelroutes in Duitsland. In acht dagetappes wandelt u door de Sächsische Schweiz, met **Pirna** als start- en eindpunt.

# Chemnitz  ▶ L 3

Door de ligging aan de voet van het Erzgebirge profiteerde Chemnitz van de winning van metalen, maar winstgevender was de fabricage van textiel. Na bombardementen in de Tweede Wereldoorlog bleef er echter bijna niets over van de dynamische arbeidersstad. In de DDR-tijd kwam daar een naamsverandering overheen: van 1953 tot 1990 heette de stad Karl-Marx-Stadt. Een gigantisch

*Tip*

### De Sächsische Silberstraße

Tussen Dresden en Zwickau, over een afstand van circa 275 km, rijgt de Sak-sisch-Boheemse Zilverroute een groot aantal bezienswaardigheden rond de thema's zilver en mijnbouw aan elkaar. Circa dertig toegankelijke mijnen, musea, smederijen, smelterijen en mijnstadjes tonen de (vroegere) rijk-dom van het Erzgebirge. Meer infor-matie via www.silberstrasse.de.

borstbeeld van **Karl Marx** langs de Brückenstrasse is nu nog een van de weinige herinneringen aan deze periode.

Oude gebouwen zijn schaars, maar de vrijstaande **Rote Turm** (12e eeuw) en het **Alte** en **Neue Rathaus** daar vlakbij getuigen van de rijke geschiedenis. Daaromheen is na de oorlog een grotendeels nieuwe stad verrezen. Een laatste bouwspurt startte in 1999, resulterend in een nieuw stadshart rond het Rathaus. Daarnaast wordt er hard gewerkt aan het verbreden van het muse-umaanbod, met als kenmerkendste het **Industriemuseum**, waar de historie van de zware industrie wordt toegelicht (Zwickauer Straße 119, tel. 0371 367 61 40, web.saechsisches-industriemuseum. com, di.-zo. 9/10-18 uur, entree € 7).

# In de omgeving

Aan de oostkant van Chemnitz, op de hellingen van het Erzgebirge, liet de keurvorst Augustus I tussen 1568 en 1572 **Schloss Augustusburg** bouwen (Schloss 1, Augustusburg, tel. 037291 38 00, www.schloesserland-sachsen.de, apr.-okt. dag. 9.30-18, nov.-mrt. dag. 10-17 uur, entree € 8). Het is een jacht-slot in de typische vormen van de re-naissance. De vleugels van het complex herbergen verschillende musea, onder andere over motoren, koetsen en de jacht. De mooiste manier om naar bo-ven te gaan is via de meer dan honderd jaar oude kabeltrein, de **Drahtseilbahn** (www.drahtseilbahn-augustusburg.de).

Ook **Freiberg** dankt zijn ontstaan aan de ontdekking van zilvererts in de 12e eeuw. De welvaart van destijds toont zich in de voorname huizen rond de Obermarkt en in de **Dom St. Marien**. Het rijkbewerkte portaal is van circa 1230, maar de 'tulpenkansel' (ca. 1505) is minstens zo opmerkelijk. In een oud huis vlak bij de Dom is het **Stadt- und**

**Bergbaumuseum** gewijd aan de winning van zilver (Am Dom 1, tel. 03731 202 50, www.museum-freiberg.de, di.-zo. 10-17 uur, entree € 5). Zelf een kijkje onder de grond nemen kan bij het **Silberbergwerk Freiberg** (Fuchsmühlenweg 9, tel. 03731 39 45 71, www.silber bergwerk-freiberg.de, entree € 13).

Voor **Zwickau** geldt hetzelfde als voor Chemnitz: zilver en textiel legden de basis voor deze industriestad, waar sinds 1904 bovendien auto's worden gebouwd van merken als Audi, Auto Union (o.a. wereldberoemde raceauto's), VW en de beruchte Trabant. Het staat allemaal te kijk in het **August-Horch-Museum** (Audistraße 7, tel. 0375 271 73 80, www.horch-museum.de, di.-zo. 9.30-17 uur, entree € 9).

## Informatie

**Tourist-Information:** Markt 1, tel. 0371 69 06 80, https://chemnitz-tourismus. de.

## Plauen ▶ K 4

Plauen is de hoofdstad van het **Vogtland**, een grensoverschrijdende streek waar vroeger rijksvoogden de macht uitoefenden. Bekend werd de stad vooral door de productie van kant (*Spitzen*). Prachtige voorbeelden, plus de ingenieuze machines waarmee het kant werd gemaakt, zijn te zien in het **Plauener Spitzenmuseum**, dat is ondergebracht in het Altes Rathaus (Altmarkt, www.plauen.de, di.-vr. 10-17, za.-zo. 10-16 uur, entree € 5). In het centrum van Plauen kunt u bovendien een ondergronds kijkje nemen in de **Besucherbergwerk Ewiges Leben** (Reichsstraße 9, www.plauen.de, entree € 3). In deze mijn werd van 1542 tot 1826 aluin gewonnen.

In het centrum staat bovendien een van de oudste bruggen van Midden-Europa: de stenen boogbrug **Elsterbrücke** dateert van begin 13e eeuw. Echt spectaculair is de bakstenen **Elstertalbrücke** ten noorden van Plauen. Deze brug dateert van 1851 en gaat in bogen van twee verdiepingen hoog over het dal dat de rivier de Weiße Elster heeft uitgesleten. Uit datzelfde jaar maar nog hoger is de **Göltzschtalbrücke** net ten noorden van **Netschkau**: de brug is 574 m lang en telt maar liefst 29 bogen.

## Informatie

**Tourist-Information:** Unterer Graben 1, tel. 03741 291 10 27, www.plauen. de.

## Leipzig ▶ K 2

Stad van handel, wetenschap en muziek – Leipzig (580.000 inw.) is van oudsher het kloppende, dynamische hart van Sachsen. Zelfs de hoofdstad Dresden staat wat dat betreft in de schaduw van Leipzig.

De bijnaam 'heldenstad' dankt Leipzig aan de eenwording van West- en Oost-Duitsland in 1990: al vanaf 1982 kwamen andersdenkenden op maandagavond in de Nikolaikerk bijeen. In het najaar van 1989 werden deze diensten gevolgd door – geweldloze – demonstraties tegen het communistische regime; de demonstratie van 6 november trok uiteindelijk zelfs 500.000 mensen. Zo groeide Leipzig uit tot hét symbool van de politieke onvrede. Drie dagen later viel de Muur in Berlijn.

### Hauptbahnhof 1

Een aankomst per trein op het centraal station (1915) van Leipzig is nog altijd overweldigend. Het is met zijn

# Leipzig

## Bezienswaardigheden
1. Hauptbahnhof
2. Altes Rathaus
3. Alte Börse
4. Museum der bildenden Künste
5. Thomaskirche
6. Bach-Museum
7. Grassimuseum
8. Völkerschlachtdenkmal
9. Zoo Leipzig

## Overnachten
1. Steigenberger Grandhotel Handelshof
2. Motel One Leipzig
3. arcona Living Bach14

## Eten en drinken
1. Zum Arabischen Coffe Baum
2. Panorama Tower
3. Gaststätte Kollektiv

## Winkelen
1. Hauptbahnhof
2. Mädler-Passage
3. Galeria Kaufhof
4. Karstadt

## Uitgaan
1. Opernhaus
2. Gewandhaus
3. Kneipenmeile

21 sporen het grootste kopstation van Europa. Opmerkelijk zijn de dubbel uitgevoerde ingangsgebouwen: de concurrerende spoorwegmaatschappijen van Pruisen en Sachsen hadden beide een eigen toegang. In de passages van het station zijn 130 warenhuizen en winkels ondergebracht.

## Altes Rathaus 2

Markt 1, www.stadtgeschichtliches-museum-leipzig.de, di.-zo. 10-18 uur, entree € 6

Het bijna geheel autovrije stadscentrum van Leipzig laat zich het best te voet verkennen. Start bijvoorbeeld op de Markt, een ruim plein waar nog veel vooroorlogse panden staan. Topper is het oude raadhuis (1556), waarvan de toren, trapgevels en arcades typisch zijn voor de periode van de renaissance. Binnen illustreert het **Stadtgeschichtliches Museum** de geschiedenis van de stad.

## Alte Börse 3

Naschmarkt 2

Pal achter het Altes Rathaus staat het oudste barokgebouw (1678-1687) van Leipzig: de voormalige handelsbeurs. Het wordt nu gebruikt voor concerten en evenementen. Goethe, die in Leipzig studeerde, wordt voor het gebouw geeerd met een standbeeld.

## Museum der bildenden Künste 4

Katharinenstraße 10, tel. 0341 21 69 90, www.mdbk.de, di. en do.-zo. 10-18, wo. 12-20 uur, entree € 10

Na verwoesting van het oorspronkelijke museum in 1943 kreeg de kunstcollectie van Leipzig pas in 2004 definitief een nieuw onderkomen. Een enorme glazen kubus met lichtschachten herbergt kunst van de late middeleeuwen tot nu, met daarbij werken van meesters als Lucas Cranach de Oude, Frans Hals, Rembrandt, Jan van Eyck, Tintoretto en Rodin.

## Thomaskirche 5

Thomaskirchhof 18, www.thomaskirche.org, dag. 9-18 uur

De Thomaskerk begon als kloosterkerk, maar groeide na verschillende uitbreidingen uit tot een van de belangrijkste kerken van Leipzig. Twee namen zijn onlosmakelijk verbonden met deze kerk: **Johann Sebastian Bach** en het wereldberoemde **Thomanerchor**. Bach woonde het laatste deel (1723-1750) van zijn leven in Leipzig, waar hij als cantor verantwoordelijk was voor alle kerkmuziek. Hier schreef hij ook zijn bekendste werken als de Matthäus- en Johannes-Passion en het Weihnachtsoratorium. Geliefd was hij echter niet:

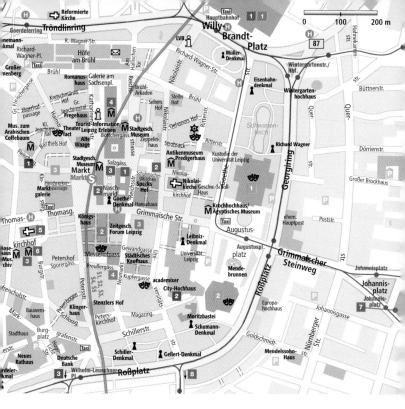

het stadsbestuur vond hem een koppige oude man en na zijn dood werd hij dan ook in een anoniem graf begraven. Later werden zijn botten alsnog verzameld, maar niemand kan met zekerheid zeggen of het echt Bach is die nu onder de grafplaat in de kerk ligt. Bach had ook het jongenskoor van de kerk onder zijn hoede. Dit Thomanerchor zingt ook nu nog regelmatig in de Thomaskirche (kijk op www.thomanerchor.de voor de tijden).

### Bach-Museum 6

Thomaskirchhof 15-16, tel. 0341 913 72 02, www.bachmuseumleipzig.de, di.-zo. 10-18 uur, entree € 8
Bach kreeg later alsnog een standbeeld vlak voor de Thomaskirche en zelfs een eigen museum in een gebouw tegenover de kerk. In twaalf vertrekken maakt u op interactieve en multimediale manier kennis met het leven en werk van de grote componist.

### Grassimuseum 7

Johannisplatz 5-11, www.grassimu seum.de, di.-zo. 10-18 uur, entree vanaf € 8
Bij zijn dood in 1880 liet de zakenman Franz Dominic Grassi een enorm vermogen na aan de stad. Daarmee werden verschillende gebouwen neergezet, waaronder het Gewandhaus en een museum. Dat museum verhuisde in 1929 naar het huidige complex. De collecties werden daarbij verdeeld over drie musea: het **Museum für Völkerkunde**

(volkenkundige voorwerpen), het **Museum für Musikinstrumente** en het **Museum für Angewandte Kunst** (ambacht en toegepaste kunst).

## Völkerschlachtdenkmal

Straße des 18. Oktober 100, tel. 0341 241 68 70, https://www.voelker schlachtdenkmal.de, apr.-okt. dag. 10-18 uur, nov.-mrt. dag. 10-16 uur, Forum 1813: entree € 8

In 1813 vond er bij Leipzig een grote veldslag plaats tussen het leger van Napoleon en een gecombineerd leger van Rusland, Pruisen, Oostenrijk en Zweden. Saillant detail: de troepen van Sachsen vochten mee met Napoleon. En zij zouden mét Napoleon de strijd verliezen. Op het slagveld bleven zo'n 110.000 doden en gewonden achter. Honderd jaar later werd op deze plek een reusachtig monument geopend; 91 treden leiden naar een panoramaplatform dat uitkijkt over Leipzig. Ook is er een klein museum ingericht.

## ZOO Leipzig

Pfaffendorfer Straße 29, tel. 0341 593 35 00, www.zoo-leipzig.de, 9-17/19 uur, entree € 17

In een park ten noordwesten van het stadscentrum ligt een van de oudste dierentuinen van Europa. Het is bovendien een dierentuin die denkt aan de toekomst: tot 2020 vindt er een grondige modernisering plaats. Beroemd zijn de vele jonge leeuwen die hier in de loop van de tijd zijn geboren.

## In de omgeving

Ten zuiden van Leipzig is op grote schaal bruinkool afgegraven. De gaten die achterbleven zijn met water gevuld en als **Leipziger Neuseenland** ingericht voor de (water)recreatie. Hier ligt ook het grootste attractiepark in oostelijk Duitsland: **Belantis** (www.belantis. de, Pasen-okt. dag. 10-17/20 uur, entree € 36,50).

Monument voor de overwinning op Napoleon tijdens de Volkerenslag in 1813

## Overnachten

Op en top luxe – **Steigenberger Grandhotel Handelshof 1**: Salzgäßchen 6, tel. 0341 35 05 81-0, nl.steigenberger.com, 2 pk vanaf € 118. Vijfsterrenhotel in het voetgangersgebied, met parkeerservice. Gasten komen niets tekort, maar de sfeer blijft altijd ontspannen.

Veel waar voor je geld – **Motel One Leipzig 2**: Nikolaistraße 23, tel. 0341 337 43 70, www.motel-one.com, 2 pk vanaf € 69. Een motel in hartje Leipzig van een keten waar een trendy aankleding gepaard gaat met betaalbare prijzen. Huurfietsen staan klaar.

Mix van oud en nieuw – **arcona Living Bach14 3**: Thomaskirchhof 13-14, tel. 0341 496 14-0, www.bach14.arcona.de, 2 pk vanaf € 85. Een oud pand tegenover de Thomaskirche verrast binnen met frisse, moderne kamers en appartementen die zijn ingericht rond een muziekthema.

## Eten en drinken

Traditie – **Zum Arabischen Coffe Baum 1**: Kleine Fleischergasse 4, tel. 0341 961 00 60, www.coffe-baum.de. Al sinds 1711 komen reizigers, componisten en schrijvers (Goethe, Liszt, Wagner, Schumann) naar dit traditionele koffiehuis. Verschillende restaurants en cafés zijn verspreid over drie verdiepingen. Ook een klein museum over koffie.

Eten met uitzicht – **Panorama Tower 2**: Augustusplatz 9, tel. 0341 710 05 90, www.panorama-leipzig.de, ma.-za. vanaf 11.30, zo. vanaf 9 uur. Het markante **City-Hochhaus** (142 m) torent hoog boven de stad uit. Bezoekers kunnen terecht op het uitzichtplatform op 120 m of genieten van een lunch, diner of borrel in een van de restaurants.

Terug naar de DDR – **Gaststätte Kollektiv 3**: Karl-Liebknecht-Straße 72, tel. 0341 306 70 04, www.gaststaette-kollektiv.de, dag. vanaf 11 uur, hoofdgerecht vanaf € 9. Een 'huiskamerrestaurant', geheel ingericht in de DDR-stijl van tientallen jaren geleden. De bediening is wel van deze tijd: zeer vriendelijk.

## Winkelen

Winkelen in Leipzig is een waar genoegen. Dat begint al bij het winkelaanbod in het **Hauptbahnhof 1**, maar ook het stadshart zit vol met historische winkelpassages, zoals de sfeervolle **Mädler-Passage 2**. De grootste warenhuizen zijn **Galeria Kaufhof 3** (Neumarkt 1) en **Karstadt 4** (Neumarkt 30).

## Uitgaan

Opera en ballet – **Opernhaus 1**: Augustusplatz 12, tickets: tel. 0341 126 12 61, www.oper-leipzig.de. Bij een bombardement in 1943 werden alle theaters in Leipzig verwoest. In 1960 was dit nieuwe cultuurpaleis klaar. Te zien zijn onder andere opera, ballet en muzikale komedies.

Klassieke muziek – **Gewandhaus 2**: Augustusplatz 8, tickets: tel. 0341 127 02 80, www.gewandhaus.de. In 1781 werd een eerste concert gehouden in een zaal op de bovenverdieping van de lakenhal (= *Gewandhaus*). De huidige moderne zaal is van 1981 en heeft een prachtige akoestiek. Het is tevens de thuisbasis van het Gewandhausorchester, dat onder leiding staat van Riccardo Chailly.

Uitgaansbuurt – **Kneipenmeile 3**: talrijke kroegen (*Kneipen*), cafés, eethuisjes en discotheken vullen de 'Drallewatsch', een uitgaansbuurt tussen de Richard-Wagner-Platz en de Burgplatz, met als topper de Barfußgässchen.

# Toeristische woordenlijst

## Algemeen

| | |
|---|---|
| ja/nee | ja/nein |
| dank u wel | danke |
| alstublieft | bitte (schön) |
| goedemorgen | guten Morgen |
| goedendag | guten Tag |
| goedenavond | guten Abend |
| goedenacht | gute Nacht |
| tot ziens | auf Wiedersehen |
| hallo | hallo |
| dag (bij vertrek) | tschüß |
| pardon | Entschuldigung |
| het spijt me | es tut mir leid |
| let op! | Achtung! |
| hoeveel? | wieviel? |
| hoe? | wie? |
| wanneer? | wann? |

## Onderweg

| | |
|---|---|
| gesloten | geschlossen, zu |
| geopend | geöffnet |
| bus | Bus |
| tram | Straßenbahn |
| metro | U-bahn |
| trein | Zug |
| boot | Schiff |
| taxi | Taxi |
| halte | Haltestelle |
| retour | Rückfahrkarte |
| dagkaart | Tageskarte |
| dienstregeling | Fahrplan |
| brandstof | Benzin |
| ingang | Eingang |
| uitgang | Ausgang |
| Waar is/zijn ...? | Wo ist/sind ...? |
| links (af) | links (ab) |
| rechts (af) | rechts (ab) |
| rechtuit | geradeaus |
| plattegrond | Stadtplan |
| toeristenbureau | Fremdenverkehrs-büro |
| station | Bahnhof |
| luchthaven | Flughafen |
| museum | Museum |
| kerk | Kirche |
| politie | Polizei |

## Tijd

| | |
|---|---|
| maandag | Montag |
| dinsdag | Dienstag |
| woensdag | Mittwoch |
| donderdag | Donnerstag |
| vrijdag | Freitag |
| zaterdag | Samstag |
| zondag | Sonntag |
| feestdagen | Feiertage |
| voorjaar | Frühling |
| zomer | Sommer |
| najaar | Herbst |
| winter | Winter |
| week | Woche |
| maand | Monat |
| Hoe laat is het? | Wie spät ist es? |
| vandaag | heute |
| gisteren | gestern |
| eergisteren | vorgestern |
| (over)morgen | (über)morgen |
| 's ochtends | am Morgen |
| 's middags | am Nachmittag |
| 's avonds | am Abend |
| in het weekend | am Wochenende |

## Noodgevallen

| | |
|---|---|
| help! | Hilfe! |
| politie | Polizei |
| brandweer | Feuerwehr |
| arts | Arzt |
| tandarts | Zahnarzt |
| apotheek | Apotheke |
| ziekenhuis | Krankenhaus |
| ongeval/ongeluk | Unfall |
| pijn | Schmerzen |
| kiespijn | Zahnschmerzen |
| autopech | Panne |

## Overnachten

| | |
|---|---|
| eenpersoonskamer | Einzelzimmer |
| tweepersoonskamer | Doppelzimmer |
| bad | Bad |
| douche | Dusche |
| met/zonder bad | mit/ohne Bad |
| met ontbijt | mit Frühstück |
| handdoek | Handtuch |

| | | | |
|---|---|---|---|
| sleutel | Schlüssel | duur | teuer |
| lift | Fahrstuhl | goedkoop | billig |
| bagage | Gepäck | betalen | (be)zahlen |
| paspoort | Paß | | |
| identiteitsbewijs | Ausweis | | |

## Getallen

| mobiele telefoon | Handy | 1 | eins | 17 | siebzehn |
|---|---|---|---|---|---|

| oplader | Akkuladestation |
|---|---|
| wifi | WLAN |

## Winkelen

| | | | | | |
|---|---|---|---|---|---|
| | | 1 | eins | 17 | siebzehn |
| | | 2 | zwei | 18 | achtzehn |
| | | 3 | drei | 19 | neunzehn |
| | | 4 | vier | 20 | zwanzig |
| | | 5 | fünf | 21 | einundzwanzig |
| winkel | Laden | 6 | sechs | 30 | dreißig |
| markt | Markt | 7 | sieben | 40 | vierzig |
| creditcard | Kreditkarte | 8 | acht | 50 | fünfzig |
| geld | Geld | 9 | neun | 60 | sechzig |
| geldautomaat | Geldautomat | 10 | zehn | 70 | siebzig |
| bakkerij | Bäckerei | 11 | elf | 80 | achtzig |
| banketbakker | Konditorei | 12 | zwölf | 90 | neunzig |
| slager | Metzgerei | 13 | dreizehn | 100 | hundert |
| zuivel | Milcherzeugnisse | 14 | vierzehn | 200 | zweihundert |
| groente | Gemüse | 15 | fünfzehn | 500 | fünfhundert |
| fruit | Obst | 16 | sechzehn | 1000 | tausend |

## De belangrijkste zinnen

### Algemeen

| | |
|---|---|
| Spreek(t) u/jij Engels? | Sprechen Sie/Sprichst du Englisch? |
| Ik begrijp het niet. | Ich verstehe (es) nicht. |
| Kunt u dat herhalen? | Können Sie das bitte wiederholen? |
| Ik heet ... | Ich heisse ... |
| Hoe heet u/jij? | Wie Heißen Sie/ heist du? |
| Hoe maakt u het/ gaat het? | Wie geht es Ihnen/ Wie geht's? |
| Goed. En u/jij? | Gut. Und Ihnen/dir? |
| Vriendelijk dank. | Vielen Dank. |

### Onderweg

| | |
|---|---|
| Mag ik u wat vragen? | Darf ich Ihnen etwas fragen? |
| Hoe kom ik in ...? | Wie komme ich nach ...? |
| Waar is de/het ...? | Wo ist der/die/das ...? |

### Noodgeval

| | |
|---|---|
| Kunt u mij alstublieft helpen? | Können Sie mir bitte helfen? |
| Er is een ongeluk gebeurd. | Es ist ein Unfall passiert. |
| Bel direct een dokter/ ambulance! | Rufen Sie sofort einen Artz/einen Kranken- wagen an! |

### Overnachten

| | |
|---|---|
| Hebt u een kamer beschikbaar? | Haben Sie ein Zimmer frei? |
| Hoeveel kost een kamer? | Wieviel kostet ein Zimmer? |

### Winkelen

| | |
|---|---|
| Hoeveel kost het? | Wieviel kostet es? |
| Verkoopt u ... ? | Haben Sie ... ? |
| Ik wil graag dat hebben. | Ich hätte gerne das gehabt. |

# Culinaire woordenlijst

## Menukaart/bereidingswijze

| | |
|---|---|
| am Spieß | aan het spit |
| Bandnudeln | lintpasta, tagliatelle |
| durchgebraten | doorbakken (vlees) |
| Eintopfgerichte | eenpansmaaltijden |
| Essig | azijn |
| Fischgerichte | visgerechten |
| Frühstuck | ontbijt |
| gedämpft | gestoomd |
| gedünstet | gesmoord/gestoofd |
| Gemüse | groente |
| Geräuchert(er) ... | gerookte ... |
| Hauptgerichte | hoofdgerechten |
| innen roh | rood (vlees) |
| Kartoffel | aardappel |
| Kinderteller | kindermenu |
| mittel | medium (vlees) |
| Nachspeisen | desserts |
| Nudeln | deegwaar (pasta, mie, noedels) |
| Öl | olie |
| pfannengerührt | roergebakken |
| Reis | rijst |
| Senf | mosterd |
| Spätzle | kleine stukjes deegwaar |
| Speisekarte | menu |
| Tagesgericht | dagmenu |
| Vorspeisen | voorgerechten |

## Regionale gerechten

| | |
|---|---|
| Bayerische Schweinebraten | gebraden varkensvlees |
| Bofflamot (Soßfleisch) | gestoofd rundvlees |
| Dampfnudeln | gestoomde noedels |
| Juralamm | lamsvlees |
| Kässpätzle | noedels met kaas |
| Leberknödel | ballen van orgaanvlees |
| Milzwurst | worst van restvlees |
| Obatzda | camembert met ui, paprika en bier |
| Saures Lüngerl | zuur longvlees |
| Saure Zipfel | zure braadworst |
| Schlachtschüssel | schotel met veel vlees |
| Maultaschen | gevulde deegkussentjes |

## Vis en zeevruchten

| | |
|---|---|
| Aal | paling |
| Auster | oester |
| Barsch | baars |
| Forelle | forel |
| Habeljau/Dorsch | kabeljauw |
| Hecht | snoek |
| Hummer | kreeft |
| Kaisergranat | langoestine |
| Kalmar | (pijl)inktvis |
| Kamm Muschel | jacobsschelp |
| Karpfen | karper |
| Kurzschwanz-Krebs | krab |
| Miesmuschel | mossel |
| Roter Knurrhahn | rode poon |
| Seelachs/Köhler | koolvis |
| Seezunge | tong |
| Steinbutt | tarbot |
| Thun(fisch) | tonijn |
| Wittling/Merlan | wijting |
| Zander/Hechtbarsch | snoekbaars |

## Vlees, wild en gevogelte

| | |
|---|---|
| Bockwurst | dikke gekookte worst |
| Eber/Wild Schwein | wild zwijn |
| Entenbrust | eendenborst |
| Fasan | fazant |
| Hähnchen | haan/kip |
| Hämmchen | varkenspoot |
| Hühner... | kippen... |
| Gnagi | varkenspoot |
| Hackbraten | gehaktbrood |
| Kalb | kalf |
| Kalbsbries | kalfszwezerik |
| Kaninchen | konijn |
| Lendenstück | haasbiefstuk |
| Puten... | kalkoen... |
| Rippensteak | kotelet |
| Reh | ree |
| Sauerbraten | gemarineerd rundvlees |
| Schaf | schaap |
| Schinken | ham |
| Schmorfleisch | stoofvlees |
| Spanferkel | speenvarken |
| Schwein | varken |

## Groenten en kruiden

| | |
|---|---|
| Chicoree | witlof |
| Endivie | andijvie |
| Gurke | komkommer |
| Kartoffeln | aardappelen |
| Knoblauch | knoflook |
| Kopfsalat | kropsla |
| Kraut | kool |
| Kreuzkümmel | komijn |
| Lauch | prei |
| Prinzessbohne | sperziebonen |
| Sauerkraut | zuurkool |
| Schnittlauch | bieslook |
| Spargel | asperge |
| Spinat | spinazie |
| Zimt | kaneel |
| Zwiebel | ui |

## Fruit en vruchten

| | |
|---|---|
| Beere | bes |
| Birne | peer |
| Brombeere | braam |
| Erdbeere | aardbei |
| Hagebutte | rozenbottel |
| Himbeere | framboos |
| Kirsche | kers |
| Pflaume | pruim |

## Nagerechten en gebak

| | |
|---|---|
| Allgauer Bergkäse | harde kaas |
| Altenburger | geitenkaas |
| Apfelstrudel | appelgebak |
| Auszogne | zoet gefrituurd gebak |
| Eisbecher | ijscoupe |
| Kuchen | taart |
| Lebkuchen | peper-/kruidkoek |
| Prinzregententorte | gelaagde biscuittaart |
| Rohrnudeln | vruchtenbroodjes |
| Sachertorte | chocoladetaart met abrikozenjam |
| Sahneeis | roomijs |
| Sahne | slagroom |
| Schneeballen | ballen van gefrituurde deegreepjes |
| Topfen | Beierse kwark |
| Zwetschgendatschi | pruimenplaatkoek |

## Dranken

| | |
|---|---|
| Federweiß | jonge, troebele wijn met hoge gisting/laag alcoholgehalte |
| Hefeweizen | gegist ongefilterd bier |
| Mineralwasser | water met koolzuur |
| Most | alcoholische fruitdrank |
| Obstler | vruchtenbrandewijn |
| Radler | alcoholarm bier met limonade |
| Rosé/Weißherbst | rosé |
| Rotwein | rode wijn |
| Sekt | bruiswijn |
| Starkbier | sterk bockbier |
| Viez | (appel)cider |
| Wasser ohne Sprudel | water zonder koolzuur |
| Weißwein | witte wijn |

## In het restaurant

| | | | |
|---|---|---|---|
| Ik wil graag een tafel reserveren. | Ich möchte gerne einen Tisch reservieren. | Dat is alles. | Das wäre alles. |
| De kaart/wijnkaart, alstublieft. | Darf ich die Speisekarte/Weinkarte, bitte. | tafel | Tisch |
| De rekening, a.u.b. | Die Rechnung, bitte. | mes | Messer |
| Kan ik met een creditcard betalen? | Darf ich mit Kreditkarte bezahlen? | vork | Gabel |
| Eet smakelijk. | Guten appetit. | lepel | Löffel |
| Het wisselgeld is voor u. | Das Kleingeld ist für Sie. | fles | Flasche |
| | | servet | Serviette |
| | | met/zonder | mit/ohne |
| | | zout/peper | Salz/Pfeffer |
| | | suiker/zoetstof | Zucker/Süssstoff |

## Fotoverantwoording en colofon

Omslag: Regensburg (Shutterstock)

Alpenregion Tegernsee Schliersee (Dietmar Denger): 7
Bad Hindelang Tourismus: 5, 31, 157
Bayerische Schlösserverwaltung (Achim Bunz): 218-219
Bayern Tourismus Marketing GmbH: 6, 28-29, 150, 169, 196
Congress Tourismus Würzburg (A. Bestle): 208
Deutsche Zentrale für Tourismus e.V: 69 (Photodesigner Mark Wohlrab); 180 (Dietmar Scherf); 201 (Birgit Fuder); 271 (Dirk Fellenberg)
Deutsches Museum, München: 96
DuMont Bildarchiv: 53 (Martin Kirchner); 158-159, 162, 164 (Katja Kreder); 25, 36, 66 (Johann Scheibner); 27, 35, 216 (Kay Maeritz); 60, 109, 110, 118, 120-121, 124 (Reinhard Eisele); 38-39, 49, 63, 146, 154 (Markus Heimbach); 54 (Thomas Härtrich); 70, 72, 232, 234, 239, 244-246 (Sabine Lubenow); 74-75 (Michael Campo); 106 (Ralph Lueger); 135, 191 (Thomas P. Widmann); 182, 188-189, 192 (Peter Hirth); 210, 214 (Georg Knoll); 262-263 (Ernst Wrba); 276 (Marc-Oliver Schulz)
Hofbräuhaus München (BBMC Tobias Ranzinger): 50

Ingolstadt Tourismus und Kongress GmbH: 101
LEGOLAND® Deutschland Freizeitpark GmbH: 11, 145
Lindenau-Museum, Altenburg: 240
München Tourismus: 81 (Jörg Lutz); 86 (Sigi Müller); 92 (Christian Kasper)
Pfronten Tourismus (Erwin Reiter): 23
Regio Augsburg Tourismus GmbH: 139
Semperoper Dresden (Costin Radu): 10
Thüringer Tourismus GmbH (Andreas Weise): 242, 250
Tourismusverband Kelheim: 176
Tourismus Marketing Gesellschaft Sachsen mbH: 64-65 (Sylvio Dittrich); 266
Tourismusverband Pfaffenwinkel: 9
Vereinigte Domstifter zu Merseburg und Naumburg und des Kollegiatstifts Zeitz (Frank Boxler): 255
Wikimedia Commons: 90-91 (Tiia Monto); 113 (Pe-sa); 127 (Bwag); 225 (Eremeev); 248-249 (CEphoto, Uwe Aranas); 259 (asisi F&E GmbH)
www.bayern.by: 16-17 (Bernhard Huber); 24 (Jan Greune); 116 (Gert Krautbauer); 130-131 (Berchtesgadener Land Tourismus ROHA-Fotothek)

### Hulp gevraagd!

De informatie in deze reisgids is aan verandering onderhevig. Het kan dus wel eens gebeuren dat u ter plaatse een andere situatie aantreft dan de auteur.
Is de tekst niet meer helemaal correct, laat ons dat dan even weten. Ons adres is:

ANWB Media
Uitgeverij reisboeken
Postbus 93200
2509 BA Den Haag
anwbmedia@anwb.nl

Productie: ANWB Media
Coördinatie: Els Andriesse
Tekst en opmaak: Harry Bunk, Barendrecht
Tekstbijdragen: Daniele Schetar & Friedrich Köthe, Siiri Klose, Elke Homburg, Bernd Wurlitzer & Kerstin Sucher
Eindredactie: Yvonne Schouten, Doorn
Coördinatie opmaak: Hubert Bredt, Amsterdam
Ontwerp binnenwerk: Jan Brand, Diemen
Ontwerp omslag: Yu Zhao Design, Den Haag
Concept: DuMont Reiseverlag, Ostfildern
Grafisch concept: Groschwitz/Blachnierek, Hamburg
Cartografie: DuMont Reisekartografie, Fürstenfeldbruck

© 2019 ANWB bv, Den Haag
Tweede, herziene druk
ISBN: 978-90-18-04453-4